国际大都市教育发展研究丛书

丛书主编：张民选

NEW YORK
Education Development Research

纽约教育发展研究

孔令帅 / 著

北京大学出版社
PEKING UNIVERSITY PRESS

图书在版编目(CIP)数据

纽约教育发展研究/孔令帅著. —北京：北京大学出版社，2017.2
(国际大都市教育发展研究丛书)
ISBN 978-7-301-27531-3

Ⅰ.①纽… Ⅱ.①孔… Ⅲ.①教育研究—纽约 Ⅳ.①G571.2

中国版本图书馆 CIP 数据核字（2016）第 219517 号

书　　　名	纽约教育发展研究 NIUYUE JIAOYU FAZHAN YANJIU
著作责任者	孔令帅　著
责任编辑	高桂芳
标准书号	ISBN 978-7-301-27531-3
出版发行	北京大学出版社
地　　　址	北京市海淀区成府路 205 号　100871
网　　　址	http://www.pup.cn　新浪微博:@北京大学出版社
电子信箱	zyjy@pup.cn
电　　　话	邮购部 62752015　发行部 62750672　编辑部 62754934
印刷者	北京鑫海金澳胶印有限公司
经销者	新华书店 720 毫米×1020 毫米　16 开本　18.25 印张　308 千字 2017 年 2 月第 1 版　2017 年 2 月第 1 次印刷
定　　　价	49.00 元

未经许可，不得以任何方式复制或抄袭本书之部分或全部内容。
版权所有，侵权必究
举报电话：010-62752024　电子信箱：fd@pup.pku.edu.cn
图书如有印装质量问题，请与出版部联系，电话：010-62756370

上海市一流学科"教育学"建设项目

上海高校"国际大都市教育发展研究"智库项目

总　序

2014年国务院制定了《国家新型城镇化规划（2014—2020年）》，规划提出，到2020年我国常住人口城镇化率将达到60%。同年，联合国《世界城市化发展展望》报告提出，目前全球已经有54%的人口居住在城市地区。联合国还预测，到21世纪中叶人类将有三分之二的人口居住在城市。人们对城市生活的向往或者说"城市让生活更美好"是全球城市化进程加速的根本原因。然而，要享受美好的城市生活却并不那么简单。事实上，城市生活虽能为人类提供一个理想的生活空间，但是美好生活的来临却仍然需要人们付出更多的努力与艰辛。

美好的城市生活，离不开为城市居民提供良好的教育。国务院和联合国都已注意到城市发展中这一不可或缺的公共事业。在城市这种人口密集、差异巨大的"陌生人社会"中，教育比人类以往任何社会都更为不可或缺，也面临着更多挑战。一方面，人类需要通过城市教育在来自五湖四海各个阶层的市民心中构建起城市生活的规范和培育起城市文明的理念；另一方面，城市教育又面临来自不同社会阶层、经济状况、言语文化、理念信仰的众多市民的差异化教育需求的挑战。同时，一方面，城市教育要努力满足市民和孩子的多样化的教育需要；另一方面，城市教育又必须为城市的永续发展、为产业的升级换代提供人力支持和知识技术支撑。城市教育甚至不仅仅要为本地居民和纳税人服务，而且人们还期望城市教育连同它带来的知识、科学、技术和文明辐射到周边地区、全国乃至整个世界。然而，这一切都不可能自然形成，也无法一蹴而就。城市教育的发展和治理，需要我们提前研究、未雨绸缪，需要我们比较分析、探索规律，需要我们借鉴经验、合理布局。研究城市教育，比较各国城市教育的发展经验，从而为中国和世界的城市教育发展做好准备，这就是我们编写这套丛书的第一个出发点。

我们编写这套丛书的第二个缘由与上海的战略发展相关联。21世纪初始，党中央、国务院为上海的战略发展确定了建设经济、贸易、金融和航运"四个中心"的"社会主义现代化国际大都市"的目标。2014年，习近平主席对上海提出了"建设具有全球影响力的科技创新中心"的更高要求。如何才能将上海建设成一个既有中国特色,又可以与纽约、伦敦、巴黎、东京比肩的"全球城市"？在这样一个国际大都市的建设进程中,教育应该而且能够扮演什么样的角色？应该具有什么样的特点与担当？如果要将上海教育造就出与全球城市相匹配的特点和担当,我们又应该采取什么样的发展战略和政策举措？大都市的基础教育如何才能实现优质均衡、市民满意？大都市的高等教育如何才能满足大都市社会经济文化发展对各级各类人才的需要？如何才能聚"天下之英才"又"辐射全国乃至世界"？大都市的终身教育如何才能为提升市民的生活幸福感服务？这些问题都是我们必须探索和解答的。而国际比较研究,尤其是对纽约、伦敦、巴黎等国际大都市教育的比较研究,或许可以为我们提供可资借鉴的历史线索、发展路径、成功经验、有效方法或者失误教训；为我们在迎接挑战、绘制蓝图、创新发展的过程中,启发智慧,完善设计,精致实施,提升效益。

我们编制这套丛书的第三个出发点是作一次学术尝试。在过往,比较教育研究通常以国家为比较研究的基本单元,笔者的恩师王承绪先生与朱博、顾明远先生合著的《比较教育》最初以六个国家为基本的比较研究对象,埃德蒙·金的《别国的学校与我们的学校》等也以不同国家的教育为比较对象。我们认为,每个国际大都市的教育发展尽管各具特色,但仍具共性,具有可比性。同时,大都市教育的庞大规模和巨大影响力不仅吸引着人们不断向这些都市汇聚,而且又为其他大都市的教育改革发展提供模式与案例。因此,城市,特别是国际大都市的教育完全可以成为比较研究的基本单位。比较各国大都市教育的共性与差异,发现它们的创新与秘密、遗憾与教训,不仅能为上海和其他国际大都市教育发展所借鉴,具有其"善"的应用价值,而且,这样的比较研究本身对探索发现大城市生活空间中人类教育发展的实践、条件和规律,也具有追求"真"的学术意义。

我们上海师大比较教育研究团队希望将"国际大都市教育发展研究"作为一个相对稳定的研究主题。我们先从纽约、伦敦等几个著名的"全球城市"的个案研究做起,然后,再发展一些如大都市高等教育发展比较、大都市基础教育均衡发展比较等专题性的研究,不断深化我们对大都市教育发展的认识,拓展比较教育的研究领域。我们为这套丛书的编写拟定了大致的框架,编写主力是我们上海师大国际与比较教育研究院的同事和青年学者。由于这是一项尝试,也由于我们的学识粗浅,在每本书的撰写中,都会有一些疏漏失误之处,恳请读者朋友们批评指正。

对这套丛书的出版,北大出版社给予了大力支持和帮助,否则,这套丛书不可能顺利"诞生"。而没有上海市教委对上海师大教育学"一流学科建设"和"高校智库"的财政资助,我们也难以集中人力物力,让我们的学者潜心治学、出国考察、著书立说。

最后,我们真诚希望,这套丛书能成为我国教育工作者认识国际大都市教育的一个窗口,也能为我国国际大都市教育的发展提供借鉴和启示。

上海师范大学国际与比较教育研究院　　院长
教育部国际教育研究培育基地　　主任　张民选
上海高校国际都市教育发展研究智库　　主任

序

近些年来，国际大都市教育研究成为比较教育研究的一个新领域，也成为上海师大国际与比较教育研究院的重要研究主题之一。我们打算出版"国际大都市教育发展研究丛书"的系列书稿，并已拟好书稿提纲，定好书稿的撰写人选，研究院成员孔令帅博士负责撰写《纽约教育发展研究》书稿。现在看到他的书稿，非常高兴。读过书稿后，写几句感想，权作序。

孔令帅博士从北京师范大学教育学院毕业后，进入上海师大教育学院工作并积极参与到学院和研究院的相关课题研究中来。2011年，他获得国家留学基金委的公派访问学者资格，并于2012年1月到纽约哥伦比亚大学教师学院访学一年。在纽约期间，他积极查找资料，并在纽约教育局一些官员以及哥大一些教授的帮助下，获得了一些有用资料，为他完成这部专著奠定了坚实的基础。同时，他认真阅读相关文献，积极撰写著作，提前完成了撰写任务。

本书可以说是我国系统研究某一城市教育的第一部。本书采用文献法、历史法、比较法、案例法对纽约的教育改革和发展政策进行分析，特别是对一些相关教育行政部门和组织发布的报告进行了深入解读，介绍了21世纪以来纽约教育改革与发展的状况，其中主要分析了纽约人力资源开发、教育治理结构、教育治理政策和教育发展战略的改革，探讨了纽约各级各类教育的核心和热点问题，试图为通过教育促进上海人力资源开发，进而促进经济发展提供借鉴和启示。

总的来说，本书具有以下特色：第一，选题新。本书以纽约这一国际大都市作为研究对象，探讨纽约的教育发展情况。第二，视角新。本书把人力资源开发和教育发展结合起来进行研究，并对纽约教育治理制度、教育治理政策、教育发展战略等进行了研究。第三，方法新。本书采用案例法与比较法，以纽约为案例对国际大都市教育发展的关系进行了深入研究，并对上海和纽约进行了比较研究。第四，重点突出。本书关注当前我国与上海教育热点问题，如基础教育均衡发展、大学与企业互动、学习型城市、教育国际化等,而不是泛泛而谈纽约教育,试图为上海的教育政策制定提供借鉴和启示。

当然,本书也有一些可以改进的地方,希望他在后续研究中加以弥补。比如,可以更好地把教育发展和人力资源开发结合起来;可以消化和吸收一些国外学者关于城市教育的理论,增加书稿的理论性等。此外,由于可获得资料的渠道相对有限,网络资料相对较多,以后可多收集一些相关著作和论文作为资料。

本书是"国际大都市教育发展研究丛书"的第一本,今后我们将陆续出版其他相关专著。我相信,本书的出版能推动相关研究,为上海和其他大城市建设国际大都市提供一点帮助。借作序之机,我希望孔博士能以本书为基础,再接再厉,继续努力,不断进取,取得更大的发展。

上海师范大学国际与比较教育研究院　院长
　教育部国际教育研究培育基地　　　主任　张民选
上海高校国际都市教育发展研究智库　主任

目 录

导言 ……………………………………………………………… (1)

第一章　纽约的城市发展历程与教育发展沿革 ………………… (3)
  第一节　城市发展历史 …………………………………… (3)
  第二节　教育发展历史 …………………………………… (7)

第二章　纽约的城市发展状况与发展战略 ……………………… (17)
  第一节　纽约市的产业结构 ……………………………… (17)
  第二节　人口构成与人力资源结构 ……………………… (20)
  第三节　城市发展与人力开发战略 ……………………… (29)
  第四节　教育与人力资源开发 …………………………… (44)

第三章　纽约的教育改革基本理念与发展战略 ………………… (55)
  第一节　教育改革基本理念 ……………………………… (55)
  第二节　教育改革的发展战略和重大举措 ……………… (71)

第四章　纽约的学前教育发展 …………………………………… (80)
  第一节　学前教育的发展历史 …………………………… (80)
  第二节　学前教育的现状 ………………………………… (83)

第五章　纽约的基础教育发展 …………………………………… (90)
  第一节　目标与理念：全面发展 ………………………… (90)
  第二节　教育公平：均衡发展 …………………………… (98)
  第三节　追求卓越：优质发展 …………………………… (110)

第六章　纽约的高等教育发展 …………………………………… (123)
  第一节　促进高等教育多样化：错位发展 ……………… (124)
  第二节　提高高等教育质量：优质发展 ………………… (130)
  第三节　服务城市经济社会发展：竞争创新 …………… (147)

第七章　纽约的职业技术教育发展 …………………………… (153)
　　第一节　职业技术教育发展战略 ……………………………… (153)
　　第二节　职业技术教育体系 …………………………………… (157)
　　第三节　职业培训体系 ………………………………………… (165)

第八章　纽约终身学习社会构建 ………………………………… (170)
　　第一节　终身学习的理论和政府支持 ………………………… (170)
　　第二节　终身学习与纽约市各级教育的发展 ………………… (175)
　　第三节　开展终身学习的各类设施机构 ……………………… (178)

第九章　纽约教育的国际化发展 ………………………………… (184)
　　第一节　教育国际化的背景 …………………………………… (184)
　　第二节　国际理解教育与移民教育 …………………………… (188)
　　第三节　高等教育国际化的案例 ……………………………… (191)

第十章　纽约的教师教育发展 …………………………………… (196)
　　第一节　教师准备 ……………………………………………… (196)
　　第二节　教师评价 ……………………………………………… (201)
　　第三节　21世纪以来教师教育的政策改革 …………………… (207)

第十一章　纽约城市教育发展的特色、经验及启示 …………… (218)
　　第一节　教育发展特色 ………………………………………… (218)
　　第二节　教育发展经验 ………………………………………… (226)
　　第三节　对上海教育改革与发展的启示 ……………………… (232)

参考文献 …………………………………………………………… (259)

网络文献 …………………………………………………………… (267)

后记 ………………………………………………………………… (280)

导　言

在美国，有三个纽约：纽约州（New York State）、纽约市（New York City）、纽约区（New York County）。纽约市是纽约州下的一个市，纽约区是纽约市下的一个区（也就是曼哈顿区）。

纽约州位于美国东北部，州府为奥尔巴尼（Albany）。纽约州是美国50个州中最重要的州之一，也是美国经济最发达的州之一，农业和制造业为该州的主要产业。美国基本经济行政区域以区（County）为基本单元，整个纽约州共有62个区。在2010年，纽约州的面积为122 284平方公里，人口为19 378 102人。[①]

纽约市在纽约州具有重要地位，通常人们说起纽约州时不能像称呼美国绝大多数州那样省略最后的"州"字，因为简单地说"纽约"多指纽约市。我们一般说的国际大都市"纽约"指的也是纽约市。因此，本书中的"纽约"以纽约市为主，但有时也会涉及纽约州。

纽约市位于该州的东南角。从地理位置上看，纽约市位于美国东部、大西洋西岸，哈德逊河自北向南流经纽约市，并注入大西洋，市区内还有东河流过。纽约市由5个相对独立的行政区构成，包括曼哈顿（Manhatten）、布鲁克林（Brooklyn）、布朗克斯（Bronx）、皇后（Queens）和斯塔滕岛（Staten Island）。2010年，纽约市区总面积为785平方公里，总人口为8 175 133人。在5个区中，曼哈顿区具有最重要的地位，有"纽约市的心脏"之称。2010年，曼哈顿区面积为60平方公里，总人口为1 585 873人。[②]

[①] U. S. Census Bureau. *Current Estimates of New York City's Population for July* 2011[EB/OL]. http://www.nyc.gov/html/dcp/html/census/popcur.shtml，2012-2-10.

[②] 同上。

第一章　纽约的城市发展历程与教育发展沿革

　　第二次世界大战后,美国成为世界上经济最发达的国家,在世界经济体系中的地位达到顶峰。1946年,联合国总部设于纽约市,从此,纽约市一跃成为资本主义世界的政治经济中心。目前,纽约市是世界级国际性大都市、世界金融中心、世界贸易中心、世界文化和信息中心之一、全球最大的海港之一和国际政治中心之一。[①]而在这一过程中,教育也发挥了一定的作用,推进了纽约市的城市发展。

第一节　城市发展历史

　　总的来说,纽约市的发展经过了两次历史性的飞跃:第一次飞跃是从普通港口城市成为美国的首位城市,第二次飞跃是从美国的首位城市成为世界首位城市。

一、从普通港口城市到美国首位城市(17世纪初—1945年)

　　美国城市的建立是与美国的开发同步进行的,都是从东向西依次推进,最后遍布北美大陆。美国城市发展的起源可追溯到殖民地时期。有学者指出:"早期美国城市的发展可分为两个阶段:殖民地时期和非殖民地时期。殖民地时期是从17世纪初至1776年,而非殖民地时期则是从1776年到19世纪20年代。纽约市也正是在这一历史时期迅速发展,并奠定了其在东部沿海城市中的核心地位。"[②]

---

　　① 陈志洪,等. 纽约结构变动及对上海的启示[J]. 上海经济研究,2003(10).
　　② Janet L. Abu-lughod. *New York*, *Chicago*, *Los Angels*: *Americas Global Cities*[M]. Minneapolis: University of Minnesota Press, 1999: 7.

随着殖民地的不断开拓,在北美洲大西洋沿岸兴起的一批城市,打下了美国城市化的基础。这些城市尽管是适应宗主国对殖民地掠夺和管理的需要而建立的,但其经济功能却随着时间的推移不断加强。这些北美殖民地城市有一个突出特点:"它们既非流行于中南美洲的军事控制中心或传教据点,亦非欧洲式的政治中心,而是以经济活动为主的商业性城市。"①

在对外方面,这些城市的主要功能是与英国、法国、西班牙及葡萄牙等国开展贸易往来。在对内方面,它们通过生产新式农具,传播农业信息,铺设道路,便于农产品和商品的生产和流通,初步发挥地区经济中心的作用,增强与周边地区的经济联系。

不过,美国的早期城市并非农业发展的结果,而是要发挥与欧洲大陆的联系和与周边地区经济联系的功能,所以大多位于港口。由于殖民地内外贸易集中在北部和中部,多数城市也分布在此。波士顿、纽约、费城、查尔斯顿尤为突出,它们不仅在规模上远远胜过其他城市,其影响也延伸到广阔的腹地。纽约市就是在这样的背景下发展的。

在欧洲人到达以前,纽约只是一个有100多个印第安人的村落。随着荷兰人和英国人对它的相继殖民统治,大量移民涌入纽约市。但早期的纽约市仍然只是一个普通的港口城市。不过,经过交通革命(1820—1840),纽约市的实力大增。19世纪70年代,在工业革命的影响、交通运输的完善以及移民等的共同作用下,纽约市进入了它的黄金发展时期。1820—1870年间,美国700多万移民中的70%通过纽约市进入美国。这一移民潮从根本上改变了纽约市的人口结构,外国出生的居民占到纽约市人口总数的50%以上。②

随着外来移民的持续大量涌入,纽约市很快成为一个典型的世界性城市。大量的外来移民为纽约市的工业发展提供了大量廉价的劳动力,极大地推动了工业的发展。到19世纪末20世纪初,纽约市工商业的统治地位逐渐确立,复杂的财政金融体系不断完善,纽约市成为美国的首位城市。③

二、从美国的首位城市到世界首位城市(1945年至今)

在第二次世界大战前,纽约市已经成为美国的首位城市。第二次世界

---

① 王旭.美国城市史[M].北京:中国社会科学出版社,2000:11.
② 〔美〕乔治·兰克维奇.纽约简史[M].辛亨复,译.上海:上海人民出版社,2005:141-142.
③ 蒲玉梅.从普通港口城市到全球性城市——纽约全球性城市的形成与发展道路[D].华中师范大学历史文化学院硕士学位论文,2006:9.

大战以来,纽约市的经济持续发展,开始成为全球性城市,并逐渐发展成为世界首位城市。

总的来说,第二次世界大战以来纽约市的经济转型经历了以下两个阶段。

(一)战后纽约市地位的衰落(1945年到20世纪70年代末)

第二次世界大战结束以后,纽约市本身的经济结构发生了很大的变化,主要表现在产业结构的调整和人口构成的变化等方面;而全国性经济结构的调整、区域经济结构的转变以及郊区化与大都市化的发展也不同程度地对纽约市的经济结构和地位产生了影响。

从20世纪60年代开始,美国的产业结构在新科技革命的推动下发生了历史性变革。纽约市的产业结构则出现了制造业急剧衰落与金融业、服务业等第三产业崛起的双重变化。纽约市的制造业在20世纪60年代、70年代、80年代的就业人数分别减少了9.2万人、18.1万人、26.7万人,下降比例分别为9%、19%和35%。与制造业衰落、就业人数减少形成鲜明对比的是,第三产业,尤其是其中的金融业、服务业的就业人口在总就业人口中的比重迅猛增加。就美国而言,从事采矿、建筑、运输、制造业等第二产业的人口在总就业人口中的比重,从1945年的53%下降到1975年的35%,而同期就业于贸易、金融、服务等第三产业的人口比重则由47%上升到65%。①

第二次世界大战以后一直到20世纪70年代末,纽约市的经济地位比第二次世界大战前差了许多。制造业的衰落使纽约市的整体经济实力下降;人口的大量流失使纽约市更加贫困;全国性区域经济结构的调整,使纽约市的传统地位受到一定的削弱,并日益受到西部大城市的挑战;而郊区化与大都市化的冲击,使大量公司外迁,也给纽约市造成了更大的损失。

总之,在这一时期,纽约市的经济地位逐渐衰退。但是我们应该看到,这段时期的纽约市处于经济结构调整的时期,纽约市作为美国首位城市的地位并没有改变,仍然拥有雄厚的经济实力。一个地区经济的成长与衰退都是相对的,经过纽约市政府和人民不懈的努力,20世纪70年代末期以后,纽约市又重新焕发了生机与活力。

(二)全球性城市地位的确立(20世纪70年代末至今)

在这段时期,纽约市通过自己的努力,确立了全球性城市的地位。在此

---

① 蒲玉梅.战后纽约全球性城市的形成[J].台声·新视角,2006(1).

期间,纽约市主要采取了以下几种发展战略。

第一,优化产业结构,优先发展高科技产业及服务业。产业结构的核心是各产业间的数量比例关系。产业间的数量比例关系是否合理,对产业发展十分重要,而产业结构优化,是促进产业间互动发展,提高技术进步及经济效率的过程。纽约市政府十分重视产业的升级建设。在制造业领域,纽约市政府大力扶持高新技术产业的发展。

第二,确立区域经济发展战略。这种战略旨在加强纽约市与大都市区其他地方原有的经济联系,充分发挥大都市的整体优势,加快市区的复兴步伐。它强调资源共享、市场共享的指导思想,承认产业对于整个大都市区的重要意义。作为一个完善的大都市区,纽约市一直十分重视与周边地区,乃至全世界的联系,并将公司总部作为加强这种联系的纽带。

第三,发展国际服务业。作为国际性大都市,纽约市的服务业具有突出的国际性指向。纽约市长期以来一直是世界上最大的货币金融市场、最大的股票市场,聚集了大量的外国银行。纽约市重视发挥国际大都市的整体优势,加强与全世界的联系,加快了市区的振兴步伐。

第四,实行城市工业园区战略。这主要体现在"袖珍工业园区"和"高科技产业研究园区"战略上。"袖珍工业园区"主要着眼于充分利用该市一些基础设施完备但被废弃的校区,利用联邦资金在这些小区上建设商用大楼,分别租给小制造公司。这种工业园区吸引了很多小企业在这里发展,巩固了纽约市经济结构多样性的传统优势,保持了其经济活力。"高科技产业研究园区"的目的是要利用纽约市众多的大学、研究机构和企业的综合优势,研究和开发高科技产品,以弥补纽约市在这方面的不足,适应"知识社会"城市经济结构变化的新趋势。这种园区提供较完善的基础设施,可以吸引更多的高科技人才。[①]

由于适时地进行了产业结构的调整,并辅之以一系列行之有效的复兴措施,以顺应城市经济发展的规律,纽约市恢复并逐步巩固了其在整个大都市区、纽约州乃至美国的首位城市的地位,并逐渐步入全球性城市之列。根据弗里德曼提出的衡量全球性城市的 7 项标准,即主要的金融中心、跨国公司总部所在地、国际性机构的集中度、商业服务部门的高度增长、重要的制造业中心、交通的重要枢纽、城市人口达到一定标准,纽约市是当之无愧的

---

① 蒲玉梅. 战后纽约全球性城市的形成[J]. 台声·新视角,2006(1).

全球性城市。

"9·11"事件后,纽约市政府认识到,不能过于依赖曼哈顿和金融业,必须注重其他区域的发展,因此提出"突围曼哈顿",实施城市战略重心的转移,即在空间上复兴曼哈顿的同时,强调注重纽约市其他地区的发展;在产业上保持金融业优势的同时,强调注重旅游、教育、通信、生命科学和文化等行业的发展。纽约市希望通过这种转移为纽约市市民提供更多的生活空间选择,创造更多的不同领域的就业机会。

目前,纽约市已经成为全球最重要的知识和技术创新中心。许多研发高科技产品的公司都把纽约市作为首选,"他们选择大都市区是因为这里云集了科研和发明的机构,这就为他们产品的研发和快速打向国际市场提供了很好的机会"[①]。同时,在纽约市都市圈的范围内,分布着众多的以信息产业为主体的知识和技术密集型产业,其中美国电话电报公司、国际商业机器公司、朗讯科技和贝尔大西洋是美国乃至全球信息产业最重要的代表。

此外,纽约市已经成为美国和世界的金融和证券交易中心。到 2013 年年底,在世界 500 强企业中,有 73 家企业总部位于纽约市。纽约证券交易所拥有全球最大上市公司总市值,有超过 2 800 家公司在此上市。

第二节 教育发展历史

一直以来,纽约市和纽约州都较为重视教育,把教育作为重要的关注点。纽约市教育局和纽约州教育厅是纽约市和纽约州的教育行政管理部门,其行政架构有各自的特点。

一、纽约市教育发展历史

纽约市的教育历史可以追溯到 1629 年。当时荷兰殖民者来到这个城市,颁布了一项法律,要求建立学校。四年后,即 1633 年,第一所学校建立。1652 年,纽约市市政厅建立了第一所公立学校。不过,在英语在殖民地教育中占统治地位之前,语言冲突持续了好多年,因为荷兰人坚持用自己的母语

---

① Amnon Frenkel. Why High-technology Firms Choose to Locate in or Near Metropolitan Areas[J]. *Urban Studies*,2001(38).

进行教学。

英国人1664年获得纽约的管辖权以后,建立了许多不收学费的学校和教会。1704年,传播福音的社团建立了英语教学的学校。1732年,纽约市通过一项法案,要求建立城市公立学校。1748年,纽约市建立了两所私立学校。当时,纽约市已经存在许多私立教育机构。这些私立教育机构受一些宗教团体的管辖,并得到它们的支持。因此,"可以说,到目前为止,和同时代的任何其他国家的人相比,独立前的殖民地的人为他们的孩子提供了更多的教育,这也是新英格兰地区的人口受教育程度比世界上任何国家更高的原因"[①]。纽约的普利茅斯(Plymouth)殖民者的第一个法案就是为宗教提供一间会议室和为孩子们提供一间校舍。1754年,国王学院(也就是今天的哥伦比亚大学)成立。

纽约州起初鼓励私立学校的发展。1784年,纽约大学评议会(the Board of Regents of the University of New York)创立;多年来,其主要功能是管理学院和大学。但是,后来它被要求负责建立普通学校的学校系统。1795年,时任州长克林顿(Clinton)敦促建立具有新英格兰地区特点、适应新英格兰地区的普通学校,并通过立法拨付一笔资金执行该计划。1797年,免费学校创建。

19世纪以来,纽约市公立学校系统在私人控制下开始形成。然而,由于不同的宗教团体观念的影响,纽约市免费学校运动进展缓慢。热心公益的市民希望提供被人忽视的儿童的教育,于是在1805年召开了一次会议,来讨论这个问题。不久后,他们向立法机关申请,成立一个协会来"为不属于或没有被任何宗教社团提供教育的贫困儿童建立免费学校"。1805年4月9日,该申请获得立法机关批准,协会正式注册,名字为"免费学校协会"(Free School Society),为没有被私立学校或教会学校所服务的儿童提供教育。该协会寻求私人的资助来运行该项目。

1806年5月19日,免费学校协会在现在的麦迪逊(Madison)街道那里租到一个公寓,开始实施计划,学校也随之开始运行。在很短时间内,学校就人满为患,需要寻找更大的地方。上校亨利·罗格斯(Henry Rutgers)把亨利街上的两小块土地送给了协会,立法机关也批准了部分资助来建造校

---

① Miriam Medina. *The History of Education in New York City*[EB/OL]. http://thehistorybox.com/ny_city/nycity_edu_history_article1045.htm,2015-2-19.

舍。在亨利街学校建造过程中,一家企业给协会提供了钱伯斯街(Chambers Street)上的一栋房子,并捐赠了560美元进行修补。

1809年,随着学生规模的扩大,该免费学校已经不能容纳更多学生,于是免费学校协会在查塔姆街(Chatham Street)开设了一所新的免费学校。随着入学需求的越来越大,免费学校协会不得不开设更多免费学校。1811年,特里尼蒂公司(Trinity Corporation)在哈德逊街和格洛夫街(Grove Street)为协会提供了两块土地来建立第三所免费学校。此时,纽约市的人口为119 657人。到1820年,人口增加了约3%,因此需要建立更多免费学校。1821年,位于文顿街(Rivington Street)的第四所免费学校成立。1824年,又建立了两所免费学校。1825年,第七所免费学校建立。1826年,第八所免费学校建立。1827年,又建立了三所免费学校,使免费学校数量达到11所。

1825年,免费学校协会更名为"公立学校协会"(the Public School Society),目的在于取消慈善观念,让市民意识到教育是他们的权利。

1842年,时任纽约州州长的西沃德(Seward)建议,立法机关通过立法把普通学校系统从州扩展到市。学校开始和教堂分开,也开始获得州的更多资助。公立学校协会也在1853年解散,它的所有权利和设施都转移给了纽约市教育委员会。[①] 19世纪末,大型的天主教学校系统得到发展。在20世纪20年代,纽约州约有10%的学龄人口进入私立学校,它们中的大多数是城市的天主教学校。

1898年,纽约市在下属五个区里建立了公立高中系统。几年内,每个区都有了它自己任命的学校委员会。1902年,纽约市宪章进行了修改,建立了由市长任命的学校委员会。1917年,纽约市通过了"普通市立学校法律"(General City School Law),学校行政机关的权力得到加强。但是,财政委员会(Board of Estimate)和市议会在学校财政上仍旧保持着许多控制权。约有30个管理人员或助理管理着市立学校的运行,地方咨询学校委员会也参与其中。纽约州教育厅于1933年、瑞普·科德委员会(Rapp-Couder Commission)于1944年分别对纽约市学校系统进行过研究。研究发现,1933—1944年,大量的行政机构是无效的,效率也没有得到改善。

---

① Miriam Medina. *The History of Education in New York City*[EB/OL]. http://thehistorybox.com/ny_city/nycity_edu_history_article1045.htm,2015-2-19.

随着1949年宪法修正案的允许,1950年和1952年通过的法规给了人口较少的市立学区(人口在125 000人之下)一些财政和政治自治。这些人口较少的学区开始财政独立,有自己的税收权力。但是,纽约州5个最大的城市(人口超过125 000人),包括纽约市、布法罗(Buffalo)、罗切斯特(Rochester)、锡拉丘兹(Syracuse)和杨克斯(Yonkers),则继续成为"附属"(dependant)学区,它们的财政是市财政的一部分。① 到了1996年,纽约州通过立法,授权人口较少的学区在学校预算上进行投票。

1967—1968年,纽约市发生了学校分权危机。纽约市通过立法,确定了一些新的参与者:在行政机关之外,任命学校系统的教育局长;建立新的社区学区,选举产生委员会并任命管理者来管理公立学校(除了高中);成立过渡期的市立学校委员会(后来成为永久性的)。从1969年开始,纽约市市立学校委员会成员由纽约市市长和各区区长任命。②

从20世纪60年代末以来,纽约市的学校被分区管理。小学和中学被分成32个社区学区,高中分为5个区域较大的学区:曼哈顿、布朗克斯、皇后、布鲁克林和斯塔滕岛。此外,还有一些为残疾学生服务的学校和特殊学区。

2007年,纽约市市长布隆伯格(Michael Bloomberg)和时任教育局局长克莱恩(Joel Klein)宣布成立"学校支持组织"(School Support Organization),为学校提供支持服务。这些学校支持组织包括三种:一是授权支持组织(Empowerment Support Organization);二是学习支持组织(Learning Support Organization),包括社区学习支持组织、整合课程和教学学习支持组织、知识网络学习支持组织、领导学习支持组织;三是合作支持组织(Partnership Support Organization),包括教育发展学术合作支持组织、公共教育协会教育革新中心合作支持组织、学校支持和成功的纽约城市大学中心合作支持组织、福特汉姆大学合作支持组织、公共学校新视角合作支持组织、复制公司合作支持组织。③

---

① James D. Folts. *History of the University of the State of New York and the State Education Department* 1784—1996[R/OL]. http://www.eric.ed.gov/PDFS/ED413839.pdf,2015-2-20.
② 同上。
③ Wikipedia. *New York City Department of Education*[EB/OL]. http://en.wikipedia.org/wiki/New_York_City_Department_of_Education,2015-02-21.

二、纽约市教育局的历史和架构

纽约市教育局(New York City Department of Education)是纽约市政府管理城市公立学校系统的行政机构。纽约市公立学校系统是美国最大的学校系统,超过110万学生在1 700多所学校学习。由于其规模巨大,该公立学校系统在美国很有影响力。当前纽约市教育局局长是卡门·法里娜(Carmen Farina)。

(一) 发展历史

为了顺序社会的要求,1969年纽约市市长约翰·林赛(John Lindsay)放弃市长控制学校,成立纽约市教育委员会(7名委员由市长和5个区的区长任命)和32个社区学校委员会(其成员选举产生)。小学和初中学校,由社区学校委员会管理,高中则由教育委员会控制。

2002年,纽约市学校系统进行了改组。市长布隆伯格重新控制了学校系统,随后他开始努力重组和改革学校系统。社区学校委员会被取消,教育委员会更名为"教育政策咨询小组"(Advisory Panel for Education Policy),该小组共有13名成员,其中8名由市长任命,5名由各区区长任命,教育总部从布鲁克林区下城的利文斯通街(Livingston Street)110号搬到曼哈顿区和纽约市政厅相邻的特威德法院(Tweed Courthouse)。

纽约市是美国市长控制教育的主要城市之一,也就是说,教育系统在市长而不是教育委员会的控制下。2009年8月6日,纽约州参议院批准法案,再给纽约市市长6年的学校控制权,几乎和2002—2009年的市长控制结构完全一样。

不过,有人对此提出不同意见。2007年被曼哈顿区区长斯科特·斯金格(Scott Stringer)任命的教育政策咨询小组成员帕特里克·沙利文(Patrick Sullivan)于2011年建议:改组教育政策咨询小组,市长只能任命6名成员,并且任命应有固定期限。① 他认为,这可以在一定程度上限制市长滥用权力。

(二) 组织架构

纽约市教育局隶属于纽约州教育厅的"中小学和继续教育部门"(Ele-

---

① Wikipedia. *New York City Department of Education*[EB/OL]. http://en.wikipedia.org/wiki/New_York_City_Department_of_Education,2015-02-21.

mentary, Middle, Secondary and Continuing Education),它的管理范围包括从学前幼儿园到十二年级的公立中小学的学校教育,其职责包括制定学习和课程标准,提供学校成就报告单。①

在2008年,纽约市教育局的组织结构②如图1-2所示:

图1-1 纽约市教育局的组织结构

除了上述机构,纽约市教育局还有以下机构:

1. 纽约市教育局局长办公室(Chancellor's Office)

该办公室下设以下办公室进行日常工作:传播和媒体关系办公室(Communications and Media Relations)、教学和信息技术部门(Division of Instructional and Information Technology)、授权支持组织、家庭参与和支持办公室(Family Engagement and Advocacy)、财政和管理办公室(Finance and Administration)、法律顾问和服务办公室(General Counsel and Legal Services)、政府间事务办公室(Intergovernmental Affairs)、劳动关系办公室

---

① New York City Department of Education. *DOE Organization*[EB/OL]. http://schools.nyc.gov/AboutUs/DOEOrganization/default.htm,2008-08-15.
② 同上。

(Labor Relations)、合作支持办公室(Partnership Support Office)、投资组合发展办公室(Portfolio Development)、公众和社区事务办公室(Public and Community Affairs)、战略伙伴关系办公室(Strategic Partnerships)、教学和学习支持组织(Teaching and Learning Support Organizations)。①

2. 社区教育委员会(Community Education Councils)

纽约市共有32个社区教育委员会,每个社区教育委员会监管一个社区学区(Community School District)内的小学和中学。另外,还有两个全市性的教育委员会(Citywide Education Council),他们代表中学和特殊教育家长的利益。所有教育委员会的成员都由所在行政区的家长协会和各学校的家长教师协会选出,任期2年。每个教育委员会有12名成员,其中9名由家长协会和家长教师协会选出,2名由区长任命,1名是社区负责人挑选出的学生代表。教育委员会每月开一次公共会议,他们依据州法律和教育局的各项规章制度所赋予的责任对所在行政区的教育政策进行干预,他们的职责包括:审批学校分区划分,举行关于资金规划的听证会,评价社区负责人,对其他重要的政策问题提供建议。

其管辖的学校被划分成10个地区(regions),每个地区包括大约120所学校。②

三、纽约州教育发展历史和教育厅的架构

作为美国经济最发达的州之一,纽约州的教育发展在美国也是较为领先。本部分主要介绍纽约州教育的发展历史及纽约州教育厅的基本架构。

(一) 纽约州教育发展历史

20世纪60年代,纽约州的教育发展遇到新的机遇,纽约州教育厅职员人数随之快速增长。随着联邦资助的增加,特别是在1958年《国防教育法》(National Defense Education)、1962年的《人力资源培训法》(Manpower Training Act)、1965年的《中小学教育法》(Elementary and Secondary Education Act)的推动下,纽约州教育厅职员数量增长了两倍。

20世纪70年代以来,由于纽约州面临财政危机,纽约州教育厅缩减了

---

① New York City Department of Education. *Chancellor's Office*[EB/OL]. http://schools.nyc.gov/AboutUs/DOEOrganization/ChancellorsOffice/default.htm,2008-08-16.
② New York City Department of Education. *Citywide and Community Education Councils*[EB/OL]. http://schools.nyc.gov/Offices/CEC/default.htm,2008-08-16.

1 000多个职位,下降幅度约30%。在20世纪80年代早期,纽约州教育厅共有约3 000—4 000名职员。①

21世纪以来,在政治上,纽约州是一个"蓝色"州,民主党的登记选民比共和党多200万。在2000年的总统选举中,小布什只获得35%的选票,但是在2004年,他的得票率提高到了40%。在美国第110届国会中,纽约州的两个参议员都是民主党人,众议院的29人中则有20人是民主党人。②从2006年开始就职的几任州长,包括埃略特·斯皮策(Eliot Spitzer)、大卫·帕特森(David Paterson)、安德鲁·库莫(Andrew Cuomo),都是民主党人。

纽约市的情况稍微有所不同。纽约市市长布隆伯格是共和党人,他已经连续当选三任市长。2006年,纽约市参议院被共和党控制(共和党35人,民主党27人),众议院被民主党占领(民主党104人,共和党44人)。③

纽约州的教育深受州政治(包括参议院、众议院、纽约州州长、纽约市市长、教育委员会)的影响。教育工会,特别是教师工会,在纽约州州府阿尔巴尼积极游说。值得一提的是,纽约州的工会成员比例是美国最高的。纽约州教育工会的力量非常强大,发挥着很大作用。

在2006年,纽约州有4 624所公立学校、284万名学生,其中纽约市的学校录取了37%的学生。私立学校录取了约50万名学生,占学生总数的14%。大约47%的学生是少数族裔的,其中19.9%是黑人,19.8%是拉丁裔,7.2%是亚裔或其他族裔,53.1%是高加索人。大约19%的学生处于贫困线下,14.4%的学生是残疾学生,6.2%的学生英语能力有限。大约38%的学生有资格获得免费或折扣午餐,这是低收入的首要指标。这些学生一般集中在纽约市和纽约州的其他大城市。④

(二)纽约州教育厅

美国是分权制的国家,各种教育决策权在各州。纽约州教育厅(New York State Education Department)是最大的州部门之一,对地区和学校有较

---

① James D. Folts. *History of the University of the State of New York and the State Education Department* 1784—1996[R/OL]. http://www.eric.ed.gov/PDFS/ED413839.pd, 2015-2-24.

② Mcbeath, Jerry Reyes, Etc. *Education Reform in the American States*[M]. Charlotte: Information Age Publishing, 2007: 57.

③ 同上。

④ Mcbeath, Jerry Reyes, Etc. *Education Reform in the American States*[M]. Charlotte: Information Age Publishing, 2007: 59.

大的控制权。纽约州议会选择教育理事会成员,理事会成员任命教育委员会成员。理事会和委员会分别为州长工作,委员会成员可以服务较长时间。纽约市教育局局长则被纽约市市长任命,但他在市政府乃至州政府教育政策制定中有较大影响。

纽约州教育厅也是纽约州大学(University of the State of New York)的一个组成部分。纽约州大学是一个宽泛的、包括纽约州提供教育的所有机构(包括公立和私立)的专门用语,是美国教育服务中最完整的相互联系的系统。[①] 它包括州里所有的初级、中级和高级教育机构,也包括图书馆、博物馆和其他学习机构,具体有:7 000多所公立和私立中小学校;248所公立和私立学院和大学;251所营利性质的私立学校;近7 000个图书馆;750个博物馆;州档案馆;职业康复和为残疾成年人的其他服务;为学前和学龄儿童及青少年的特殊教育服务,盲人和聋哑人专门学校各1所;25所公营广播机构,其中含7家公共电视台;在48个得到许可的行业工作的75万多位专业人员,包括制药、建筑、会计和护理;近20万位有资质的公立学校教师和管理人员等。

纽约州评议会(New York State Board of Regents)是唯一的州教育委员会,有权力管理所有层次的所有教育活动,包括私立和公立、非营利和营利机构。评议会通过它的执行委员会开展工作。从1994年以来,除了8月,评议会每个月在阿尔巴尼或其他地方碰一次面。评议会人员的组成,越来越多元化。1927年任命了第一个女性成员,1948年任命了第一个意大利裔美国人,1966年任命了第一个非裔美国人,1975年任命了第一个波多黎各裔美国人。[②]

纽约州评议会还管理纽约州大学和纽约州教育厅的全部工作:管理全州从学前幼儿园到研究生的全部教育和前面提到的所有部门,负责按照宪法为纽约州制定教育政策、教育标准和各种规章,而且依法确保其所监管的各教育单位执行各种教育政策法规。它的使命和宪法赋予的职权就是提高整个纽约州的学习水平。[③] 评议会由州立法机关选出的16位成员组成,任

[①] New York State Education Department. *New York State Board of Regents*[EB/OL]. http://www.regents.nysed.gov/, 2015-02-26.

[②] James D. Folts. *History of the University of the State of New York and the State Education Department 1784—1996*[R/OL]. http://www.eric.ed.gov/PDFS/ED413839.pdf, 2015-2-24.

[③] New York State Education Department. *A Short History:How We Came to Be*[EB/OL]. http://usny.nysed.gov/sedhistory.html, 2015-02-27.

期5年;州的12个司法行政区每区1名,另外4名自由选出。评议会成员没有薪酬,并且只有与他们的公务职责相关的费用和出行才能获得费用补偿。①

评议会选出一名教育厅厅长来领导州教育厅,同时担任纽约州大学主席。评议会制定政策,教育厅厅长则负责贯彻实施政策。②

纽约州教育厅的任务是提高纽约州所有人的知识、技能和机会。它下辖以下机构,都在教育厅厅长的管理之下:

中小学和继续教育部门:负责监管从学前幼儿园到十二年级以及继续教育的各种教育。该部门的职责包括制定学习和课程标准,实施评议会布置的考试和州的其他考试,提供非公共教育服务和学校成就报告单等。

高等教育部门(Higher Education):负责监管学院、大学和私有的学校,负责教师和其他学校的专业人员的证书发放,监管教师和招聘的项目。

文化教育办公室(Office of Cultural Education):包括州档案馆、州图书馆、州博物馆、公共广播办公室。这些机构有责任增加州、地方政府、工商企业和个人的知识和信息资源。该部门支持研究和运作各种项目,并开发有利于纽约州机构和居民的长期利益的各种活动。

创新办公室(Office of Innovation):该部门向政府关系办公室、组织效力办公室、突发事件办公室、通讯办公室和评议会办公室提供视察和支持。

运行和管理服务办公室(Office of Operations and Management Services):该部门包括财政服务、信息和技术管理、人力资源和法律顾问办公室。

职业办公室(Office of Professions):从1891年起,评议会和纽约州教育厅就对职业的准备、许可证发放和实践进行监管。

残疾人职业和教育服务部(Vocational and Educational Services for Individuals with Disabilities):该部门促进对残疾学生的教育公平;确保在儿童和成年人服务系统间的连续性;向所有适合的人口提供职业康复和独立生活服务,以使他们能够工作,并且过独立的自我管理的生活。③

---

① New York State Education Department. *About the Board of Regents*[EB/OL]. http://www.regents.nysed.gov/about/,2015-03-02.

② New York State Education Department. *About the University of the State of New York*(USNY)[EB/OL]. http://usny.nysed.gov/about/aboutusny.html,2015-02-27.

③ New York State Education Department. *About the New York State Education Department*[EB/OL]. http://usny.nysed.gov/about/,2015-03-02.

第二章 纽约的城市发展状况与发展战略

纽约市作为一个世界著名的国际大都市,在政治、经济、人口和教育上都有其自身的特点。21世纪以来,纽约市积极转变产业结构,实施新的城市发展战略,重视人力资源,强调教育对人力资源和城市发展的作用。2002年,纽约市政府制定了《纽约市2002—2011年财政预算》文本,通过确定中长期公共投资方向和结构,作为城市长期战略实施的保证,并指导城市战略重心转移。①

本章介绍了纽约市的产业结构、人口构成、城市发展战略以及教育与人力资源开发状况。

第一节 纽约市的产业结构

纽约市是美国的艺术、通信、媒体和金融中心。许多美国最大的公司,比如IBM、柯达(Kodak)、富士施乐(Xerox)和通用电气(GE)等的总部都设在纽约市。2001年9月11日,纽约世贸中心遭受恐怖袭击。从那时起,尽管纽约市在逐步恢复,但仍失去了20多万个工作机会。②

为了描述纽约市的产业结构变动,我国学者陈志洪等人收集了1950—2001年纽约市不同行业就业人员的数据(不包括农业部门③)并进行了分析(见表2-1)。

---

① Giuliani, Roudolph W. *The City of New York Fiscal Years 2002—2011: Ten Years Capital Strategy*[R/OL]. http://www.nyc.gov/html/records/rwg/omb/pdf/typ4_01.pdf, 2015-04-01.

② Mcbeath, Jerry Reyes. Etc. *Education Reform in the American States*[M]. Charlotte: Information Age Publishing, 2007: 56.

③ 早在1930年,纽约市第一产业的就业人数就仅占0.2%,此后到20世纪70年代,纽约市的第一产业更是降到微不足道的地位。

表2-1　1950—2001年纽约市不同行业就业人数变化　　（单位：万人）

行业＼年份	1950	1960	1970	1980	1990	2000	2001
采矿业	0.2	0.2	0.2	0.1	0.0	0.0	0.0
建筑业	12.3	12.7	11.2	7.7	11.5	12.2	12.5
制造业	103.9	94.7	76.6	49.6	33.8	24.3	23.0
服务业	50.8	60.7	78.6	89.3	114.9	145.7	146.5
贸易业	75.5	74.5	73.5	61.3	60.8	62.7	61.9
金融保险和房地产业	33.6	38.4	45.8	44.8	52.0	49.1	48.7
交通运输和公共事业	33.2	31.8	32.3	25.7	22.9	21.3	21.2
各级政府部门	37.4	40.8	56.3	51.6	60.8	56.7	57.0
合计	346.8	353.8	374.3	330.1	356.6	372.1	370.8

资料来源：陈志洪，等. 纽约产业结构变动及对上海的启示[J]. 上海经济研究，2003(10).

从总量上看，第二次世界大战以后纽约市的总就业人数变化趋于平稳。其中，非农产业就业人数从346.8万人增加到370.8万人，50年间增加了24万人（增幅约6%）。在此期间，纽约市的人口规模也非常稳定。20世纪50年代初，纽约市的人口已经增长到其第一个高峰值——1950年纽约市人口总数为789万人，此后基本保持平稳。2000年，纽约市的人口上升到800万人左右，超过了历史最高记录。

从表2-1可以看出，与总人口增长和就业人口总数相比较，就业人口在产业部门之间的分布发生了显著变动。最明显的是，制造业就业人口大量减少，比重持续下降，而服务业、金融保险和房地产业以及各级政府部门的就业人口和比重持续上升。

2006年，纽约市的教育服务、金融和保险、房地产和租赁业是就业人数非常集中的几个领域，远远高于美国其他地区同类行业的就业比重（见表2-2）。

表2-2　2006年纽约市就业人数最多的前20个行业情况

排名	行业	就业人数	百分比	市均工资（美元）	机构数量	机构百分比
1	公共管理	534 094	15%	52 275	435	0%
2	卫生保健和社会援助	535 302	15%	42 769	18 626	9%
3	金融和保险	331 662	9%	243 755	11 059	5%
4	专业、科技服务	308 760	9%	97 588	24 283	12%
5	零售业	282 885	8%	33 877	28 204	14%
6	餐饮和住宿服务	217 186	6%	27 161	14 722	7%
7	行政管理和废弃物服务	183 685	5%	43 161	7 920	4%
8	信息	152 798	4%	98 156	5 298	3%
9	批发	137 888	4%	71 835	15 985	8%
10	公共行政外的其他服务	137 015	4%	38 474	28 132	14%
11	教育服务	127 179	4%	46 134	2 800	1%

续表

排名	行业	就业人数	百分比	市均工资（美元）	机构数量	机构百分比
12	房地产和租赁业	116 389	3%	56 382	19 672	10%
13	建筑业	114 480	3%	61 085	12 146	6%
14	制造业	105 236	3%	48 523	6 915	3%
15	交通和仓储	103 382	3%	44 087	4 343	2%
16	艺术、娱乐和休闲	61 435	2%	62 129	4 473	2%
17	公司和企事业管理	57 062	2%	164 333	1 096	1%
18	公共事业	15 032	0%	89 554	47	0%
19	农业、林业、渔业和捕猎	181	0%	35 180	48	0%
20	采矿业	59	0%	98 204	15	0%

资料来源：New York City Government. *New York City Sector Profiles* 2007[EB/OL]. http://www.nyc.gov/html/sbs/wib/downloads/pdf/nyc_sector_profiles_07.pdf, 2008-10-18.

2011年，纽约市的工作岗位增加了约2.4万个，新增加的工作岗位主要集中在教育服务、专业和科技服务以及住宿和餐饮业。表2-3显示了2010年和2011年纽约市不同行业工作岗位的增加与减少情况。

表2-3 2010年和2011年纽约市不同行业工作岗位的增加与减少情况

（单位：千人）

行业	2011年	2010年
教育服务	18.9	4.7
专业和科技服务	11.2	0.5
住宿和餐饮业	10.0	12.4
管理与支持和废物管理与修补服务	9.5	8.3
金融和保险	5.0	−31.7
批发	4.2	−0.4
零售	3.9	13.6
卫生保健和社会援助	3.8	11.5
公司和企业管理	2.0	2.0
运输和仓储	1.3	−2.8
房地产和租赁业	0.9	−0.2
其他服务	0.6	−0.8
公用事业	0.4	−0.1
艺术、娱乐及休闲	0.2	−2.2
信息	−2.9	−2.2
制造业	−3.4	−5.0
建筑业	−6.2	−10.6
政府部门	−29.7	12.1

资料来源：New York Government. *One System for One City: The State of the New York City Workforce System Fiscal Year* 2011[R/OL]. http://www.nyc.gov/html/hra/downloads/pdf/resources/NYC_Workforce_System_Report_FY_2011.pdf, 2012-08-21.

可以看到，2011年就业增长最多的是教育服务，增加了18 900个工作岗位；其次是专业和科技服务（11 200）以及住宿和餐饮业（10 000）。2011年，工作岗位减少最多的是政府部门，减少了29 700个岗位，这部分是因为每10年一次的人口普查即将结束，不再需要人口普查员；其次是建筑业（6 200）和制造业（3 400）。

纽约市增加的工作岗位一般是进入门槛和技能要求较低的职业。尽管这些工作一般薪水较低，但是为青年和受教育程度较低的人提供了机会。2011年，纽约市共安置了11.4万个工作岗位，这些岗位主要集中在销售/零售、卫生保健和餐饮服务部门。这些部门也是工作岗位增长的部门，显示工作岗位安置和劳动力市场趋势是一致的。另外，专业和科技服务以及金融和保险部门就业岗位的增长也为高技能的求职者提供了机会。

第二节 人口构成与人力资源结构

在19世纪和20世纪的大多数时间里，纽约州一直是美国人口最多的州。20世纪70年代，纽约州的人口总数有所下降，80年代以后慢慢恢复，但是增长率较为缓慢。根据美国人口调查局的统计，2004年纽约州有人口1 920万人，比2000年增长了约1.3%，排在加利福尼亚州和得克萨斯州之后，列美国第三位。[①]

在美国，纽约州的人口最多元化。第一语言不是英语的人在州人口中占了很大比例。2005年，纽约州有62%是白人，15.1%是拉丁裔，14.8%是黑人，5.5%是亚裔。

纽约市是纽约州乃至美国最大的城市，拥有800多万人口。以下主要介绍纽约市的人口构成与人力资源结构。

一、人口基本状况

纽约市人口调查局以年度为基准，运用人口统计学的方式对纽约市的人口总数进行统计。每年，人口调查局发布由纽约市城市规划局（The Department of City Planning）人口统计学家审查过的人口估计数字。

---

① Mcbeath, Jerry Reyes. Etc. *Education Reform in the American States*[M]. Charlotte: Information Age Publishing, 2007: 55.

（一）人口总数及增长

2000年，纽约市共有居民8 008 278人。2007年，纽约市居民为8 310 212人。[①] 2010年，纽约市共有人口8 175 133人。[②] 2010年纽约市各区面积和人口见表2-4。

表2-4　纽约州、纽约市基本统计数据（2010年）

2010年	纽约州	纽约市	布朗克斯	布鲁克林	曼哈顿	皇后	斯塔滕岛
总人口（人）	19 378 102	8 175 133	1 385 108	2 504 700	1 585 873	2 230 722	468 730
面积（平方公里）	122 284	785	109	184	60	282	150

资料来源：New York City Government. *Current Estimates of New York City's Population for July 2011* [EB/OL]. http://www.nyc.gov/html/dcp/html/census/popcur.shtml, 2015-02-12.

根据纽约市2007年颁布的"纽约市2030年城市规划"，纽约市城市规划局预测，到2030年纽约市的人口将增长100万，达到900万人。[③]

（二）人口的年龄分布

2007年纽约市人口中约有一半（48%）分布在20—49岁，处于青壮年时期（见表2-5）。纽约市人口的平均年龄是35.8岁。

表2-5　2007年纽约市人口的年龄分布

年龄段（岁）	10以下	10—19	20—29	30—39	40—49	50—59	60—69	70—79	80以上
百分比（%）	14	13	16	17	15	11	7	5	3

资料来源：New York City Government. *City Snapshot：New York City*, *Summer 2007*[EB/OL]. http://www.nyc.gov/html/sbs/wib/downloads/pdf/borough_snapshot_nyc.pdf, 2008-10-16.

（三）人口的种族构成

纽约市是一个以移民著称的世界性城市。在纽约市的总人口中，23%的人说西班牙语，4%的人说汉语，3%的人说俄语，2%的人说意大利语，2%的人说法语。在纽约市的成年人中，14%的人不能熟练使用英语，48%的人说西班牙语。在纽约市总人口中，白人占45%，黑人占26%，亚洲人占

[①] New York City Government. *The "Current" Population of New York City（2007）*[EB/OL]. http://www.nyc.gov/html/dcp/html/census/popcur.shtml, 2008-10-16.

[②] New York City Government. *Current Estimates of New York City's Population for July 2011* [EB/OL]. http://www.nyc.gov/html/dcp/html/census/popcur.shtml, 2015-03-12.

[③] New York City Government. *Progress Report 2008*[EB/OL]. http://www.nyc.gov/html/planyc2030/downloads/pdf/planyc_progress_report_2008.pdf, 2015-03-12.

10%,其他种族占14%,多种族(multiple races)占5%。①

(四)人口的受教育状况

根据2007年的统计,纽约市人口中,12%的人有研究生或更高学位,16%的人有学士学位,5%的人有副学士学位,15%的人接受过某种学院教育但没获得学位,24%的人中学毕业,28%的没有中学文凭。②

2011年,约180万纽约人有四年制学士或以上学位,100万人有副学士学位,250万人(年龄在25岁以上)有高中、普通教育水平(General Education Development)或更低教育文凭。③

二、劳动力

劳动力和经济发展密切相关。纽约市拥有较为丰富的劳动力,这对纽约市的经济发展起着积极的作用。

(一)纽约市劳动力概况

根据2007年5月纽约市的统计数据,2007年纽约市的就业人口为360万人,失业率为4.6%,稍高于全国平均失业率。这主要是由于布朗克斯区和布鲁克林区的失业率比较高。④

2011年,纽约市劳动适龄人口⑤约665万人,提供了8.08万个工作岗位,增加了2.4万个工作岗位,失业率9%左右,居民平均收入比2010年下降4%。具有不同特征的劳动适龄人口在就业和收入上存在差异:受过更多教育、白人和亚裔、25—44岁的成人、本土出生的人在劳动力市场继续占据优势,更可能就业,收入也更高。表2-6显示了2010年和2011年纽约市不同特征劳动适龄人口的分布情况。

---

① New York City Government. *City Snapshot: New York City, Summer 2007*[EB/OL]. http://www.nyc.gov/html/sbs/wib/downloads/pdf/borough_snapshot_nyc.pdf, 2008-10-16.
② 同上。
③ New York Government. *One System for One City: The State of the New York City Workforce System Fiscal Year 2011*[R/OL]. http://www.nyc.gov/html/hra/downloads/pdf/resources/NYC_Workforce_System_Report_FY_2011.pdf, 2015-08-21.
④ New York City Government. *City Snapshot: New York City, Summer 2007*[EB/OL]. http://www.nyc.gov/html/sbs/wib/downloads/pdf/borough_snapshot_nyc.pdf, 2008-10-16.
⑤ 纽约市劳动适龄人口指的是16岁以上的纽约市居民。

表 2-6　纽约市不同特征劳动适龄人口的分布情况（2010 年和 2011 年）

总共		2011 年	2010 年
非社会福利机构收容的 16 岁以上的公民（人）		6 652 563	6 610 184
地区			
	布朗克斯	16%	15%
	布鲁克林	30%	29%
	曼哈顿	19%	20%
	皇后	30%	31%
	斯塔滕岛	6%	5%
出生			
	美国出生	57%	55%
	国外出生	43%	45%
性别			
	女性	53%	53%
	男性	47%	47%
种族/民族			
	黑人	24%	24%
	西班牙裔	27%	26%
	白人	36%	36%
	亚裔和其他	14%	14%
教育（非社会福利机构收容的 25 岁公民）			
	高中或更低	46%	47%
	副学士学位	19%	18%
	学士学位或更高	35%	34%
年龄			
	16—24 岁	17%	17%
	25—44 岁	37%	37%
	45—64 岁	31%	31%
	65 岁以上	16%	15%

资料来源：New York Government. *One System for One City：The State of the New York City Workforce System Fiscal Year* 2011[R/OL]. http://www.nyc.gov/html/hra/downloads/pdf/resources/NYC_Workforce_System_Report_FY_2011.pdf, 2012-08-21.

从表 2-6 中可以看出以下特点：第一，劳动适龄人口总数增加不多，少于 1%。第二，和 2010 年相比，布朗克斯、布鲁克林和斯塔滕岛 2011 年劳动适龄人口的比例有所提高，曼哈顿和皇后则有所下降。第三，纽约市保持了对移民的吸引力。2011 年，43% 的劳动适龄人口出生于美国之外。和 2010 年相比，比例变动不大。第四，大多数劳动适龄人口是女性（53%），从 2010 年到 2011 年没有变化。第五，在种族/民族多样性上，两年中，超过 1/3 的劳动适龄人口是白人，约 1/4 是黑人，超过 1/4 是西班牙裔，14% 是亚裔和其他种族/民族。第六，约 47% 的劳动适龄人口获得高中、普通教育水平或更低文凭,超过 1/3 的获得学士或更高学位。第七,超过 2/3 的劳动适龄人口在 25—64 岁。

(二) 不同群体的就业和收入差异

在地区、出生地、教育、性别、种族/民族、年龄等方面,纽约市劳动适龄人口的就业和收入存在差异。总体而言,处境不利群体,包括受过更少教育的纽约市居民、黑人和西班牙裔人、青年、布朗克斯居民的失业率最高,其他群体,包括具有早期工作的成人、受过更多教育的、曼哈顿居民和白人的失业率最低,收入也最高。

1. 地区差异

2011 年,和 2010 年一样,布朗克斯未就业率(包括失业和不在劳动力市场)最高(53%),斯塔滕岛(46%)和曼哈顿最低(40%)。在平均收入方面,只有斯塔滕岛增加,其他区都有减少。整个纽约市的平均收入下降了约 4%。其中布朗克斯平均工资最低,斯塔滕岛则超过了曼哈顿(见表 2-7)。

表 2-7 2010 年和 2011 年纽约市不同地区劳动适龄人口的平均收入

(单元:美元)

地　　区	2010 年	2011 年	变化(%)
布朗克斯	31 827	31 200	−2
布鲁克林	36 071	34 999	−3
曼哈顿	56 105	54 340	−3
皇后	36 707	35 360	−4
斯塔滕岛	53 045	54 999	+4
纽约市	40 792	39 000	−4

资料来源:New York Government. *One System for One City:The State of the New York City Workforce System Fiscal Year 2011*[R/OL]. http://www.nyc.gov/html/hra/downloads/pdf/resources/NYC_Workforce_System_Report_FY_2011.pdf,2012-08-21.

2. 出生地差异

2011 年,外国出生的纽约人占了纽约市劳动力人口的 44%,并且他们的就业率也更高,57% 的移民工人拥有全日制或兼职工作,而出生在美国的纽约市工人只有 52% 的比例。在平均工资方面,尽管 2011 年美国出生的工人的工资下降了 6%,国外出生的工人的工资上升了 1%,但是美国出生的工人还是比国外出生的工人的工资高 50%(见表 2-8)。

表 2-8　2010 年和 2011 年纽约市不同出生地居民的平均收入　（单元：美元）

出生地	2010 年	2011 年	变化(%)
美国出生	48 377	45 468	－6
国外出生	31 827	31 999	＋1

资料来源：New York Government. *One System for One City：The State of the New York City Workforce System Fiscal Year* 2011[R/OL]. http://www.nyc.gov/html/hra/downloads/pdf/resources/NYC_Workforce_System_Report_FY_2011.pdf，2012-08-21.

3. 教育差异

目前，大约 180 万纽约人有四年制学士或更高学位，100 万人有副学士学位，250 万人（年龄在 25 岁以上）有高中、普通教育水平或更低教育文凭。受教育程度和就业结果有极大的联系。与受教育程度较低的人相比，接受过更好教育的纽约市居民在就业和收入方面要更好。

受教育程度越高的人越可能找到全职工作，越不可能失业。2011 年，74％的具有学士或更高学位的纽约市居民拥有全日制或兼职工作，具有高中或更低文凭的纽约人则只有 45％拥有全日职工作。在收入方面，和那些具有高中或更低文凭的纽约市居民相比，具有学士学位并有全日制工作的纽约市居民的平均收入超过其两倍。尽管 2011 年各受教育程度居民的平均收入都在减少，但相对来说，具有学士或更高学位的全日制工人是下降最少的（见表 2-9）。

表 2-9　2010 年和 2011 年纽约市不同受教育程度居民的平均收入

（单元：单元）

受教育程度	2010 年	2011 年	变化(%)
高中或更低文凭	28 474	27 040	－5
副学士学位	37 291	34 999	－6
学士或更高学位	61 206	59 999	－2

资料来源：New York Government. *One System for One City：The State of the New York City Workforce System Fiscal Year* 2011[R/OL]. http://www.nyc.gov/html/hra/downloads/pdf/resources/NYC_Workforce_System_Report_FY_2011.pdf，2012-08-21.

4. 性别差异

2011 年，在纽约市劳动人口中，男性劳动力占了 47％。男性失业率比女性稍微高一点。2010 年，纽约市一个男性如果能赚 1 美元，那么一个女性能赚 93 美分。2011 年，纽约市女性的平均工资和收入下降约 3％，男性下降约 4％，因此两者间的收入差距在慢慢减少（见表 2-10）。

表2-10 2010年和2011年纽约市不同性别居民平均收入 （单元：美元）

性别	2010年	2011年	变化(%)
女性	39 253	37 960	−3
男性	41 800	39 999	−4

资料来源：New York Government. *One System for One City: The State of the New York City Workforce System Fiscal Year* 2011[R/OL]. http://www.nyc.gov/html/hra/downloads/pdf/resources/NYC_Workforce_System_Report_FY_2011.pdf，2012-08-21.

5. 种族和民族差异

在2011年和2010年两年中，种族和民族的就业率几乎没有变化：白人就业率增加了1%，黑人保持稳定，西班牙裔、亚裔和其他族裔下降了1%。黑人和西班牙裔纽约人的劳动力参与率更低，更可能未就业。两年中，几乎一半的黑人和西班牙裔纽约人既没有就业，也没有在劳动力市场，而白人、亚裔和其他群体的这一数字只有40%。在全日制工作中，白人赚的最多，其次是亚裔和其他群体，然后是黑人，西班牙裔人则赚的最少。不过，在平均收入上，西班牙裔人有2%的增长，而其他群体都有所下降（见表2-11）。

表2-11 2010年和2011年纽约市不同种族/民族居民平均收入（单元：美元）

种族/民族	2010年	2011年	变化
黑人	34 638	33 800	−2
西班牙裔	28 644	29 120	+2
白人	55 085	52 000	−6
亚裔和其他	40 804	37 960	−7

资料来源：New York Government. *One System for One City: The State of the New York City Workforce System Fiscal Year* 2011[R/OL]. http://www.nyc.gov/html/hra/downloads/pdf/resources/NYC_Workforce_System_Report_FY_2011.pdf，2012-08-21.

（三）18—24岁青年

在美国和纽约市，18—24岁青年面临着比以前更多的挑战。一项调查表明，从2007年年末到2009年年末，美国劳动力就业下降0.5%，18—24岁群体则下降了6.5%。尽管这部分是由于高校和高中录取人数的上升，但是该群体确实存在着严重问题。研究显示，工作也存在着"路径依赖"，那些在18岁参加工作的人，很可能在20岁早期也在工作。那些不愿意进入大学的青年人，获得相应的学分和技能或许可以帮助他们克服工作经验的缺乏。研究同时显示，在劳动力市场的早期成功（有固定的工作和工资），对一个人在稳定工作和适当收入能力上的终身发展是重要的。

和其他群体（除了65岁以上群体）相比，18—24岁的青年更少可能进入劳动力市场。即使他们进入劳动力市场，也可能是未就业或从事兼职工作。

2011年,在纽约市18—24岁不在学校的人口中,有10%未就业,60%获得全职或兼职工作,30%不在劳动力市场。另外,该群体的平均工资在所有群体中是最少的。2011年,纽约市约有15万青年是"无联系"(既不在学校也不在劳动力市场)的。①

1. 人口概况

2011年,纽约市有94万名18—24岁的青年,比2007年增长了7%。布鲁克林最多,其次为皇后,再次为曼哈顿和布鲁克斯,最后为斯塔滕岛。具有高中、普通教育水平或更低文凭的占43%,拥有副学士学位的占40%,有学士或更高学位的为17%。约43%的人没有中学以上文凭(见表2-12)。

表2-12 2010年和2011年纽约市18—24岁居民特征

		2010年	2011年
人数		872 568	938 396
地区			
	布朗克斯	18%	18%
	布鲁克林	31%	31%
	曼哈顿	21%	18%
	皇后	24%	28%
	斯塔滕岛	6%	5%
出生地			
	美国出生	72%	72%
	国外出生	28%	28%
性别			
	女性	49%	51%
	男性	51%	49%
种族/民族			
	黑人	27%	26%
	西班牙裔	31%	31%
	白人	31%	32%
	亚裔和其他	12%	12%
受教育程度			
	高中、普通教育水平或更低文凭	42%	43%
	副学士学位	38%	40%
	学士学位或更高	19%	17%
教育状况			
	在学校	47%	47%

① New York Government. *One System for One City*:*The State of the New York City Workforce System Fiscal Year 2011*［R/OL］. http://www.nyc.gov/html/hra/downloads/pdf/resources/NYC_Workforce_System_Report_FY_2011.pdf,2015-08-21.

续表

	2010年	2011年
不在学校	53%	53%
劳动力市场状况		
全职工作	28%	30%
兼职工作	13%	12%
未就业	10%	7%
不在劳动力市场	49%	51%

资料来源：New York Government. *One System for One City*：*The State of the New York City Workforce System Fiscal Year* 2011[R/OL]. http://www.nyc.gov/html/hra/downloads/pdf/resources/NYC_Workforce_System_Report_FY_2011.pdf，2012-08-21.

2. "无联系"青年(Disconnected Youth)

该群体指既不工作也不上学的青年。最近几年，纽约市18—24岁青年中，约有20%属于这个群体。2011年的研究发现，纽约市该群体的比例比全美更大，纽约市为16%，美国为14%。2011年，纽约市共有146 431名"无联系"青年，约占18—24岁群体的16%。

根据调查，纽约市18—24岁的人口中，47%在学校，32%不在学校但已就业，16%既不在学校也不在劳动力市场，5%不在学校未就业(见图2-1)。

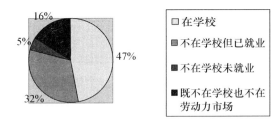

图2-1 纽约市18—24岁青年教育和劳动力市场状况

资料来源：New York Government. *One System for One City*：*The State of the New York City Workforce System Fiscal Year* 2011[R/OL]. http://www.nyc.gov/html/hra/downloads/pdf/resources/NYC_Workforce_System_Report_FY_2011.pdf，2015-08-21.

3. 青年面临困境的原因

对于18—24岁的青年来说，目前的困境和三个互相关联的问题有关：核心教育不足；太少的工作机会；没有职业上升通道。纽约市正尽力解决这三个方面的问题。

第一，核心教育不足。在经济困难时期，雇主可以为一个工作岗位广泛挑选人才。随着目前劳动力市场转向为高层次金融和经济提供服务，而不是商品生产，那些只有最低教育程度和基础技能的人很难找到工作。没有高中文凭或普通教育水平的青年面临着难以找到工作的巨大挑战。

第二，太少的工作机会。对那些获得高中文凭的人来说，过去十年的一个挑战是缺乏获得工作经验的机会。除了2009年《美国复苏和再投资法案》通过后，为帮助青年就业的联邦资助有短暂的增加之外，目前几乎取消，州政府的资助也下降明显。更糟的是，研究显示，那些最需要早期工作经验的人反而越不可能得到它。

第三，没有职业上升通道。每个高校毕业生在进入劳动力市场后，和前几年相比，面临着更多困难。一个原因是，他们要和更大年纪的工人竞争。目前，年纪较大的工人离开劳动力市场的速度较慢，他们中的许多人看到自己的财富在经济衰退中减少，因此他们想再工作几年来增加积蓄。最近几年，55岁以上的人从事全职工作的比例在上升，而且也只有这一个群体全职工作的比例在增加。另外一个原因是，雇主在做招人决定时，更关注经验，而刚毕业的学生缺乏获得经验的机会。

第三节　城市发展与人力开发战略

为了进一步促进纽约市经济、劳动力、环境和基础设施的增长，与纽约国际大都市的地位相适应，纽约市政府发布了一系列城市发展与人力开发报告，为纽约市人力资源开发提供理论指导。

一、城市发展与人力开发报告

21世纪以来，纽约市通过发布各种报告，为纽约市城市发展和人力资源开发描绘美好蓝图，提供理论指导。

（一）《纽约市2030年规划》

1936年，纽约市成立城市规划委员会（the City Planning Commission）；1938年，由市长任命的7个成员开始投入工作；1989年，委员会的成员扩大到13人。纽约市城市规划委员会负责城市有序发展的规划和实施，包括为纽约市居民的住房、商业、工业、交通、娱乐、文化、健康和福利提供充分和适合的资源。[1]

---

[1] New York City Government. *City Planning Commission*[EB/OL]. http://www.nyc.gov/html/dcp/html/about/plancom.shtml，2015-03-15.

为了进一步促进纽约市工业、人口、环境和基础设施健康发展,2006年12月,时任纽约市市长布隆伯格发布了《纽约市2030年规划》,指出目前纽约市面临的挑战,并提出了2030年要实现"为完成城市可持续发展"的六个关键领域的"十大关键目标"。

该规划指出:"我们已经认识到今天的世界完全不同于半个世纪之前的世界,我们今天的竞争对手不再仅仅是像芝加哥和洛杉矶这样的城市,而是还包括伦敦和上海。全世界的城市都在力图不牺牲环境或能源而使自己对市民的生活更便利和更愉悦。为了在21世纪的经济竞争中获胜,我们不仅不能落后于其他城市的创新,更要超过他们。"①

该规划围绕城市环境的六个关键领域——土地、空气、水、能源、交通和气候变化,以为纽约市的后辈人提供更高质量的生活为愿景,提出了十个方面的关键目标。① 房屋:为超过100万纽约市居民提供住房,同时使房屋更负担得起和可持续利用。② 开放空间:确保所有纽约市居民住地附近每十分钟的路程内就有一座公园。③ 绿色领域:清除纽约市所有被污染的土地。④ 水质量:通过减少水污染和保护自然领域来开放90%的水资源再生产。⑤ 供水网络:为老化的供水网络提供急需的备用系统,以确保长期的可靠运行。⑥ 拥挤:通过增加运送能力为百万居民改善交通。⑦ 修复系统:历史上首次实现在纽约市公路、地铁和铁路方面形成一个"良好的修复系统"。⑧ 能源:通过更新能源基础设施,为每一个纽约市居民提供更干净、更可靠的能源。⑨ 空气质量:使纽约市成为全美大城市中空气最清洁的都市。⑩ 气候变化:在2030年前减少排放超过30%的温室气体。②

对于以上十个目标,该规划提出了达成目标的具体实施方案,而且明确了负责实施的领导机构、2009年和2015年分别达到的阶段性目标、实施每一项方案所需的资金保障及其来源。该规划中的各项方案任务明确、具体、可操作性强,为总体目标的实现做好了多方面的准备。

(二)《一个城市,一个系统:纽约市劳动力系统的现状(2010)》年度报告

2011年5月,纽约市政府发布了第一份纽约市劳动力现状年度报告——《一个城市,一个系统:纽约市劳动力系统的现状(2010)》(One System for One City: The State of the New York City Workforce System Fis-

---

① New York Government. *Plan NYC 2030* [EB/OL]. http://www.nyc.gov/html/planyc2030/html/plan/plan.shtml. 2015-12-01.
② 同上。

cal Year 2010》)。它的目的是在当前的经济背景下,为政策制定者和一般公众提供纽约市2010年(从2009年7月1日到2010年6月30日)劳动力服务项目的内容介绍、服务群体以及运作程序。① 该报告为纽约市的就业、培训和劳动力教育项目的公共资助和管理提供了综合性的概况。

《一个城市,一个系统:纽约市劳动力系统的现状(2010)》年度报告试图达到三个主要目标:第一,实施为弱势群体服务的策略,包括青年和刑满释放人员。第二,在联邦和州法律指导下,改善问责和效率,包括获得工资数据和对专有学校的新视角。第三,梳理劳动力项目来最大化地回馈投资,确保项目为纽约市居民提供最大价值。②

2012年6月,在第一份报告的基础上,纽约市发布了第二份纽约市劳动力现状年度报告——《一个城市,一个系统:纽约市劳动力系统的现状(2011)》,概括和描述了纽约市2011年(从2010年7月1日到2011年6月30日)实施的为纽约市雇主和求职者服务的措施。③ 该报告收集了教育、劳动力、经济发展部门的劳动力服务项目,为政策制定者和公众提供了这些项目和所服务群体的信息,并描述了这些项目如何在目前的劳动力市场下运行。

和2010年度报告一样,2011年度报告收集了所有纽约市市级层面运行的劳动力项目。不过,2011年度报告和2010年度报告在一些重要方面不同。

第一,政策背景不同。纽约市的政策制定和制度安排不能脱离联邦法律,2011年度报告更多地考虑了联邦政府的公共政策。

第二,关注18—24岁群体。2011年度报告除了对2010年度报告中的劳动力市场和人口形势进行更新和回顾之外,还关注了纽约市劳动力的重要群体:18—24岁青年。这些人在劳动力市场非常重要,但是在过去几年这些人的就业情况并不乐观。该报告描述了这个群体在最近几年面临的挑

---

① New York Government. *One System for One City: The State of the New York City Workforce System Fiscal Year 2010*[R/OL]. http://www.nyc.gov/html/adulted/downloads/pdf/one_system_one_city_2011.pdf,2015-08-20.

② YCDOE. *Deputy Mayors Gibbs and Steel and Chancellor Walcott Announce New Citywide Initiative to Improve Workforce Programs*[EB/OL]. http://schools.nyc.gov/Offices/mediarelations/NewsandSpeeches/2010—2011/workforceprogramrelease52411.htm,2011-05-24.

③ New York Government. *One System for One City: The State of the New York City Workforce System Fiscal Year 2011*[R/OL]. http://www.nyc.gov/html/hra/downloads/pdf/resources/NYC_Workforce_System_Report_FY_2011.pdf,2015-08-21.

战,试图在教育和工作准备等层面来为年轻人服务。

第三,增加了纽约市教育局和纽约市立大学在劳动力就业中的作用的描述。2011年度报告对纽约市教育局和纽约市立大学的相关措施做了更详细的描述。

第四,完善了项目目录。2011年度报告在附录中提供了纽约市各部门资助和管理的项目目录,并对项目进行了更详细的介绍。每一个项目都详细描述了供应者(包括社区组织和就业中介)是如何提供劳动力就业服务的。

(三)《纽约市未来工作》报告

作为纽约市的公立大学,纽约市立大学有责任来教育和培养未来十年将成为纽约市经济建设人才的劳动力。为了确保培养优秀毕业生,从而保持纽约市的全球领导地位,纽约市立大学必须持续评估纽约市的就业需要,检查自身的学术项目和教学方法,来帮助学生找到工作。因此,纽约市立大学总校长马修·戈登斯迪(Matthew Goldstein)在2011年秋季组建了一个工作专门小组,来预测对纽约市立大学和纽约市经济发展至关重要的几个行业的就业趋势,包括金融、保险和会计、卫生保健、高等教育、信息技术以及媒体和广告业。

戈登斯迪校长要求专门小组回答以下问题:目前大学毕业生难以完成哪些工作要求?未来大学毕业生的工作和技能要求是什么?纽约市立大学和其他高等教育机构应如何更好地为今天和未来的劳动力市场培养学生?围绕这些问题,纽约市劳动力市场信息服务中心(New York City Labor Market Information Service)和纽约市立大学的学术事务办公室合作,一起进行研究,来分析劳动力市场和"素养"信息。2012年6月,最后的报告——《纽约市未来工作》(*Jobs for New York's Future*)发布。该报告以企业的视角对纽约市的高等教育机构提出了建议。

(四)《2011年工会现状:纽约市、纽约州、美国劳工组织概况》报告

2011年9月,约瑟夫·墨菲工人教育和劳工研究中心(Joseph S. Murphy Institute for Worker Education and Labor Studies)、纽约市立大学毕业中心的城市研究中心(Center for Urban Research at the CUNY Graduate Center)、纽约市劳动力市场信息服务中心联合发布《2011年工会现状:纽约市、纽约州、美国劳工组织概况》(*State of the Unions 2011:A Profile of*

Organized Labor in New York City, New York State, and the United States)报告。

该报告指出,尽管在经济复苏中工会面临许多挑战,但纽约市的劳工组织(特别是公共部门的劳工组织)仍旧较有优势。同时,该报告详细描述了纽约市和纽约州的移民和企业加入工会情况的差异。

(五)《纽约市绿色职业介绍》报告

求职者和劳动力提供者需要更多详细信息来探索新的绿色经济,政策制定者也需要参与和资助从事绿色职业的新兴工人。2010年5月,纽约市劳动力市场信息服务中心发布《纽约市绿色职业介绍》(*Introduction to New York City Green Jobs*)报告,试图提供这方面的信息。

该报告定义了绿色经济和绿色职业,区别了新兴工作和传统工作的技能要求,确定了最相关的地方企业,提供了绿色职业可能增长的案例,指出未来绿色职业需求的主要影响因素,预测了绿色职业的前景。

(六)《衡量纽约市的就业前景》报告

2009年2月,纽约市劳动力市场信息服务中心发布了《衡量纽约市的就业前景》(*Gauging Employment Prospects in New York City*)报告。该报告对纽约市劳动力市场进行了系统评估,为纽约市劳动力发展系统的政策制定者和企事业提供信息。该报告通过就业趋势、工资水平趋势、低于学士学位人口的就业、当前经济衰退的表现、金融服务企业的情况等五个标准,预测了未来纽约市的就业前景。

同时,该报告研究了主要行业的优势和劣势,确定家庭卫生保健、个人和家庭服务、学院和大学、医疗保健和零售业是2009年最全面和灵活的行业。

(七)《纽约市交通部门的就业》报告

2008年9月,纽约市劳动力市场信息服务中心发布了《纽约市交通部门的就业》(*Employment in New York City's Transportation Sector*)报告。该报告对航空、卡车运输、地面客运、交通辅助活动这四个交通部门的地位、经济重要性以及它们在公共劳动力系统中的作用进行了全面考查。

除了关注这些部门在纽约市经济发展中的作用及其劳动力市场需求的主要趋势,该报告还分析了目前这些部门劳动力人口的就业、工资趋势以及改进路径。①

二、人力资源开发与城市发展

尽管纽约市正在从2009年的经济衰退中慢慢恢复,但仍处于困难时期,失业率仍旧较高,很多纽约市居民必须努力寻找工作。因此,促进劳动力就业成为纽约市政府的首要任务。2009年以来,纽约市政府制定了一些政策,强化了劳动力就业服务。和就业服务相关的每一个城市部门打破部门障碍,加强部门联系,采取有效方法来促进劳动力就业,确保纽约市经济长期发展。

(一)人力资源开发的社会团体

在美国,联邦政府历来是劳动力发展政策的创制者,但它把规划设计和实施的权利留给了各州和地方政府。1998年,美国颁布《劳动力投资法案》(Workforce Investment Act),法案要求各州和地方政府创设"州和地方劳动力投资委员会"(State and Local Workforce Investment Boards)。其主要功能就是监察《劳动力投资法案》所要求的联邦政府资助的可以提供各种服务的一站式系统(One-Stop system),该系统的目的是使求职者在一个场所就可以找到各种就业和培训信息。② 相应地,纽约市也成立了劳动力投资委员会。

1. 纽约市劳动力投资委员会

纽约市有人口800多万,其中390万人构成城市的劳动力。纽约市通过可方便进入的"劳动力职业中心系统"(Workforce Career Centers)和"纽约市商业计划中心"(NYC Business Solutions Centers)向求职者和雇主提供劳动力发展服务。纽约市劳动力投资委员会负责监管联邦政府提供的基金资助,投资提供职业技能的劳动力项目,促进参与者增加就业和收入。该委员会的投资区域涵盖纽约市的5个行政区。

2003年,时任纽约市市长布隆伯格在市议会的支持下,取消了就业部,把联邦政府资助的成人培训项目并入"小型商业服务部"(Department of

---

① New York City Labor Market Information Service. *From Data to Information to Knowledge to Action*[EB/OL]. http://www.urbanresearch.org/about/cur-components/new-york-city-labor-market-information-service-nyclmis,2015-08-29.

② Ester R. Fuchs. *Innovations in City Government:The Case of New York City's Workforce Development System*[R/OL]. http://home2.nyc.gov/html/sbs/wib/downloads/pdf/columbia_case_study.pdf,2008-12-6.

Small Business Services)管理,把青年培训项目并入"青年和社区发展部"(Department of Youth and Community Development)管理。这种改组极大地加强了纽约市劳动力投资委员会对这些项目的有效监管能力,形成了有较强执行力和需求驱动的劳动力系统。

纽约市劳动力投资委员会由志愿者组成,这些志愿者是由市长指定的,包括来自地方商业、教育机构、劳动工会、社区组织和其他政府机构的代表。这些人审查劳动力市场存在的问题,检查旨在确保成功地实现"市长建立强有力的劳动力发展系统愿景"的各种政策。"市长建立强有力的劳动力发展系统愿景"包括三个关键组成部分:第一,与5个行政区中经济发展项目的紧密联系;第二,与工商企业的紧密联系,以确保他们的需要能够得到满足;第三,把纽约人与所需要的工作联系起来的实用有效的服务。

在纽约市劳动力投资委员会强有力的领导和它的劳动力合作伙伴的努力下,纽约市正在把城市的劳动力规划进一个高效的系统中,这个系统把合格的求职者和雇主联系起来,使工商企业的竞争、发展变得更容易,为纽约市经济的发展做出了贡献。这个系统中的各种劳动力项目已经成为非常有效的经济发展工具,节约了工商企业的时间和金钱,增强了纽约市劳动力市场的活力。①

2. 纽约市劳动力投资委员会的战略规划

2005年起,纽约市劳动力投资委员会开始实施它的第一个战略规划——《纽约市劳动力投资系统地方规划(2005—2008)》(*New York City Workforce Investment System Local Plan 2005—2008*),其目的是明确纽约市劳动力投资委员会在城市劳动力系统中的作用,并确定委员会可能采取的举措,以支持城市的工商企业和满足求职者(包括成年人和青年)的就业需求。在多方努力下,纽约市劳动力投资委员会已经实现规划中的主要目标,同时城市劳动力系统也得到很大发展,还增添了新的项目和服务。

2008年,纽约市劳动力投资委员会制定了新的《2008—2010战略规划》。该规划的目的是,重新界定纽约市劳动力投资委员会在新时期的工作重点,并且使委员会的工作与随后两年中城市劳动力系统的发展需要相一致。

在《2008—2010战略规划》中,纽约市劳动力投资委员会的使命是确保

---

① The New York City Workforce Investment Board. *About the WIB*[EB/OL]. http://www.nyc.gov/html/sbs/wib/html/about/about.shtml, 2015-12-6.

城市劳动力系统能够提供地方工商企业在21世纪经济中竞争、发展和成功所需要的技术工人,把纽约市的经济发展和劳动力发展的各种举措联系起来。纽约市劳动力投资委员会的愿景是:以创新、高标准和数据分析的运用为导向,领导始终在劳动力实践前沿的有效的劳动力系统,成为美国最好的组织之一。

战略规划明确了纽约市劳动力投资委员会在劳动力系统中作为领导者的三个主要职责:对纽约市《劳动力投资法案》项目进行有效监察;重点关注纽约市关键就业部门的劳动力需求;向利益相关者提供纽约市劳动力和经济的关键信息。①

在《2008—2010战略规划》中,纽约市劳动力投资委员会决定通过以下重点工作来完成它的使命:

① 促进城市劳动力服务工作,对纽约市劳动力投资委员会支持的系统进行有效监察,以确保高水平的劳动力服务;

② 促进工商企业对纽约市劳动力投资委员会系统的参与、了解和使用,以支持需求导向的方式满足工商企业需要和创造新的就业机会;

③ 评价并促使城市劳动力政策安排的工作重点集中在使更多工商企业和工人联系起来,并能够使工人发展最能产生效率的方面;

④ 鼓励城市采用创新的最优方法,并对州和联邦两个层面上出现的重要的劳动力问题做出反应,从而使纽约市成为一个劳动力发展的引领者;

⑤ 提供地方劳动力市场信息,并对重要的工业和劳动力趋势进行分析报告,以便制定能有效规划发展的蓝图;

⑥ 向不同团体宣传纽约市劳动力发展的各项举措和成就,向这些团体学习并吸引更多的资源,从而在有思想的领导者中间提高影响力。②

3. 工人教育联合会

"工人教育联合会"(Consortium for Worker Education, CWE)是1985年成立的一个非营利机构,总部设在曼哈顿第七大道275号。它每年向6万余名纽约人提供一系列的就业准备、工作培训和教育服务。这些服务由

---

① The New York City Workforce Investment Board. *Transformation of the WIB*[EB/OL]. http://www.nyc.gov/html/sbs/wib/html/about/transformation.shtml, 2015-12-6.

② The New York City Workforce Investment Board. *New York City Workforce Investment System Local Plan 2005—2008*[EB/OL]. http://www.nyc.gov/html/sbs/wib/downloads/pdf/wib3yrlocalplan.pdf, 2015-12-6.

250多名教职员来提供,他们分散在专门的培训机构、企事业、工会、教堂和社区中心。工人教育联合会向工人提供的所有培训项目都是免费的,包括成人基础教育、计算机基础、英语作为第二语言的课程以及社区内的其他项目。

工人教育联合会由46个纽约市最主要的中央劳动委员会附属的工会组成,与纽约市中央劳动委员会、纽约市建筑行业委员会以及主要的雇主协会(如建筑业雇主协会)等进行合作。工人教育联合会还在长岛、皇后区开设了多功能培训中心,提供烘烤面包、烹饪技能、建筑业学徒的技能和各种基础教育课程。

从2001年到2004年,工人教育联合会利用联邦基金会的资助创办了一个"紧急就业信息中心"(Emergency Employment Clearinghouse)项目,向"9·11"事件后的失业工人和小企业提供就业服务和工人工资补贴,帮助约7 000名纽约人重新就业,向8 000多人提供了培训和教育援助,通过向300多家企业提供工资补贴使约3 000个工作岗位稳固下来。①

(二)人力资源开发的举措

在过去的几年,纽约市工作岗位的增长并不能满足纽约市居民的工作需求。因此,纽约市劳动力系统面临着巨大的挑战。为了使劳动力更好地就业,为城市经济发展发挥作用,纽约市专门组建劳动力就业发展服务系统,实施多种劳动力就业服务方式,并积极争取各种资助,从而取得了一定成绩。

1. 劳动力服务部门通力合作

纽约市有很多部门设计、提供和管理劳动力服务项目。提供就业和培训服务的部门包括:老龄局(Department for the Aging)、劳教局(Department of Correction)、经济发展公司(Economic Development Corporation)、健康与心理卫生局(Department of Health and Mental Hygiene)、人力资源部(Human Resources Administration)、纽约市房屋管理局(Housing Authority)、公园和休闲局(Department of Parks and Recreation)、小型商业服务部、青年和社区发展部等。

其中,人力资源部、小型商业服务部、青年和社区发展部是主要的劳动力服务提供者。2011年,它们为98%的有需要人口提供了就业服务,反映

---

① The Consortium for Worker Education. About CWE[EB/OL]. http://www.cwe.org/about.php,2015-12-6.

了它们在此方面有更大的使命和责任。

除了上述9个部门,还有一些部门为纽约市居民提供就业和培训服务,包括:纽约市经济机会中心(NYC Center for Economic Opportunity)、纽约市立大学(City University of New York)、纽约市教育局、成人教育市长办公室(Mayor's Office of Adult Education)、移民事务市长办公室(Mayor's Office of Immigrant Affairs)、纽约市劳动力投资委员会等。

此外,其他一些部门也为纽约市劳动力服务系统提供财政或者其他帮助,包括纽约州劳动厅(New York State Department of Labor)、纽约州教育厅、纽约州临时救济和残障补助办公室(New York State Office of Temporary and Disability Assistance)、纽约市议会(New York City Council)、公共图书馆(Public Libraries)、工人教育联合会、培训和就业基金(Training and Employment Funds)、纽约市劳动力基金(New York City Workforce Funders)等。

2. 实施多种劳动力服务方式

为满足不同群体的就业需要,纽约市为不同群体提供了不同类型的就业服务,主要包括工作培训、雇用服务等。

在工作培训方面,主要是提供工作培训项目,包括提供就业服务、技能更新和工作经验。2010年,联邦政府、州政府、地方政府和私人投入了约1.7亿美元。

在雇用服务方面,主要是提供就业项目,包括工作搜寻活动、工作安置和工作保留。尽管一些项目也提供教育和培训,但这些项目的最终目的是安置就业。在2010年,联邦政府、州政府、地方政府和私人提供了约2.5亿美元资助。

在工作相关的教育方面,主要是提供基础教育和素养项目,为居民提供基础知识和基本技能服务,扩大他们的就业视野。在2010年,联邦政府、州政府、地方政府和私人投入了约0.7亿美元来支持这些项目。

在2011年的所有项目中,最常见的服务类型是培训和工作准备。这个类别包括一般工作准备培训、职业特殊培训和教育机会项目。一般工作准备培训包括"软"技能培训,比如简历书写、面试培训和营销技能的帮助等,还包括"硬"技能培训,如人身安全、零售贸易、顾客服务、计算机技能、卫生保健、公交驾驶和建筑技能等。

除了培训和工作准备之外,2011年,纽约市还实施了素养项目以及工作补贴等。表 2-13 显示了 2011 年纽约市人力资源部、小型商业服务部、青年和社区发展部、教育局、成人和继续教育办公室、老龄局、房屋管理局等部门提供的就业服务的方式和数量。

表 2-13　2011 年纽约市一些部门就业服务的方式和数量　　（单位：人）

类型	2011 第四季度（2011 年 4 月—2011 年 6 月）	和前一季度比较	2011 第三季度（2011 年 1 月—2011 年 3 月）	和前一季度比较	2011 第二季度（2010 年 10 月—2010 年 12 月）	和前一季度比较	2011 第一季度（2010 年 7 月—2010 年 9 月）
培训/工作准备	57 718	8.2%	53 355	−0.6%	53 684	−2.7%	55 184
素养项目	24 633	1.2%	24 344	−11.3%	27 444	39.3%	19 706
工作补贴	2 775	−27.8%	3 841	−49.3%	7 577	4.2%	7 273

资料来源：New York Government. *One System for One City*：*The State of the New York City Workforce System Fiscal Year* 2011[R/OL]. http://www.nyc.gov/html/hra/downloads/pdf/resources/NYC_Workforce_System_Report_FY_2011.pdf, 2015-08-21.

3. 积极争取各种资助

纽约市劳动力服务系统积极争取来自联邦政府、州政府、市政府和私人的各种资助。2011 年，纽约市劳动力服务项目共花费 3.359 8 亿美元，比 2010 年有所下降。最大资助来自联邦政府（1.97 亿美元），纽约市政府资助了 1.04 亿美元，纽约州政府则资助了 0.283 亿美元（见图 2-2）。

2011 年的就业服务资助费用比 2010 年有所减少，主要是因为联邦政府的资助减少了。尽管资助费用减少，纽约市相关部门还是为几乎同样数量的居民提供服务，说明纽约市劳动力系统有更好的效率和能力来进行资源分配，并为居民提供最好的服务。

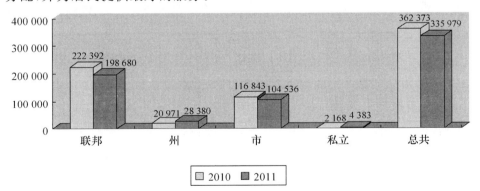

图 2-2　纽约市劳动力服务系统的资助来源（2010 和 2011 年，单位：百万美元）

资料来源：New York Government. *One System for One City*：*The State of the New York City Workforce System Fiscal Year* 2011[R/OL]. http://www.nyc.gov/html/hra/downloads/pdf/resources/NYC_Workforce_System_Report_FY_2011.pdf, 2015-08-21.

4. 关注青年就业

纽约市青年在就业方面面临着巨大的挑战。过去十年,纽约市不同部门实施了很多项目,来回应这些挑战。这些项目可以分为四种类型:重新连接和教育基础(Reconnection and Educational Foundations);为公立学校的风险学生服务(Serving At-risk Public School Students);中学向高等教育转型(Secondary to Postsecondary Transitions);工作安置。

(1) 重新连接和教育基础。

纽约市启动了一系列项目来帮助青年人获得高中同等学历,如"GED＋"(GED PLUS)、"获得 GED"(ACCESS GED)、"GED 2014 措施"(GED 2014 Initiative)和"学校外青年项目"(The Out of School Youth Program)等。

第一,"GED＋"。该项目是全市项目,提供免费的、全日制和兼职普通教育水平服务,也支持对纽约市 18—21 岁学生的中学后教育和工作转化。在特殊情况下,并有父母/监护人的同意,学生在 17 岁也可能被录取。

第二,"获得 GED"。该项目提供全日制普通教育水平服务。该项目的年龄要求和"GED＋"一样。2010 年,该项目获得 110 万美元资助,服务人数为 4 013 人。

2011 年,共有 9 830 人被录取到这两个 GED 项目("GED＋"或"获得GED"),1 377 名学生通过了普通教育水平考试。

第三,GED 2014 措施。2014 年,普通教育水平考试进行的一系列制度性变化,影响到纽约市的项目和学生。在该项目中,成人教育市长办公室负责制定策略和政策,来帮助纽约市居民为普通教育水平考试和制度变化做好准备,以更好地支持他们的教育和工作目标。

第四,学校外青年项目。该项目由青年和社区发展部运行,为低收入、16—21 岁的青年服务。这些青年没有入学,也没有工作,需要帮助他们提高教育和职业技能。该项目从 2002 年开始运行,受联邦政府资助。目前已和 21 个社区组织签订了合同,提供服务。该项目强调在特定部门的职业培训,要求和培训项目及教育机会之外的雇主建立良好合作关系,扩大项目参与者的机会。

(2) 为公立学校的风险学生服务。

从 2005 年开始,纽约市教育局高教准备办公室为超过入学年龄,有一定学分的学生群体发展和扩大了教育服务。这些学生在满足纽约州毕业标

准,并获得高中文凭之前,是最可能辍学的,因此需要增加他们的中学后入学机会。这些服务包括:

第一,青年人区中心(Young Adult Borough Centers)。这是一个全职的在晚上学习的学术项目,对象为至少在高中待了几年,已经获得至少17个学分(高中毕业要求44个学分)的学生。2005年以来,该中心从2个扩展到23个地点,2009—2010学年为5 500多人提供了服务。

第二,转校(Transfer Schools)。小型高中重新录取那些超过年龄或从高中辍学的学生。2005年以来,提供转校服务的学校从18所增加到43所,2009—2010年服务了1.2万名学生。

第三,学会工作(Learning to Work)。该项目试图帮助超过年龄的学生顺利毕业,获得职业和中学后教育成功的技能。目前该项目被57所学校和项目采用,每年为5 000多人提供带薪实习。

第四,在校青年项目(The In-School Youth program)。该项目由青年和社区发展部管理,为那些可能辍学的高中生提供服务,服务内容包括目标评估、个人服务策略、工作准备技能、夏季青年雇用、替代性中学服务、领导力发展活动、工作经验等。该项目的费用由各区根据需要服务的人数提供,有29个提供者运行该项目,每年为纽约市1 600余人服务。

(3) 中学向高等教育转型。

每年有许多纽约市中学生的学术技能和高校准备是不合适进入高校学习的。这些学生为进入高校做了大量准备,而且花费了许多。比尔和梅琳达·盖茨基金会在"纽约市高中毕业、高校准备和成功项目"上投资了300万美元,试图在2020年使纽约市大学毕业生翻倍。该项目由市长办公室、纽约市教育局、纽约市立大学、其他部门以及社区组织合作运行。

此外,纽约市立大学为青年人提供了一些项目,帮助他们为进入劳动力市场和高校做好准备。这些项目包括:

第一,纽约市立大学准备。该项目是纽约市经济机会中心和纽约市立大学的一个合作措施,帮助缺少高中学历证书的青年获得高中同等学历证书和成功地进入高校。该项目为16—18岁的学校外青年提供全天项目,为19岁以上成人提供部分晚上项目,包括学术课程,来使学生获得通过普通教育水平考试和成功进入高校的教育技能。一项研究发现,从2003年秋季到2009年6月,该项目80%的学生通过普通教育水平考试,而全纽约市2010年通过的比例是48%。该项目有45%的毕业生被录取到高校。所有该项目的毕业生获得追踪服务,比如该项目职员的持续支持和校友建议等。该项目成为纽约市教育局新项目的典范。

第二,纽约市立大学ASAP。支持社区学院学生加快步伐,完成他们的副学士学位。

第三,纽约市立大学Start。为那些被高校接受,但尚没有准备好高校水平学习的学生提供在阅读/写作、数学和高校成功方面专门的学术准备。

第四,纽约市立大学Pre-GED/GED。纽约市立大学有14所院校帮助校外青年和成人获得进入高校学习所需要的高中同等学分,以扩大其就业机会。这些项目的指导较为严格,使得学生不仅能通过普通教育水平考试,也形成能适应高校学习的背景知识、基础技能和习惯。

(4) 工作安置。

纽约市采取了以下一些措施,帮助安置青年工作。

第一,劳动力项目。考虑到青年的就业困难,小型商业服务部管理的劳动力项目较为关注18—24岁群体。2010年,18—24岁需要服务的36 800名顾客中,该项目安置了10 449人,比例为28%。而小型商业服务部所有的顾客为140 000名,该项目安置了31 390名,比例为22%。

第二,年度向上项目(Year Up)。这是一个一年期的培训项目,受私人和企业资助,帮助18—24岁的城市高中毕业生进入高校或获得全职工作。该项目通过高校学习和企业实习,使技术和专业技能与高校学分相结合。2008—2009年,该项目提供了所有参与学生实习。在完成项目的四个月内,84%的毕业生获得全职工作或进入高校。该项目每年为全美1 400人提供服务,其中约250人是纽约市居民。

第三,青年实习项目。该项目由青年和社区发展部管理,和13个社区组织签订合同。通过教育坊、讨论和短期付薪实习等,该项目每年为约1 360名16—24岁、不在工作岗位或在学校、缺少就业和阅读技能的纽约市青年提供服务。

第四,成功的社区教育途径。青年发展中心设立该项目,帮助社区组织更好服务16—24岁青年、辍学学生、阅读和数学成绩太低,以致不能参加普通教育水平考试的学生。该项目为青年服务提供高质量指导并和其他项目建立联系,比如青年成人素养项目。研究发现,和四个月前相比,该项目学生取得了一定成绩,参与者通过普通教育水平考试的比例明显高于其他类似项目。

三、人力开发措施的实施成效

2011年,纽约市提供就业和培训服务的9个部门为389 357人提供了劳动力就业服务,体现了纽约市政府部门服务大量求职者的能力。其中,纽约市人力资源部服务人数最多,为190 692人;小型商业服务部服务了143 701人;青年和社区发展部服务了46 644人。

在服务对象的年龄方面,18—25岁的青年人比例最高(27%),26—35岁的占22%,36—45岁的占17%,18岁以下的占13%,46—55岁的占15%(见图2-3)。2011年,超过60%的服务人口是35岁或以下的青年。18—25岁群体的未就业率最高,他们寻求帮助的比例也最高。

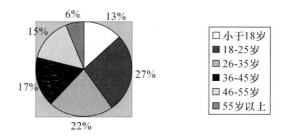

图2-3　2011年纽约市就业服务人口的年龄分布

资料来源:New York Government. *One System for One City*:*The State of the New York City Workforce System Fiscal Year* 2011[R/OL]. http://www.nyc.gov/html/hra/downloads/pdf/resources/NYC_Workforce_System_Report_FY_2011.pdf,2012-08-21.

在教育方面,2011年服务人口的总体受教育程度低于纽约市总人口的受教育程度,大多数人(76%)只有高中或更低学历,41%的人低于高中学历,25岁以上的纽约市居民只有20%。约有13%的服务人口有学士或更高学位,纽约市居民的比例约为50%。这也验证了受教育最少的人具有最高未就业率。图2-4显示了纽约市2011年劳动力服务人口的受教育程度。

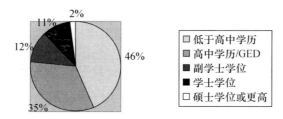

图2-4　2011年纽约市就业服务人口的受教育程度

资料来源:New York Government. *One System for One City*:*The State of the New York City Workforce System Fiscal Year* 2011[R/OL]. http://www.nyc.gov/html/hra/downloads/pdf/resources/NYC_Workforce_System_Report_FY_2011.pdf,2015-08-21.

此外,2011年的服务对象大多是弱势群体,比如女性为56%,黑人为50%,西班牙裔为32%。2011年,黑人和西班牙裔人口的未就业率最高。统计数据显示,纽约市劳动力服务系统为这些最需要的群体提供了服务。不过,性别是不匹配的,男性未就业率更高,但是这些项目服务的女性比例更高,说明女性更愿意寻求外界的帮助。

整体而言,2011年纽约市劳动力服务系统所服务的群体和未就业率高的群体是一致的。这表明,纽约市劳动力服务系统的工作是有效的,确实为最有需要的求职者提供了服务。

第四节 教育与人力资源开发

在纽约市经济发展的过程中,人才发挥了重要作用,而教育对人力资源开发起着重要作用。因此,纽约市一直重视教育,将教育作为财政扶持的重点,每年约有20%的财政支出用于教育。

一、人力资源开发中的教育部门

如前所述,纽约市许多部门在劳动力就业和发展中提供服务,其中纽约市教育局、纽约市立大学、成人教育市长办公室等教育部门起着重要作用。以下主要介绍上述纽约市教育部门所采取的促进劳动力服务的举措。

(一)纽约市教育局

纽约市公立学校系统是美国最大的学校系统,有110多万学生。对纽约市未来的劳动力来说,公立学校系统是人力资本发展的最重要推动器。纽约市有美国最好和最差的学校,纽约市试图减少公立学校系统中的差异,促进学校均衡发展。在时任市长布隆伯格的领导下,纽约市采取了一些改革措施,一定程度上促进了学校的均衡发展。

纽约市教育局为帮助所有纽约市学生达到更高的教育和职业目标,采取了以下措施。

1. 设立高教准备办公室

纽约市教育局的高教准备办公室努力确保每个高中毕业学生具备相应的知识、技能和竞争力,并追求一个严格的高教路径来满足他们的兴趣和需要。该办公室有两个主要的项目:一是职业技术教育;二是为超过入学年龄的青年设计的学校和项目模型的多元路径组合(the Multiple Pathways portfolio of school and program models)。

(1) 职业技术教育。

在过去的十年,纽约市非常关注职业技术教育。2011年9月,纽约市有35所职业技术教育高中,约有3万名学生。此外,有14万名学生参加120所综合高中所提供的350多个职业和技术项目。专业无所不有,包括建筑、汽车维修、健康医疗、电视和电影、广告和运动管理等。①

尽管大多数学生来自低收入的黑人和西班牙裔家庭,但是职业技术高中的毕业率高于全市平均水平10%。2012年,高教准备办公室试图优先发展职业技术教育,增加职业和技术项目。

(2) 学校和项目模型的多元路径组合。

从2005年起,高教准备办公室发展和支持了学校和项目模型的多元路径组合,设计教育模型来帮助超过年龄的、有一定学分的学生群体满足纽约州的毕业标准,并为他们准备中学后机会。

2. 创建学区79

纽约市教育局专门建立学区79(District 79),采用替代性学校和项目来确保每一个感兴趣的纽约市居民有机会获得一个高中或普通教育水平文凭,以及发展高校和职业准备技能。许多学生需要额外的帮助来获得学业成功,或者要求有替代性的路径来获得高中或普通教育水平文凭,学区79提供了多种革新性的教育机会,包含了在青年发展方面严格的学术指导。

纽约全市范围内有300多所替代性学校和项目,每年为最有需要的2.1万青年和4.1万成人服务,这些人几乎都不能获得高中文凭或普通教育水平,在以后的职业生活中也会遇到困难。这些项目包括普通教育水平项目、职业技术教育项目、成人和继续教育办公室项目、帮助刑满释放人员项目、怀孕和刚做家长的青年项目。②

2011年,学区79继续关注和帮助学生在学术上成功,发展社会意识和情绪,使学生成为自信和勤劳的社会成员。2011年,学区79主要关注以下

---

① New York Government. *One System for One City: The State of the New York City Workforce System Fiscal Year* 2011[R/OL]. http://www.nyc.gov/html/hra/downloads/pdf/resources/NYC_Workforce_System_Report_FY_2011.pdf,2015-08-21.

② New York Government. *One System for One City: The State of the New York City Workforce System Fiscal Year* 2011[R/OL]. http://www.nyc.gov/html/hra/downloads/pdf/resources/NYC_Workforce_System_Report_FY_2011.pdf,2015-08-21.

十个关键领域：改革普通教育水平项目；改善志愿者项目；为学生、家长和他们的孩子提供高质量服务和支持；通过职业技术教育项目，让学生广泛地参与到21世纪的高校和职业中；改善学生的转校和过渡；提供更相关和严谨的课程；提供综合性的学生支持服务；改进人才和绩效管理；促进专业发展；提供数据、问责制和战略工具。①

（1）成人和继续教育办公室。

学区79的成人和继续教育办公室是纽约州最大的成人素养教育服务提供者，每年在5个区为超过4.1万成人服务。在成人基础教育、一般教育发展考试准备、其他语言者的英语培训以及21岁以上的成人职业技术教育等方面，该办公室提供了900多门免费的课程，课程时间涵盖从星期一到星期六的早晨、中午和晚上。它在5个区有175个教学点，包括4个综合性的成人学习中心、超过100所公立学校以及许多社区组织。所有课程由具有纽约州教师资格证书的教师执教。学生的平均年龄是39岁，44%的学生是孩子的家长。

2011年，该办公室继续鼓励教师进行相关指导，为学生提供有意义的学习机会，也鼓励学生和教师一起工作，发挥学习者作为家长、家庭成员、工人和社区成员的作用和角色。

该办公室强调基于学习者的兴趣、目标和经验，把真实的日常活动融入课堂和课程中。管理者相信，如果教学严格并和学生的生活密切相关，学生会坚持上课；同时，这对任课教师来说，也是一种专业发展。

（2）合作和技术教育学校。

合作和技术教育学校（School of Cooperative and Technical Education）为16—21岁学生提供职业和技术培训课程，这些学生被录取在纽约市教育局高中或项目的学术课程中。该项目为高需求领域提供严格的学术和技术教育，比如绿色建筑、烹饪艺术和信息技术等，使学生具有21世纪所需的必要技能，获得工作或者中学后教育的成功。该项目开始于1984年，通过教育局学区79的替代性学校和项目。

通过提供参与性的学习环境，合作和技术教育学校为所有学生提供了解现实世界的学习机会。2011年，合作和技术教育学校实施了新的项目，包

---

① New York Government. *One System for One City：The State of the New York City Workforce System Fiscal Year* 2010[R/OL]. http://www.nyc.gov/html/adulted/downloads/pdf/one_system_one_city_2011.pdf，2015-08-20.

括太阳能(安装和控制系统)、绿色建筑(包括绿色建筑材料的使用)、能源审计(Energy Auditing)以及保暖设施安装。

(3) 高校桥梁。

学区79的高校桥梁(College Bridge)项目通过专门的学术支持和"高校知识"课程来帮助学生准备普通教育水平考试和高中毕业,并在挑选和申请高校方面为学生提供个性化的支持。

(二) 纽约市立大学

纽约市立大学共有23个分校,在每个层面提供中学后学习机会,包括基础教育素养、没有学分的培训、副学士学位、学士学位及更高学位。每一年,纽约市立大学在学位和继续教育项目上为约50万学生提供高质量、可负担的教育。

在过去的几年,纽约市立大学录取人数不断增长,这主要是因为工作机会缺乏,出现大量未就业的劳动力。2011年,纽约市立大学提供了1 436个学术项目,共有约26.9万名学位项目学生,其中大多数学生为妇女、移民、少数族裔和来自年收入少于3万美元的家庭。纽约市立大学毕业生的就业率较高。具有学士学位的学生在毕业三年时间内,有92%的就业或继续他们的学业。具有副学士学位的学生情况与此类似,他们在毕业六个月内,有94%的人就业或继续他们的学业。1967年以来,纽约市立大学授予了100多万个学位,培养了纽约市大多数的本科生。2011年,授予1.17万个副学士学位和1.93万个学士学位。①

为了提高学生学习的成功率,纽约市立大学开展了"学院过渡开端"(College Transition Initiative)项目,在开始学分课程之前,为学生提供数学和阅读/写作课程补习,在学术上帮助那些没有完全准备好的学生,并减少他们在学分课程上的支出。在较高毕业率的基础上,纽约市立大学也扩大了它的"副学士加速学习项目"(Accelerated Study in Associate Program),帮助社区学院学生尽快获得学位。

此外,纽约市立大学继续教育项目非常关注劳动力发展活动,包括普通教育水平考试准备、英语培训和大量的短期培训项目。在继续教育项目上,纽约市立大学目前共有21.7万名注册学生。项目和专业包括企业和创业、

---

① New York Government. *One System for One City: The State of the New York City Workforce System Fiscal Year* 2011[R/OL]. http://www.nyc.gov/html/hra/downloads/pdf/resources/NYC_Workforce_System_Report_FY_2011.pdf, 2015-08-21.

建筑和建设管理、早期儿童教育和儿童保健、健康医疗和人力资源管理、信息科技、翻译、房地产、零售、保安、旅游和酒店、运输等。通过联邦政府、州政府、市政府和私立部门的资助，纽约市立大学为不同群体，包括青年人、公共房屋居住者、释放犯人、移民等，提供了大量劳动力发展和成人素养项目；它也和其他部门合作，提供一些合作项目。这些项目主要关注职业或基本技能。

许多纽约市立大学继续教育的学生被录取到资助项目，这些资助项目通过纽约市各个部门的合作顺利运行。①

1. 劳动力健康医疗职业中心（Workforce Healthcare Career Center）

该项目由经济机会中心、小型商业服务部和拉瓜迪亚社区学院合作运行。2009年以来，该项目提供了749个工作岗位，平均时薪为20.98美元，61%的人时薪为15美元以上。另外，该中心还提供一些职业培训，如注册护士和执业护士辅助训练。

2. 杰弗逊房屋工作+（Jefferson Houses Jobs-Plus）

该项目由经济机会中心建立，得到纽约市人力资源管理局的支持，受纽约市房屋管理局管理。该项目由霍斯托斯（Hostos）社区学院运行，在就业、教育和社会服务方面，帮助东哈莱姆区杰弗逊房屋居民。该项目基于地方社区，帮助个人寻求在社区里工作。2009年10月到2011年6月，该项目共安置了270个工作岗位。

3. 能源管理项目（Energy Management Program）

纽约市立大学正在培训1 000名学员，增加他们在节能方面的知识和技能。这些学生将获得一个全国认可的证书，教育局将获得一些受过良好培训，具备节能减排方面知识和技能的职员。

4. 纽约市司法警察

这是个劳动力发展和教育项目，为18—24岁刑满释放人员服务，帮助他们在劳动力市场成功。约翰·杰伊（John Jay）学院的劳动力发展和教育项目为回归社区的18—24岁刑满释放人员提供就业和教育帮助。在纽约市经济机会中心的支持下，该项目从2008年开始运行，并和两个企业——

---

① New York Government. *One System for One City：The State of the New York City Workforce System Fiscal Year* 2011［R/OL］. http://www.nyc.gov/html/hra/downloads/pdf/resources/NYC_Workforce_System_Report_FY_2011.pdf, 2015-08-21.

飞利浦社区发展公司和贝德福德·斯蒂文森修复（Bedford Stuyvesant Restoration）公司进行合作。2010年，该项目获得资助420万美元，服务了254人。

（三）纽约市成人教育市长办公室

纽约市成人教育市长办公室作为政府、企业、教育部门、培训机构以及社区群体的桥梁，寻求提高纽约市居民职业技能的办法，扩大他们的就业机会。该办公室协调地方成人教育系统。2010年，纽约市教育局、纽约市立大学、社区组织、公共图书馆这四个部门为6万多成人学生服务，提供了包括成人基础教育、其他语言人群的英语、普通教育水平考试准备以及职业技术教育等。

该办公室劳动力发展措施的目的在于：第一，在成人教育和劳动力系统之间形成协调和合作；第二，提高正在工作或正在寻找工作的纽约市居民的就业技能；第三，更好地优化成人基础教育、普通教育水平和其他语言人群的英语课程，来满足目前工作和经济的需求；第四，提升"素养"系统的力量，帮助教育部门和培训机构更有效地发展学生的工作技能；第五，发展和支持能整合"素养"和劳动力发展的最佳实践。①

2011年，成人教育市长办公室主要采取了以下措施②：

1. 成人教育推介系统

该办公室更新了项目的网页搜寻工具，包括实时的位置信息，以便公众能辨别班级是否有空位。该工具可通过地理位置、班级类型和座位信息进行搜索，提供纽约市最新的成人教育项目的目录。

2. 专有学校

该办公室发展了专有学校的视角和规则，并为纽约市居民提供关于这些学校的重要信息。

3. 再教育

该办公室监督再教育项目的资金和实施，为寻求教育和技能培训的刑

---

① New York Government. *One System for One City：The State of the New York City Workforce System Fiscal Year* 2010[R/OL]. http://www.nyc.gov/html/adulted/downloads/pdf/one_system_one_city_2011.pdf，2015-08-20.

② New York Government. *One System for One City：The State of the New York City Workforce System Fiscal Year* 2011[R/OL]. http://www.nyc.gov/html/hra/downloads/pdf/resources/NYC_Workforce_System_Report_FY_2011.pdf，2015-08-21.

满释放人员创造一个有效的支持系统。再教育项目受社区发展部门资助。

4. 强化劳动力投资和雇主参与

该办公室旨在促进雇主与培训机构之间的关系,提高其他语言人群的英语能力,帮助有技能的移民就业。通过立法和与社区组织合作,该办公室密切了雇主和求职者之间的联系,为其增加就业和教育机会。

5. 为学习有障碍的成人提供支持

该办公室为学习有障碍的成人提供更多支持,以协调和促进最好的实践。

(四)纽约市高等院校和研究中心

纽约市具有丰富的高等院校和研究资源,这些资源为人力资源开发提供了有力保障。纽约市有110所大学和学院,是美国大学生最多的城市。2000年,纽约市高等教育机构录取了约60万名学生,在美国所有城市中是最多的。

纽约市立大学的历史可以追溯到1847年的免费学院(Free Academy)。它是纽约市主要的公立高等教育机构,有45万多名学生,仅次于纽约州立大学和加利福尼亚州立大学。纽约市立大学的学生来自140多个国家和地区。纽约市立大学在纽约市的5个区都有校园,包括11个四年制学院,6个两年制学院,1个法学院、1个研究生院、1个医学院、1个荣誉学院(Honors College)和1个新闻学院。哥伦比亚大学是位于曼哈顿西北部的常春藤大学,建于1754年,是美国历史悠久的大学。著名的巴纳德学院是独立的女子学院,属于哥伦比亚大学的二级学院。巴纳德学院和哥伦比亚大学学生共享课程、教室和课程之外的活动,巴纳德学院的毕业生接受哥伦比亚大学学位。建于1831年的纽约大学,是美国最大的私立、非营利高等教育机构,主校园位于曼哈顿的格林尼治村。[①]

此外,纽约市还有一些很著名的私立大学。比如,福德海姆大学(Fordham University)、佩斯大学(Pace University)、耶斯希瓦大学(Yeshiva University)、柯柏联盟学院(Cooper Union)和新学院(The New School)等。纽约市也有一些包含宗教和特殊目的的小型私立学院和大学,比如,圣约翰大学(St. John's University)、茱莉亚音乐学院(The Juilliard School)、蒙特

---

① Wikipedia. *Education in New York City*[EB/OL]. http://en.wikipedia.org/wiki/Education_in_New_York_City, 2015-03-17.

圣文森学院(The College of Mount Saint Vincent)和视觉艺术学院(The School of Visual Arts)等。

除了大学之外,纽约市有一些全球著名的医疗和生命科学研究中心。在美国所有城市中,纽约市每年授予的生命科学学位最多。纽约市每年获得国家健康中心(the National Institutes of Health)的科研经费在所有美国城市中排名第二。主要的生命科学研究机构包括纪念斯隆—凯特林癌症中心(Memorial Sloan-Kettering Cancer Center)、洛克菲勒大学(Rockefeller University)、纽约州立大学下州医学中心(SUNY Downstate Medical Center)、爱因斯坦医学院(Albert Einstein College of Medicine)、西奈山医学院(Mount Sinai School of Medicine)和威尔·康乃尔医学院(Weill Cornell Medical College)等。

为了培养适合新兴产业的专门人才,纽约市的很多大学都建立了与知识经济相关的专业。纽约大学甚至将商学院研究所设在华尔街,专门培养符合不断变化经济形势的经济人才。2011年12月19日,时任纽约市市长布隆伯格宣布,投资20亿美元在罗斯福岛上建立一所由康奈尔大学和以色列理工学院共建的应用科学研究生院,以使纽约市能够占领技术资本的世界前沿。① 除此以外,纽约市也是美国移民汇聚、人才聚集的重要城市,其吸纳的高技术人才为纽约市的产业发展提供了强大的人才支持。

除了提供人才支持以外,高等教育部门自身也对纽约市的就业有着巨大的贡献。2007年,纽约市高等教育部门招聘了11万人,几乎占纽约市所有招聘人员的2.5%。

二、和教育部门相关的一些合作项目

纽约市教育部门除了上述自身开展的项目和措施以外,还和其他部门合作,一起开发和实施了一些劳动力服务项目。

(一)明天的桥梁

每一年,大量高中文凭以下的个人在小型商业服务部管理的劳动力职业中心的网点寻求服务,2011年约有2万人。数据显示,和那些具有高中文凭或普通教育水平的人相比,这些人的就业率更低,收入也更低。对这些教

---

① Wikipedia. *New York City*[EB/OL]. http://en.wikipedia.org/wiki/New_York,_New_York#History, 2015-03-18.

育程度低下的求职者来说,最有用的长期服务是教育援助,特别是帮助他们立即获得普通教育水平。

2010年,纽约市议会提供资助,纽约市小型商业服务部与纽约市教育局成人和继续教育办公室合作实施了"明天的桥梁"项目。该项目的目标是为劳动力职业中心的学员提供教育援助,帮助他们找到工作。2011年,在曼哈顿上城和布鲁克林劳动力中心,启动了两个服务网点。在这里,没有普通教育水平的求职者可以参加短期的视频考试。根据他们的分数,他们被分配到一个六星期的课程班级,帮助他们参加普通教育水平测试,或者是接受成人和继续教育办公室的基础教育服务。

该项目试图在5个区提供完全服务。该项目职员成功地把布朗克斯基础服务中心转变成完全服务中心,提供对该项目的网站、普通教育水平方向、官方实践考试以及对普通教育水平考试的快速追踪。2012年10月1日,皇后区的劳动力职业中心也获得完全服务支持。

2011年,该项目的财政投入为120万美元。自2011年2月发布以来,该项目共服务了1 900多人。①

(二)工作中的学者

在纽约市职业技术教育中,如果具有高深技能和企业认可的学分的学生毕业,他们可以在高薪部门就业。而那些经常要努力寻找工作的毕业生很可能是因为他们缺乏人际网络、和雇主的联系、有效的搜寻工具。因此,该项目帮助克服这些问题。

2009年,纽约市劳动力投资委员会、小型商业服务部和教育局开展了一项举措,为在劳动力职业中心、教育局职业和技术高中系统的成人劳动力服务。该项目提供了14个星期的带薪实习,也包括工作准备和工作搜寻培训、职业协商和毕业后的工作安置服务。该项目自2010年正式实施以来,共投入16.85万美元。

经过一年的实践,2011年该项目取得一些成果:在实习方面,26个实习生完成了项目,其中有14人获得工作岗位。就业方面,82个学生自主创业,33人获得工作。

2012年该项目的目标是:实习学校从3所扩大到5所;参与的公司继

---

① New York Government. *One System for One City*: *The State of the New York City Workforce System Fiscal Year* 2011〔R/OL〕. http://www.nyc.gov/html/hra/downloads/pdf/resources/NYC_Workforce_System_Report_FY_2011.pdf, 2015-08-21.

续参与;项目人数达到现有的两倍;扩大在企业和制造业部门的实习;安置150个工作岗位。①

（三）工作＋

纽约市居住在传统公共住房里的居民超过40万。公共住房居民有较高的未就业率,约有8万劳动适龄人口没有工作;即使有工作,大多数人的年收入也少于3万美元。目前,纽约市正在投资公共房屋街区,帮助居民实现自给自足和经济发展。

工作＋项目的首要目标是增加公共房屋居民的收入。1998年到2003年,在美国六个城市对该项目进行过大规模调查评估。研究发现,和对照组相比,参与该项目的公共房屋居民获得了可观的收入。该项目服务所有劳动适龄居民,使用三种策略来进行有针对性的劳动力开发:现场获得就业有关的服务;基于租金和其他工作刺激措施,让居民有更多收入;通过邻居之间的推广,促进社区开展就业服务的活动。该项目旨在为居民提供支持和培训,帮助他们获得工作或改善目前的工作。

2010年,纽约市在东哈莱姆区的杰弗逊房屋发布了第一个全市范围的工作＋项目。该项目由纽约市经济机会中心、纽约市立大学、纽约市人力资源管理部、纽约市房屋管理局等部门为公共房屋居民提供基于地方的综合性就业服务项目。2011年,该项目加强了和教育部门的联系,如纽约市立大学,增加了大量职业培训项目,特别是在健康医疗方面,也实施了一些学位项目。

2011年,该项目投入120万美元;调换工作者有195人,安置工作者有162人。

（四）威利点总规划

2007年5月,时任纽约市市长布隆伯格宣布了一个"威利点总规划"（Willets Point Master Plan）,试图把位于皇后区中心的一个被污染的面积60英亩区域,改造成一个充满生机的多功能街区,规划有住房、一所新的公立学校、办公和零售场地、几个新的公园和游乐场、文化和社团机构、一个州艺术会展中心和旅馆。这次重新规划可创造1.8万个建筑工作岗位和5.3万个永久性工作岗位,这些工作在未来30年内对纽约市的经济价值影响超

---

① New York Government. *One System for One City*: *The State of the New York City Workforce System Fiscal Year* 2011［R/OL］. http://www.nyc.gov/html/hra/downloads/pdf/resources/NYC_Workforce_System_Report_FY_2011.pdf, 2015-08-21.

过250亿美元。

2007年下半年,皇后区最主要的劳动力开发机构、拉瓜迪亚社区学院的成人和继续教育部被选定为威利点社区的工人培训机构,这是纽约市公立学院中最大的继续教育项目。这个劳动力培训项目预计培训威利点社区的大约1 300位雇员,包括开设英语语言班、职业评定、工作准备技能、就业服务以及激励参与培训的现金奖励。为期18个月的项目从2008年秋季开始,之后拉瓜迪亚社区学院会继续研发劳动力培训项目,以使更多的人可以接受培训。①

---

① Office of the Mayor. *Mayor Bloomberg and Deputy Mayor Lieber Announce New Partnerships to Provide Advanced Auto-Related Trainning Programs at no Cost to Willets Point Workforce*〔EB/OL〕. http://www.nyc.gov/portal/site/nycgov/menuitem.c0935b9a57bb4ef3daf2f1c701c789a0/index.jsp?pageID=mayor_press_release&catID=1194&doc_name=http%3A%2F%2Fwww.nyc.gov%2Fhtml%2Fom%2Fhtml%2F2008b%2Fpr430-08.html&cc=unused1978&rc=1194&ndi=1,2008-12-5.

第三章 纽约的教育改革基本理念与发展战略

纽约市学校系统规模庞大,有110万学生,1700多所学校(2002年以来建立了528所新型学校),14万教职员工,其中教师约75 000人,年预算约240亿美元。2002—2010年,在时任市长布隆伯格和教育局局长乔伊·克莱恩(Joel Klein)的领导下,纽约市公立学校教育改革成为美国大都市系统中最有雄心的改革,这一系列的改革试图使所有学生获得更好和更平等的成绩。[1]

2002年以来,纽约市在教育治理结构、教育财政预算、教育教学等方面确立了教育改革的基本理念,并相应地制定了一些发展战略,采取了一些重大举措。在此时期,纽约市教育改革的经验和实践非常多,值得我们好好思考,并从中获得借鉴和启示。

克莱恩在2010年11月9日辞职,离开了他为之奋斗了8年多的教育岗位。在布隆伯格支持下,继任的两任教育局局长凯斯·布莱克(Cathie Black)和丹尼斯·沃尔科特(Dennis Walcott)继续着克莱恩未尽的教育改革。2014年1月,比尔·德布拉西奥(Bill de Blasio)成为新的纽约市市长,他随后任命卡门·法里娜(Carmen Farina)为纽约市教育局局长,纽约市教育改革进入新的阶段。

第一节 教育改革基本理念

2002年1月1日,布隆伯格正式就任纽约市第108任市长。布隆伯格

---

[1] Jennifer A. O'Day, et al. *Education Reform in New York City: Ambitious Change in the Nation's Most Complex School Systems*[M]. Harvard Education Press. 2011:1.

当过企业家,具有浓厚的商业理想主义和丰富的企业管理经验,擅长通过改变组织架构来改善公共资源的使用效率。

为了适应社会经济的发展需要,培养更多高素质的劳动力资源,布隆伯格用管理企业的办法来管理教育,试图通过重组学校的管理架构来提高学校公共资源的使用效率;他在教育治理、财政、教育教学、高中入学等方面都进行了较大力度的改革,对纽约市的教育产生了很大的影响。他采取的措施获得了较为积极的评价,但是有些措施却引起纽约市教育界人士的极大争议。

一、改革教育治理结构

布隆伯格上任以来,纽约市教育治理结构的改革主要有以下几个方面。

(一) 改革领导机构

2001年,布隆伯格竞选市长时就提出,纽约市教育委员会无法参与拟定纽约市财政预算,无法控制学校的财政权,导致许多学校有一半以上的学生在毕业前就辍学。布隆伯格承诺,他会进行教育改革,改革学校系统的结构和治理,来改变这一现状。

2002年正式就任纽约市市长以后,布隆伯格寻求纽约州议会的支持,使议会同意他对教育机构进行精简。在简短的争议后,纽约市教育委员会被解散,布隆伯格获得了他想要的学校系统控制权。随后,他成立了纽约市教育局,来代替纽约市教育委员会,并组建了一个由13名成员组成的"教育政策咨询委员会"(Advisory Panel for Education Policy)。

2002年6月,纽约州议会授予布隆伯格人事任命权。2002年8月,布隆伯格任命教育界之外的、曾任美国司法部官员和通信公司高管的克莱恩担任纽约市教育局长,希望借助他的领导能力解决纽约市公立学校中的一些重大问题。为了打破过去学校系统和纽约市的紧密联系,克莱恩把教育局的办公地点从布鲁克林的利文斯通大街110号,搬到市政大厅旁边的特德法院(Tweed Courthouse)。

在克莱恩的帮助下,布隆伯格进行了机构精简,对纽约市的教育资源重新进行分配。2003年,他构造了一个"10—10—10"管理框架,将纽约市原有的32个学区重新划分为10个市直管行政学区。每个学区各设1名总监(regional superintendents),每名总监下辖10位督学(local instructional supervisor),每名督学主管10名校长。教育局局长、教育总监及督学都直接向市长负责。① 这个自上而下的"10—10—10"学校管理框架完全不同于传统的教育委员会模式,它充分保证了市长对教育的管理权以及政策的执行力。

(二)"领导"和"治理"的再平衡

在布隆伯格之前,纽约市政府对纽约市教育行政机关的治理存在着太多约束。比如:教育局局长的行动受到很大限制;联邦和州法律管理学校的资金分配和工作安排;工会合同决定哪些教师被安排到哪些学校,教师薪水如何增加,教师工作分配等。同时,校园建设的相关政策也限制校长和教师进行校舍建设。

布隆伯格上任以来的一些行动削弱了对克莱恩和学校领导者的一些限制,比如:用一个在教育政策上没有决定权的专家委员会代替学校委员会(2002年);取消32个学区,用10个行政学区来代替(2003年);协商改革教师合同,允许校长在申请人中挑选教师,教师的薪水基于能力而不是资历(2005年);基于学生表现分配拨给学校的资金,增加校长分配资金和校舍建设的权力(2006年)。

这些改变非常大。不过,最重要的是它们改变了"领导"和"治理"的平衡。这些变化的目的不是要让教育局局长控制每件事情,而是通过给学校领导者放权来改善教学,尽管这削弱了克莱恩在学校实践、学校计划和资金使用上的权力。

布隆伯格和克莱恩寻求一个强有力的学校系统,在这个系统里,每所学校都能适合学生的需要和教师的能力,而不是一个强大的行政部门让学校朝行政部门想要的方向去发展。他们改变了纽约市教育局和学校层面的领导方式,希望永久地改变纽约市学校系统的运行方式。正如克莱恩所指出的,2002年之前,学校系统是这么运作的:稳定的工作,满足利益群体的要求,遵守州法律。但是,这不能为所有孩子提供有效学校和有效教学。我们试图重构学校系统,把孩子和他们的学习放在第一位。②

布隆伯格和克莱恩的命运紧密地联系在一起:没有布隆伯格的支持,克莱恩不能有效地开展教育改革;克莱恩的改革如果有较大的失误,则可能影

---

① 曾晓洁."市长控制":美国城市公立学校治理新模式——以纽约市为例[J]. 比较教育研究,2010(12):42-47.

② Jennifer A. O'Day, et al. *Education Reform in New York City: Ambitious Change in the Nation's Most Complex School Systems*[M]. Harvard Education Press, 2011:19.

响布隆伯格的再次当选。但是,他们两人的联合确实改变了纽约市的公共教育系统,特别是在改善贫苦和少数族裔学生的成绩上。

克莱恩和一部分想法接近的部僚对纽约市学校政策的制定起着主要作用。这部分人在克莱恩的领导下设置了一些运行规则,改变了纽约市公共教育系统。不过,基层的学校和教师对这些人颇有微辞,认为他们并不了解实际,而是坐在办公室里想当然地制定政策。

(三) 改造学校支持结构

2007年,纽约市教育局建立了11个(后来是12个)"学校支持组织"(School Support Organizations),其中一些组织由学区来运行,一些组织由非营利组织运行。2007—2008学年开始,由校长挑选对学校及其教职员和学生最合适的支持组织。校长在与其学区协商之后,从三种类型的学校支持组织中进行选择,这些组织都要努力达到纽约市教育局为它们制定的高标准,才能有资格为学校提供支持。学校可选择的学校支持组织主要有以下三种。[1]

(1) 授权支持组织。

授权支持组织为学校的管理提供帮助,使学校在课程设置、学校预算、领导人员和教师专业发展上形成自己的特色。

(2) 学习支持组织。

长期以来,学习支持组织的领导者中涌现出许多优秀教师、校长和学校系统领袖,该组织能就具体主题提供各种支持。这些支持包括提供最佳教育方法。该组织成员包括前学区和教育局总部办公室的许多经验丰富的专业人员。

每个学习支持组织都提供独特的支持,他们关注的领域包括:教学、课程制定、日程安排、青年人发展和职业发展培训。学习支持组织向全市学校提供支持,不受学区限制,而且这些服务根据不同情况而有所不同,以满足各类不同学校的独特需求。

(3) 合作支持组织。

合作支持组织由教育局以外的组织负责运作,包括中介、学院、大学以及其他为学区和学校提供支持的组织。这些组织与学校领导层合作,采用

---

[1] New York City Department of Education. *About School Support Organizations*[EB/OL]. http://schools.nyc.gov/default.htm,2012-03-26.

行之有效的办法。

这些组织提供的相当一部分服务与支持,过去通常都是由教育局负责提供的。过去,教育局通过学区办公室投入资源并为学校作出决定。尽管每所学校的需求各有不同,面对的挑战也不一样,但教育局总部和学区办公室所做的决定都是统一的。虽然这么做有利于增加可接纳的学生人数以及整个教育系统的连贯性,但是这种"一刀切"的做法并不能取得最佳效果。

现在,所有的学校都有权选择支持服务,但公立学校依然受到教育局政策和其他适用规章制度的制约。各校将继续遵守由教育局制定的一系列规定,包括学生入学安排政策、财务上报规定、特殊教育要求、劳工合约、教育局长条例及问责标准等。

2010年,为了给学校更多选择,并减少学校支持组织中的层级,克莱恩取消了教育局运行的学校支持组织,在全市范围内用60个"志愿学校支持网络"（Voluntary School Support Networks）来代替它们。一些非营利组织运行的学校支持组织则继续保持。

（四）教育治理改革的两个阶段

纽约市教育治理改革可以划分为两个阶段,每个阶段有不同的改革重点。

1. 阶段1:建立和谐的环境（2002—2006）

布隆伯格和克莱恩早期主要关注在纽约市学校里建立和谐的环境。2003年,他们把1969年成立的32个社区学校委员会拆解为10个行政学区。每个学区包括约120所学校,包含不同表现水平的学校。这些学校由一个学区负责人管理,来促进学区内最好的实践经验能够共享。

为了更加平等地让所有学校都能获得高质量的教学成果和严格的教学方式,纽约市教育局在英语/语言艺术（ELA）和数学上采取一系列通用课程和教学方法,包括简单阅读和每天都要学习的初级数学。为了促进教学改善,教育局采取措施来转变核心课程项目的设置。教育局通过以下两点来支持这些课程实施。在教室设备和教师专业发展方面的巨大投资,在每个学校设置教师指导及家长协商人员,同时,教育局在人力资本发展方面也投入巨大,增加了教师薪水,并建立纽约市领导力学院来培训校长到最有挑战性的学校工作。

2004—2005年,纽约市教育局建立了自治区（Automy Zone）。开始只有29所学校,但在随后的每一年,自治区进展迅速。自治区显示了教育局下放更多权力给某些学校、以学校为主体来改善和改变教学质量这一信念的增强。在资金使用、招聘程序、教学项目和专业发展上,教育局授权这些学校的校长更大的处置权。反过来,学校领导者也有责任来满足需要达到特定表现目标的问责制度。加州大学洛杉矶分校的威廉·奥奇(William Ouchi)等管理学学者认为,权力下放曾经拯救过美国企业,它也能拯救学校。2006 年春天,322 名校长(占总数的 1/5)被纳入"授权"计划。[①] 此外,2005—2006 年产生的"问责办公室"强化了教育局的意图,使得问责制成为他们以后改革措施的主要特征。

同时,教育局积极关闭表现不好的大型学校(布隆伯格和克莱恩称之为"辍学工厂"),并建立新的小型高中。2002 年,布隆伯格建立了 15 所小型高中。2003 年,他从比尔及梅琳达·盖茨基金会(Bill & Melinda Gates Foundation)得到一笔资金后,又建了 169 所小型高中。2003—2004 学年,纽约市教育局通过改革后的城市高中选择程序来支持学生进入小型高中,学生基于招生方法和自己的选择来进入高中。[②] 可以看出,纽约市教育局对公立学校的引导措施是:学校应变得更小,对高中进行改革,使得通过特定程序选出的学生更有竞争力,并使得学校对学生的成绩表现负有责任。

2. 阶段 2:授权、问责和领导(2006—2010)

经过一定时间的努力,纽约市的学校系统已经稳定,全市各年级的学生也都开始在学业上取得显著的进步。布隆伯格和克莱恩继续采取措施,以促使纽约市 1 700 多所学校都成为成功学校。改革第二个阶段的原则是授权、问责和领导能力。

(1)授权。

2006—2007 年,纽约市教育局重构了学校系统,要求学校从 11 个(后来是 12 个)学校支持组织中选择一个来帮助校长达成目标,并改善专业发展。教育局放弃了在校长管理上的传统权力,并最终认可校长以学生成绩表现作为考核要素,允许校长们选择支持和资源来帮助他们满足目标。

2008 年,所有学校得到了更大的自治权力:它们可以选择是继续使用纽约市的核心课程,还是采取其他的符合自己学校理念和学生需要的课程。

---

① Education in New York. *Teach us*,*Mr Mayor*[EB/OL]. http://www.engcorner.net/html/translation/2972.html,2007-1-18.

② 同上。

通过把决策转移到那些从事教学工作的人身上，教育局期望教师和行政人员能被培养得更努力工作，并产生更有创造性和有效的策略来改善学生学习。可以说，在当时，纽约市教育局的管理视角是独特的：不是把自治作为奖励提供给获得优异表现的学校，而是给予更多的自治来获得优异表现，与此同时，对这些学校有严格的问责要求。此外，教育局也试图通过人才市场进行教师招聘。教师不再仅仅满足于学术要求，新的招聘系统允许学校挑选富有经验的教师。[①]

2010年春季开始，纽约市所有公立学校从一个大约15名教职员组成的团队那里获得主要的支持，该团队被称为"孩子第一网络"。每一个网络团队为一组学校（大约25所）提供专家支持、技术援助和管理建议。他们为校长和教师提供培训和辅导，并帮助网络中的各个学校互相合作。各网络团队也帮助学校招募教师，完成支出预算，开展所有日常运作，使用数据和技术，并培养学校与社区组织和文化机构的合作关系。另外，该网络也帮助学校向残障学生和英语学习者提供有效服务。

每一位校长在与学校领导小组（一个由教师、学校领导和家长组成的小组）协商后，选出他们认为最符合学校需求和目标的网络团队。

网络团队被授权为学校解决问题。为确保网络团队对学校所提供的支持的质量，校长们每年都对学校从网络团队中所获得的支持程度进行评级，而且网络团队也对校长的满意度和他们所支持的学校的教学表现负责。在获得高品质的、有效的和针对具体需求的支持之后，校长便可以花更多的时间与教师合作改进教学，而且这将再次在网络团队的帮助下进行。

网络领导者和学监紧密合作，向学校提供连续的支持和监督。学监在校长的选择和评估、对教师终身教职的确定、社区参与以及对问题投诉等方面发挥着重要作用。[②]

（2）问责。

在给予学校更大的灵活性的同时，纽约市教育局也设置了综合性制度来考核学校表现，要求教师和校长提供更多信息，并根据所有学生的表现对学校进行问责。

---

① Jennifer A. O'Day, et al. *Education Reform in New York City: Ambitious Change in the Nation's Most Complex School Systems*[M]. Harvard Education Press，2011：9.

② New York City Department of Education. *About Children First Net*[EB/OL]. http://schools.nyc.gov/default.htm，2015-03-28.

"进步报告"(Progress Report)提供了每个学校在改善学生成绩方面的年度总结数据。"质量回顾"(Quality Review)根据学校组织和文化的一系列指标,每年对学校进行评估。

教育局还建立了一个综合性数据系统——"成就报告和革新系统"(The Achievement Reporting and Innovation System),提供学生评估数据,方便教师获得,并支持跨学校分享促进学生成就的有效实践。[①]

(3)学校领导。

一个组织要想获得成功,其各个层次上都需要有杰出的领导者。在教育领域,校长是最重要的领导职位。校长是学校的首要决策者,必须有权力作出明智的决定并采取行动。

(五)治理背后的理论

在一般意义上来说,该时期纽约市教育改革策略是在商业上成功实践的"分权式"之一。在教育上,"分权式"经常是一个在学校层面的鼓励措施,并没有改变教育行政部门对学校的限制。但是,商业上的分权是不同的,它加强组织上层和底部的联系,而削弱中间。上层的领导者或设定目标和分配资源,或奖励表现和惩罚失败。但是,上层的领导者放弃管控一般的工厂经理、销售群体、研发单位等。获得好结果的单位被奖励,获得坏结果的单位需要裁人或更换领导者。

布隆伯格和克莱恩权力下放的方法随着时间的推移而有所变化。该时期纽约市教育改革策略中权力下放的描述几乎是完美的:加强顶部和底部(比如学校)来反对中间(包括教育局以及各个管理部门),让当地的生产单位(学校)做出相应的影响他们生产力的决定;鼓励创新;使所有的安排和学校的表现相关;继续寻找更好的工人(教师)和供应商。和企业一样,学校为客户(学生和家长)不断寻求改善。

哥伦比亚法学院查尔斯·塞柏(Charles Sable)教授认为,实验性民主(Experimentalist Democracy)就是政府为服务和创新创造机会,又通过实证为持续改进进行监测。他认为,实验性民主赋予公民更大的机会来解决问题,并根据不同的需要,允许产生更大的政府分权。他指出,民主不必把政策制定限制在当选官员及行政人员上(如前纽约市教育委员会及其成员)。

---

① Jennifer A. O'Day et al. *Education Reform in New York City: Ambitious Change in the Nation's Most Complex School Systems*[M]. Harvard Education Press,2011:10.

当政府产生了基于表现的标准,开放数据库,支持所有政党"学习管理",那么,普通市民和团队也能通过设计和运行一些服务来解决问题。① 这一理论适应了纽约市教育改革的需要,成为克莱恩和他的团队所推崇的理论之一。

二、加强教育教学改革

在布隆伯格和克莱恩两人的领导下,纽约市制定了许多教育改革政策,并大规模地实施。这些政策和行动除了上述对学校系统的市长控制和组织架构重建外,还包括教与学、人力资本、高中、财政预算、教师招聘等方面的改革。

(一) 教与学改革

纽约市在教和学方面的改革可以分成两个阶段。②

第一个阶段:2002 年到 2006 年。在此阶段,纽约市主要采取的举措是:2003—2004 学年,实施共同的数学和阅读方法;教育局投资班级图书馆;要求学校有数学和阅读教练;教育局获得"阅读第一"的项目资助。

第二个阶段:2006 年到 2010 年。在此阶段,纽约市主要采取了以下举措。(1) 2006—2007 学年,学校"进步报告"发布;"孩子第一"(Children First)项目调查队伍在授权学校发布报告;"质量回顾"开始;设立高级成就促进者(Senior Achievement Facilitator)来支持学校。(2) 2007—2008 学年,广泛建立"孩子第一"项目调查队伍(每个学校至少一个队伍);邀请数据专家支持每所学校的调查队伍和其他关注数据的工作;"成就报告和革新系统"发布;要求定期评估。(3) 2008—2009 学年,每个学校扩展"孩子第一"项目调查到两个或更多队伍;修改了天才学生的入学程序。(4) 2009—2010 学年,学校大多数教师加入到"孩子第一"项目调查队伍中。

在教与学的改革上,克莱恩和他的同事重视基于实证的学校实践,产生了新的工具来支持学校层面的反思和问题解决,包括"调查团队"和"成就报告和革新系统"。他们也改革了学校问责制,包括在线的"质量回顾",在基于实证的实践上对学校进行排名。和基于数据的问责制及"质量回顾"相结合,"调查团队"和"成就报告和革新系统"试图以"以管理的方式学习"(Learning by Monitoring)来促进现有学校的持续改进。

---

① Jennifer A. O'Day, et al. *Education Reform in New York City: Ambitious Change in the Nation's Most Complex School Systems*[M]. Harvard Education Press, 2011: 20-21.
② 同上书,第 5 页。

为了使现有的资金更有效地使用,纽约市教育局在 2010 年开始实施新的"革新区域"(Innovation Zone),进行学校方面的改革试验。教育局从欧洲和美国其他地方收集了一些新的学校模式,先在小范围内进行实验,随后在全市大范围使用,最后再代替或再设计许多现有的学校。

尽管纽约市在教和学的改革上取得了一些成绩,但是有学者认为,只有在以下条件下,基于问责的制度才能改善教学实践:培养教师和其他人使用那些信息来改善教学和学生学习;在合适的信息描述和使用方面,提供知识和机会;基于需要来合理地分配资源。①

(二)人力资本改革

在人力资本方面,纽约市的改革也可以分成两个阶段。②

第一个阶段:2002 年到 2006 年。在此阶段,纽约市教育局主要有以下举措:(1) 2003—2004 学年,建立"领导力学院"。(2) 2004—2005 学年,在教师工会和地方大学的推动下,发展新的教师指导项目。(3) 2005—2006 学年,建立了专门支持新校长的"新学校强化"(New School Intensive)项目,教育局和教师工会统一开放教师市场流动制度;建立房屋支持项目。

第二个阶段:2006 年到 2010 年。在此阶段,纽约市教育局主要采取了以下举措:(1) 2006—2007 学年,进行校长绩效回顾和奖励制度再协商;开始管理教师项目。(2) 2007—2008 学年,开始学校范围的绩效奖励项目;学校开始实施"新任教师指导"。(3) 2009—2010 学年,实施州综合性教师评估制度;"跳跃"(LEAP)项目成为"拟任校长项目"的全市模型。

总的来说,为了解决教师短缺、教师和行政人员单一的问题,纽约市教育局主要采取了以下策略。

(1) 挖掘非传统资源,比如,从"为美国而教"(Teach for America)、"新教师计划"(New Teacher Project)和"猎头学院"(Hunter College)中招聘教师和校长。

(2) 在招聘决定上给学校领导者更多权力。2005 年,取消了以资历为先的教师流动政策。现在校长能考查教师候选人的所有方面,不再必须以资历来招聘教师。因财政或者学校关闭等原因而失去教师岗位的人,将有一个所在学区里的代替性位置提供给他们。但是,他们不能代替新任教师。

---

① Jennifer A. O'Day, et al. *Education Reform in New York City: Ambitious Change in the Nation's Most Complex School Systems*[M]. Harvard Education Press, 2011: 122.
② 同上书,第 6 页。

（3）关注学校相关人员的能力建设。教育局认为，校长必须不仅理解而且能在教学实践中领导学校文化建设，教育局要发展校长这方面的知识和技能。同样，教师也需要能力建设，特别是在学科知识、课程和教育学等方面。为了针对不同学生实施不同的策略，这些能力是必需的。

（三）高中改革

高中改革也是布隆伯格和克莱恩教育改革的关注热点之一。他们试图改变高中的质量和数量，正如克莱恩在高中改革的一个公共论坛上解释的：单独的高中改革策略必将失败，必须使高中获得制度建立能力。他认为，要达到这一目标，必须要深思熟虑，采取多种策略，建立一个独特的高中模型。①

纽约市的高中改革也可以分成两个阶段。②

第一个阶段：2002年到2006年。在此阶段，纽约市教育局主要采取以下举措：（1）2001年，布隆伯格倡议推动新世纪高中。（2）2003—2004学年，推出新的高中招生制度；"新视角"（New Vision）项目产生78所高中；教育局设立"新学校办公室"。（3）2005—2006学年，纽约州改变委员会考试要求（要获得地方文凭，必须通过5门课程，每门课程分数在55分以上；要获得委员会文凭，每门课程为65分以上）；设立"多种方式毕业、学校流动和学习工作办公室"。

第二个阶段：2006年到2010年。在此阶段，纽约市主要有以下举措：（1）2007—2008学年，改革79个学区，发布"替代性学校和项目"。（2）2008—2009学年，毕业率比2002年增加了33%；教育局达成了开设200所小型高中和关闭20所大型综合性高中的目标；纽约州为所有9年级学生提高了委员会考试通过分数到65分（2012年实施）；发布《职业技术教育市长专门小组报告》。

具体来说，克莱恩在高中改革上采取的举措主要有：

（1）建立新的学校，使用大量特许学校来代替表现差的学校。建立新的小型高中是在前任教育局长在任时所提出的观点，但是克莱恩促进了新型高中的发展。2004年开始，他也重视特许学校，成立了地方特许学校提供者组织，邀请美国著名的特许学校提供者组织来纽约市工作。他也通过改善

---

① Jennifer A. O'Day, et al. *Education Reform in New York City: Ambitious Change in the Nation's Most Complex School Systems*[M]. Harvard Education Press, 2011: 182.

② 同上书，第7页。

特许学校的公共设施,尽力消除特许学校发展的障碍。

(2)通过多种方式提高毕业率。克莱恩意识到高中毕业率不能很快提高,但对于处境不利儿童几乎50%的辍学率,他必须做点什么。他领导的团队建立了学校联合策略,来挽回那些辍学或将要辍学的学生。该种策略包含和非营利组织合作以及对学校教职员和设施的改革。

(四)教育财政改革

经费是教育发展的有力保障。布隆伯格上台以来,一直强调发挥经费的效率。但在经济危机的背景下,纽约市的教育经费预算在逐年减少。

2009—2010学年,纽约市减少了5%(共计4 050万美元)的学校预算,主要针对一些课后和周末课程进行经费缩减,每所学校在2009—2010学年内节省3.8%的学校开支。

2007年、2008年两年中,学校为了避免师资的流失,大大削减科研项目,缩减了3%的科研预算。教师工会为此向纽约市理事会提出增加教育预算的要求。①

2010年,情况并没有好转。布隆伯格表示,纽约市2011年财政预算将面临自1970年以来最严重的大幅度缩减,其中包括裁员1.1万人,包括6 400名教师和440名消防员。另外,纽约市还将关闭50个养老院、4个游泳池及16个托儿所。

布隆伯格说,此次大幅度裁员以及缩减服务是为了解决纽约市50亿美元的财政赤字和帮助纽约州削减巨额赤字。纽约市2011年财政预算于7月1日开始实施,裁员工作也将同期开始。除减少教师职位外,市政府其他机构雇员职位也将减少4 000多个。

纽约市议员激烈抨击布隆伯格,认为他只想着削减开支,却没有拿出更多计划来增加政府收入。② 众多官员表示,裁员并非唯一出路,他们对市政府资金的配置方式表示异议。纽约市前主计长刘醇逸指出,纽约市每年在技术维护等外包项目上的开销高达数十亿美元,而对这些项目却一直缺乏有效监管,导致大批资金没有得以充分利用。他建议市府考虑教育部门经

---

① 苑苑. 美国纽约市学校2009—2010学年的预算将减少5%[J]. 世界教育信息,2009(7).
② 王建刚. 纽约市财政预算削减[EB/OL]. http://news.xinhuanet.com/world/2010—05/08/c_1280909.htm,2010-05-08.

费的配置问题,减少在技术维护上的开销。①

(五)教师改革

2009年11月25日,布隆伯格在与时任美国教育部长阿恩·邓肯(Arne Duncan)会晤时强调,将利用州政府拨给的资金吸引更多高质量的数学、科学和急需学科的教师们到低收入地区的学校任教。布隆伯格说,如果这些计划得以实施,纽约市将具有足够的竞争力获得奥巴马政府提供的50亿美元教育改革资金。②

2012年1月12日,布隆伯格在纽约市布朗克斯区一所高中发表年度施政报告,建议对中小学教师进行绩效考核,优秀者将获加薪,不合格者将被淘汰。他在报告中说,连续两年绩效考核优秀的公立中小学教师,年薪将提高2万美元。2011年,纽约市5个区中有33所中小学在学生表现等方面未达到规定标准。布隆伯格说,根据绩效考核结果,这33所中小学中将会有最多一半的教师被辞退。他宣布,按照纽约州使用学生考试成绩来决定教师是否可以得到终身聘任的评估制度,纽约市对教师终身职位评定制度的改革已经成功实现。2011年6月获得终身职位的教师比例为57%,远低于此前的97%。

布隆伯格指出,提高学校教育质量,最重要的是师资问题。他说:"我们应该采取各种方式确保我们能够找到好的老师,选拔他们,并且在可能的情况下提高他们的薪水。同时,对于那些不合格、达不到要求的老师,他们无法留在我们的教育体制内。"③

此外,为吸引成绩优秀的大学毕业生到纽约市公立中小学任职,布隆伯格提出,如果他们承诺几年内不离开教师岗位,政府将为这些毕业生偿还最高2.5万美元的大学贷款。他说:"偿还大学贷款的负担有时会令优秀学生放弃教师行业,但我们的学校需要他们的才能。"④

三、效果和争议

2010年11月9日,克莱恩辞去纽约市教育局局长职务,随后接任的凯

---

① 纽约2012预算削减:6000名教师面临被裁[EB/OL]. http://kyc.rqyz.com/article/sanwen/24.html,2011-10-07.

② 布隆伯格勾勒教育改革新计划[EB/OL]. http://www.epochtimes.com/gb/9/11/27/n2735894.htm,2009-11-27.

③ 李大玖. 纽约市长建议为优秀教师加薪[EB/OL]. http://news.xinhuanet.com/2012-01/13/c_111434992.htm.

④ 同上。

丝·布莱克也没有教育背景。布莱克一直在企业界任职，曾为媒体主管。她并没有取得教育行政人员资格证书，没有任职教育局局长的资质，因此必须向纽约州教育当局申请豁免此项要求。时任纽约州教育厅厅长大卫·斯特纳（David Steiner）豁免了她的教育行政人员资格证书。

2010年12月，布莱克因为取得豁免令而有资格出任纽约市教育局局长一职的消息传出，引来很多反对声。教育界人士和家长等聚集在纽约市教育局前，要求布隆伯格换人。抗议民众对布隆伯格任命没有教育经验的布莱克表示不满。他们说，布隆伯格不应该拿下一代的前途做试验，纽约市需要的是一个有教育经验、懂得家长和学生要什么的教育局局长。

2011年4月，刚刚任职三个多月的布莱克，面对17%的支持率，选择辞职。布隆伯格任命副市长丹尼斯·沃尔科特兼任纽约市教育局局长。

自2002年布隆伯格就任纽约市长以来，特别是在克莱恩担任纽约市教育局局长期间，纽约市开展了轰轰烈烈的教育改革。尽管这些改革政策和措施取得了一定效果，但也存在着不小的争议。

（一）效果：毕业率增长

作为纽约州的中心城市，同时也是少数族裔最为集中的地区之一，新世纪以来，纽约市基础教育的发展一直处在良好的发展状态（如图3-1所示）。这与布隆伯格和克莱恩的改革努力是分不开的。

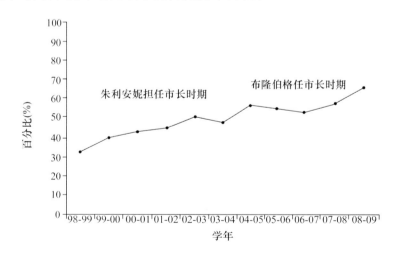

图3-1 1998—2009年纽约市学生学业成就变化趋势

资料来源：Annenberg Institute for School Reform at Brown University. *A Decade of Reading Achievement Gains in Light of Recent Reforms*［EB/OL］. http://www.annenberginstitute.org/stat/archives/56，2009-12-24.

布隆伯格和克莱恩两人采取很多措施,来改善全市学生的成就水平。其措施包括:建立以考试分数评审学校和学生的标准;提高公立学校的全国考试成绩;提高学生毕业率;关闭91所成绩不理想的学校,当中很多是数千人的大型学校;开设474所规模较小的新学校,其中包括234所中学,109所特许学校;停止校长、教师自动终身制度等。经过长久的努力,他们的改革取得了显著效果。

美国国家教育进步评价协会2007年的测验结果显示,纽约市四年级学生的数学和阅读成绩获得显著提高,并因此带动了整个州的教育水平。2006年年底,纽约市公立教育系统摘得美国最高奖项——"布洛德奖",该奖项旨在鼓励学校教育改革和学生学业进步。约有500所学校参与的"学校放权变革计划"是最为成功的项目之一,加入该计划的学校有了很大进步,学生出勤率和成绩都有提高。

此外,纽约市实施了以新的较小规模的学校取代表现不佳学校的策略。新学校采取新的管理模式,给予学生更多关注和指导,教学水平也显著高于全市平均水平,学生毕业率自然显著提升。2005年,布隆伯格建立的第一批小型中学毕业率达到78%,而全纽约市的毕业率仅为58%。

2011年,布隆伯格宣布,2010年纽约市公立学校学生毕业率达到65.1%,创下历史最高纪录。2010年是纽约公立学校高中生毕业率第九个连续增长年,与2005年相比,上涨了约19%。

这表明,纽约市将表现不佳的学校撤换成较小学校的策略已经取得实效:与该市决定逐步淘汰的学校的平均毕业率46.1%相比较,2002年以来创建的新学校的平均毕业率为65.7%。例如,原来的哈利凡阿斯代尔高中撤销后,新创建的三所小型学校的平均毕业率高达82.9%,比2002年原校的毕业率上升了38%。[①]

高中毕业生的增长是布隆伯格等人最引以为傲的事情。"这些新高中毕业率的增长有力地证明了我们所采取的改革和付出的投资取得了巨大的成效,"布隆伯格说,"能够达到这样一个前所未有的毕业率,我为我们的学生、教师、校长和家长感到骄傲,黑人和西班牙裔学生取得的学业成绩具有里程碑的意义,令人振奋。"时任纽约市教育局局长沃尔科特则说:"2010年毕业的成千上万的学生中,现在一大部分正在大学里接受更高的教育,这是

---

① 纽约高中毕业率创新高[EB/OL]. http://kyc.rqyz.com/article/sanwen/27.html, 2011-10-07.

他们的教师、校长和家庭提供有力支持的证明,也是新学校模式给予学生更多有效帮助的证明。"①

(二)改革的争议

尽管纽约市的教育改革取得很大进步,但布隆伯格和克莱恩急进、强硬的改革作风也使很多家长和教育界人士不满。有些在 2002 年拥护布隆伯格的人开始抱怨布隆伯格是一个专权者,认为他过快而轻率地强制推行其计划,并质疑他的企业管理经验在公立教育系统是否可行。

此外,对于改革的逻辑和连贯性,也存在着很多争议。比如,支持者指出,考试成绩和毕业率作为考核依据已经起着积极作用;但反对者质疑考试的有效性,怀疑数据的精确性,批评过分关注考试。支持者表扬在市长控制和扫除利益团体政治活动方面的巨大变化,但是反对者感叹监督的缺失以及公众声音和视角的缺乏。2011 年 10 月,《华尔街日报》的一份调查显示,只有 30% 的民众相信,纽约市公立学校在布隆伯格和克莱恩的领导下有改进。可以说,布隆伯格的改革要面对的不只是经费问题,还有民众的信任问题和沟通问题。

具体来说,主要有以下几个方面的争议。

(1)统一课程和教学方法的争议。

美国学者戴安·拉维奇(Diane Ravitch)指出,阅读和数学的统一课程安排得很差劲。纽约市教师工会主席兰迪·温加顿(Randi Weingarten)则说,老师们为了跟上苛刻的教学进度差不多连煮蛋计时器都用上了。统一课程效果到底怎样目前还不好说。纽约市小学生在一些地方考试中成绩很好,但在全国考试中的成绩差不多还是老样子。

比如,在 2003 年的纽约州统考中,纽约市 52.3% 的四年级学生英语成绩优良;在 2011 年的州统考中,这一数字是 51%。在 2003 年的州统考中,32.6% 的八年级学生英语成绩优良,2011 年的数字是 35%。②

(2)小型中学的争议。

布隆伯格建立小型中学的做法也遭到了非议。他关闭大型学校、开办小型学校之后,许多需要转移的学生都被硬塞到附近其他学校。布鲁克林学院教授大卫·布鲁姆菲尔德(David Bloomfield)认为,虽然这些小型学校

---

① 纽约高中毕业率创新高[EB/OL]. http://kyc.rqyz.com/article/sanwen/27.html, 2011-10-07.
② 当局雷厉风行大抓教育历时十年 学生英语成绩乏善可陈[EB/OL]. http://epaper.usqiaobao.com:81/qiaobao/html/2012—02/06/content_603942.htm, 2015-02-06.

很有发展前途,但开办速度过快已经给一些仍然拥有大多数在校生的大型学校带来很大压力。布鲁克林有所中学一个班级的学生已经达到46人。[①]

(3) 留级的争议。

2004年,布隆伯格宣布了一项计划,要把那些成绩不合格的学生留级。20世纪80年代也有一个类似的计划,但并未提高学生成绩,被认为是失败之举。因此,教育政策咨询委员会有人反对这项政策,但是,布隆伯格把委员会中反对这项政策的人都一一解雇了。克莱恩认为,持批评意见的人无力阻止改革是件好事,城市学校改革需要"大胆、坚强的领导"[②]。

第二节 教育改革的发展战略和重大举措

在教育改革发展理念的指导下,纽约州和纽约市政府出台了一些发展战略和重大举措,深刻影响和改变了纽约州和纽约市的教育结构和现状。

一、发展战略

为了和城市发展战略相适应,培养更多的人力资源,为城市发展更好地服务,21世纪以来,纽约州和纽约市提出了一些新的教育发展战略。

(一) 从学前到16岁教育:行动计划

2005年11月,纽约州评议会召开了教育峰会,对纽约州的未来教育愿景进行讨论。会议通过了《从学前到16岁教育:行动计划》(*P-16 Education: A Plan for Action*),来指导下一步的教育改革,并一致通过了纽约州教育厅未来教育的六大教育目标:每个孩子都会得到一个好的起点;每个孩子到二年级时都会阅读;每个人都能完成为中学做准备的初等水平的教育;每个人都能从中学毕业,并为工作、高等教育和成为一个合格公民做好准备;接受高等教育的人能够完成他们的各项学校计划;任何年龄阶段的人,只要他想获得更多的知识和技能,都能够有最充分的机会来继续他们的教育。

《行动计划》还指出了纽约州所面临的教育挑战,即:弥合由于收入、种族、语言和残疾而带来的成就上的巨大差异;在不断变化的全球经济中面对

---

① Education in New York. *Teach us,Mr Mayor*[EB/OL]. http://www.engcorner.net/html/translation/2972.html,2007-1-18.
② 同上。

日益激烈的竞争,满足人们对更多知识和技能的日益增长的需求。《行动计划》明确了实施该计划必须遵守的八条原则,从学生、系统和结构三个方面提出了13个具体的行动方案,在实施时间、领导人员和可利用资源等方面,都做出了细致的规定。①

(二) 2004—2012年全州高等教育规划

纽约州有一个非常高效的,包括公立、独立、私立的268所各种院校和大学的高等教育体系。为了协调该体系,每八年大学评议会和高等教育机构合作规划并正式通过一个"纽约州高等教育规划",设定该体系的总体目标和具体的目标。

对于《2004—2012年纽约州高等教育规划》,评议会做出了如下承诺:"纽约州在教育上是世界的领先者,在一个高效的高等教育体系中,全州的学院和大学——公立的、独立的和私立的——在21世纪的前几十年中将展示出更强的领导能力,继续提升纽约州及其人民对于教育和经济的需求。"

《2004—2012年纽约州高等教育规划》主要从满足三方面的需要角度进行了一系列的规划:

第一,学生需要。使学生能够获得高质量并能负担得起的教育,更少地依靠贷款,尤其是高利息贷款;在高等教育中弥合由种族而致的成就差异,可以获得帮助学生成功的支持性服务,尤其是那些在高等教育中传统上人数很少的学生。

第二,纽约州的需要。纽约州需要更多合格的教师、学校领导者和有教师资格证书的专业人员。要使更多的市民能够接受高等教育,以满足未来经济对劳动力的需要。

第三,院校的需要。高等院校需要提高满足纽约州的劳动力、经济和社会需要及学生需要方面的能力。

《2004—2012年纽约州高等教育规划》的优先发展事项分成5类13个细目:

第一,使所有高等教育学生的成功最大化:良好的教育质量;公开性;负担能力;弥合成就差距;残疾学生。

第二,使学生从幼儿园到高等教育的过渡平稳顺畅:为学院学习做好准

---

① New York State Education Department. *P-16 Education: A Plan for Action*[EB/OL]. http://usny.nysed.gov/summit/p-16ed.pdf,2008-12-9.

备;准备学院时的信息和帮助。

第三,通过大学生项目和研究满足纽约的需要:强有力的大学生项目以满足纽约的需要;通过研究创造新的知识。

第四,为全州的每个社区提供合格的专业教育教学人员:有充足的、合格的专业教育教学人员;有充足的、合格的教师、学校领导者和其他学校专业人员。

第五,一个平衡且灵活的管理环境以更好地发展高校:鼓励高效的体系;资助高效的体系。①

(三)提高教师质量修正案

纽约州理事会对于纽约州的教师质量有明晰的目标,并且有实现这些目标的综合性方针政策。1998年评议会教学政策启动系统改革以来,纽约州教育厅对于教师以及学校和学区领导者的准备、资格证书、入职、继续专业发展、招聘和留任的标准等不断提高,并且通过学术研究来评价各方面改革的结果。评议会所进行的所有改革都聚焦于提高教师和学校环境的质量,以达到提高学生的成就和弥合成就差异的目的。

2006年9月,纽约州发布《纽约州提高教师质量修正案》(*New York State's Revised Plan to Enhance Teacher Quality*)。该修正案指出:为达到联邦政府和纽约州的教师质量目标,纽约州必须确保所有核心科目的课程都由合格教师任教,并且低收入家庭和少数族裔的孩子与所有其他孩子一样,有同等的机会和权利接触已被认定合格且有经验的教师。

纽约州教育厅用以下四种策略弥合教师质量中存在的现实差距:第一,继续令州和地区资源优先保障高需求低绩效的地区和学校,并使他们对教学结果负责;第二,继续评估并公开报告所有地区和学校的进步;第三,继续实施教师准备、资格证书、入职、继续专业发展和留任策略;第四,扩大州政府、学区、高等教育、文化机构和商业团体之间的合作,以支持所有学区和学校中的教师质量。

该修正案突出了以下几方面:① 提供技术援助以支持低绩效学区和学校的教师;② 提高教师入职标准,促进专业发展;③ 确保有足够的合格教师,以满足地方需要。

---

① Board of Regents of the University of the State of New York. *Statewide Plan for Higher Education* 2004—2012[R/OL]. http://www.highered.nysed.gov/swp/, 2015-03-10.

纽约州提供技术援助,以支持学区的努力,激励退休教师重返教学岗位,出台激励教师的多种方案,如纽约州教育厅倡导的纽约州明日教师计划、纽约州教师机会特别计划、纽约市助教计划等。纽约市教育局也制定了自己的教师激励方案,像纽约市颁布的住房积累项目就旨在吸引有经验的、有资质的数学、科学和特殊教育教师到纽约市最需要的学校去。此外,纽约州修订了获得教师资格证书的要求,确保所有教师都是通过资格鉴定并且是合格的。①

二、重大举措

在上述发展战略的指导下,纽约州和纽约市积极进行教育改革,实施了一系列重大举措,对纽约州和纽约市的教育产生了较大影响。

(一)重新修订纽约州各学科的学习标准

2008年3月,纽约州教育厅评议会宣布,从英语语言艺术学科(English Language Arts,ELA)和将英语作为第二语言的学科(English as a Second Language,ESL)开始,重新修订纽约州各学科的学习标准,启动为期十年(2007—2017)的标准修订规划,并且制定了详细的每学年的具体活动项目。②

标准修订按照以下工作原则进行:③

第一,标准应包含三个层次。学生学习的标准:这些标准要详细说明学生应该学会什么;教师知识标准:这些标准与学生标准相对应,并具体明确了教师使学生达到每个学习标准所应具备的知识;基本方法标准:这些标准将明确那些在学生和教师所掌控的知识之外的因素,如对于技术、书籍和其他资料的获得和使用,还明确了教师和管理者的专业发展的必要。

第二,为每一个内容领域开发一套单独的标准。

第三,基础素养和学术素养的融合应贯穿于所有内容领域的全程。

第四,以适当的方式把文化素养融入所有内容领域的全程。

---

① New York State Education Department. *New York State's Revised Plan to Enhance Teacher Quality*[EB/OL]. http://www.ed.gov/programs/teacherqual/hqtplans/ny.pdf,2008-12-2.

② Board of Regents of the University of the State of New York. *New York State Learning Standards Review Initiative*[EB/OL]. http://www.emsc.nysed.gov/standardsreview. 2008-12-2.

③ Board of Regents of the University of the State of New York. *Standards Review Working Principles* [EB/OL]. http://www.emsc.nysed.gov/standardsreview/StandardReviewWorkingPrinciplesfinal7.17.08.mht. 2008-12-2.

第五,把现实生活的实际应用技能融入所有内容领域的全程。

第六,开发可测量的标准。

第七,修订幼儿园到十二年级教育的标准。

第八,把科技整合到所有内容领域的全程。

(二) 修订纽约州教育问责方案

2002年纽约州颁布"教育问责方案"(Accountability Peer Review)后,每年都根据新的教育法规对其进行修订。修订依据以下原则进行①:适用于全州所有公立学校和地方教育机构的一套问责系统;所有的学生都包括在州问责系统内;纽约州对合适的学年进步(Adequate Yearly Progress)的界定是基于对学生持续的、稳定的成就增长的期待,以达到所有学生最迟在2013—2014年熟练掌握阅读/语言艺术和数学的目标;纽约州就所有公立学校和地方教育机构的成就进行每年一度的评估;所有的公立学校和地方教育机构要对下属每个单位的成就负责;主要根据纽约州的学术评定来对合适的学年进步进行界定;纽约州对合适的学年进步的界定包括公立高中的毕业率和纽约州为公立中小学挑选的一个额外的指标(如入学率);合适的学年进步是以阅读/语言艺术以及数学成绩目标为基础的;纽约州问责系统在统计学上是有效和可靠的;为了使一所学校或者地方教育机构取得合适的学年进步,纽约州要确保对该校每个下属单位中至少95%的学生进行评价。

(三) 签订优异合约

2007—2008学年起,纽约州法律要求,有至少一个学校需要改进并且得到了州援助基金会(State Foundation Aid)高于起始援助金额资助的学区,必须签订"优异合约"(Contracts for Excellence)。签订合约的学区必须把他们获得的援助基金中的一部分,投资到已经证明可以提高学生成就并且主要关注最有教育需要的学生的项目和活动上。这些学区可以把基金用在缩小班级规模、增加学习时间、提高教师或校长质量的活动、初中或高中学校的改建、为英语语言学习者提供学习项目、全天学前班或幼儿园和一些实验项目上。

2007—2008学年,有55个学区(包括1 500所学校、110多万学生)被要

---

① New York State Education Department. *Accountability Peer Review*[EB/OL]. http://www.ed.gov/admins/lead/account/stateplans03/nycsa.pdf,2008-12-4.

求签订合约。州教育厅的监测显示,合约中的绝大部分内容都得到实施。被要求签订合约的55个学区中,到2008年时,有20个被从名单中去掉,此外又增加了4个学区,即2008—2009学年共有39个学区签订了"优异合约"。州教育厅对各学区"优异合约"的实施进行监测并提供技术援助。通过这种方法,纽约州促进了薄弱落后学校的发展,缩小了学校之间的差异。①

(四)实施"孩子第一"改革

2003年,在时任市长布隆伯格的领导下,纽约市开始了引人瞩目的全市公立中小学改革,成为全国第一个进行如此综合性改革的城市学区。这次的改革方案被称为"孩子第一"。实施此方案的目的是使纽约市教育系统成为一个拥有1 700多所优秀学校,能够帮助全市110万名在校学生成功的系统。

"孩子第一"改革方案主要包括四个部分:第一,在扎实的专业发展的基础上,采用一套系统地教授阅读、写作和数学的教学方法;第二,建立一套新的家庭支撑体系,使学校得到学生家长的支持,同时给予家长必要的机会,使他们成为教育的合作伙伴;第三,各学校校长要经过"领导力学院"的"领导能力发展计划"的培训,从而具备专业领导水平;第四,改组教育管理部门的结构,使其成为新型的、统一的系统,专门负责教育指导,同时确保各种教育资源从教育局的各部门顺畅地到达学生课堂。②

"孩子第一"改革方案的关注焦点是学生的成功,其目标就是把学校所做的一切聚焦在学生的成功上,也就是使学生高中毕业时做好迎接大学、工作和生活挑战的准备。达到这一目标就意味着把孩子们的需要放在第一位。为此,该方案重新设定了新的学术标准,实施了阅读和数学的核心课程,构建了新的高效率的管理结构,创立了全国最好的校长发展项目,在每所学校中都增设了家长协调员,并且使教育系统中的每一个人都为教育结果负责任。

"孩子第一"改革带来了令人欣喜的结果:学生的学业成就得到提高,学生的毕业率提高了,学校更安全了,有了更多可供选择的高质量的学校,教

---

① New York State Education Department. *Contracts for Excellence Approved for 10 School Districts*[EB/OL]. http://www.oms.nysed.gov/press/ContractsforExcellenceRound2.htm. 2008-12-6.

② New York City Department of Eduaction. *Children First*[EB/OL]. http://schools.nyc.gov/NR/rdonlyres/7E2E1A0A-33EA-4B19-9ED5-BC5E851861E5/45608/Children_First_Report_lowres_102.pdf,2008-12-6.

师的薪酬提高了,官僚机构变小了,来自私人的支持大大增加,获得高中毕业证书的学生比例从 2002 年的 48.6% 增加到 2007 年的 58.9%,主要学校的犯罪案件 2007 年比 2002 年减少了 34% 等。①

可以说,纽约市教育局推行的这一改革措施卓有成效,已成为美国各项教育报告和教育改革者言必提及的典范。

(五) 实行"进步报告"

2006 年 11 月,时任纽约市教育局局长的克莱恩宣布,从 2007—2008 学年开始,纽约市每一所公立学校都会收到一个划分成 A、B、C、D、E、F 等级的"进步报告"(Progress Report),报告中有一个根据每所学校在质量检查中的排名而得到的相应质量得分:发展良好、熟练、未发展三个级别。

"进步报告"从质和量两个维度对学校进行评价。定量评价从"进步""成绩"和"学校环境"三个方面进行独立的测量。"进步"是对学生个体在一定时间内平均学术发展进行考查,它对每个学生每一年的进步进行评价(如某学生四年级时的成就与他在三年级时的成就进行对比),是一种增值的测量;"成绩"是对学生在年度州考试中的成就进行考查;"学校环境"包括入学率、学校安全数字、社区参与和满意情况(根据对家长、教师和学生的调查)。质性考查主要评价以下方面:学校如何有效地使用可支配的信息去监测学生的成绩和进步;学校如何设置个性化的教学目标;学校如何创造有助于教学环境,并调整教学以满足学生的需要。

被评为 A 级和 B 级的学校会得到财政奖励,那些长期获得低等级和低质量分数的学校将面临严重的后果,包括变更学校领导、重组或关闭。

"进步报告"作为"孩子第一"改革方案的延续措施,有助于教育者利用报告中的信息促进高质量的教和学,也会向家长提供他们所需要的信息,从而便于家长对学校进行评价,对他们孩子的进步进行评定。②

2007—2008 学年开始,所有学校都要对它们签署的"表现条款声明"(Statement of Performance Terms)负责。在这份声明中,学校保证要达到某些具体目标,以帮助学生实现可量化的进步。

---

① New York City Department of Eduaction. *Children First*[EB/OL]. http://schools.nyc.gov/NR/rdonlyres/7E2E1A0A-33EA-4B19-9ED5-BC5E851861E5/45608/Children_First_Report_lowres_102.pdf,2008-12-6.

② New York City Department of Eduaction. *Schools Chancellor Joel I. Klein Announces Launch Of Accountability Initiative*[EB/OL]. http://schools.nyc.gov/Offices/mediarelations/NewsandSpeeches/2005—2006/04112006pressrelease.htm,2008-12-6.

学校如果没有为学生提供他们需要并应得的教育,将承担一定后果;达到并超过标准的学校将获得奖励。

(六)颁布新"升级标准"

2006年2月1日起,纽约市所有公立学校从三年级到十二年级的新"升级标准"(Promotion Standards)开始生效实施,取代之前关于学生升级的所有政策和相关制度。

新的"升级标准"旨在通过其实施达到以下目标:① 从学龄前儿童到十二年级的所有学生在基于成绩的核心课程中必须达到或超过严格的学术标准,从三年级到十二年级的所有学生必须达到或超过新标准所规定的升级标准才能升入高一年级,从而为最终达到更高的毕业要求做好准备;② 根据州和市的成绩标准制定的学生综合评价系统会被用来持续不断地检测学生为达到这些标准而取得的进步,从而提高课堂教学;③ 学校系统的资源必须有策略地进行开发和部署,从而使地区和学校能够提供必要的支持和干预,以确保所有学生都能以适当的方式达到标准;④ 增强学校的教学能力,使之满足所有学生在三年级末达到读写和计算的标准,并成功达到从三年级到十二年级的升学标准;⑤ 学校必须采取各种策略来支持学生成绩的提高。①

新的"升级标准"还明确规定了教育局、地区、学校、家长和学生在实施升级标准政策中各方的责任和权力,为使学生达到标准需要提供的支持性服务,强调了学生的早期准备——幼儿园、学前班和小学一二年级对后来成功的重要性,限定了标准对不同年级、不同学生的适用性和具体要求,还对学生留级做了说明。

(七)启动"中学行动"方案

2007年8月,纽约市宣布了一系列旨在帮助提高纽约市中学学术成就,向学生家长、教师和管理人员提供更多资源的举措,其中之一是启动"中学行动"方案,向中学提供指导顾问和更好的支持性服务,向学生提供具有挑战性的教学方案,推动教师专业发展,促进中学改革的顺利进行。②

---

① New York City Department of Eduaction. *Regulation of the Chancellor*. *Promotion Standards A-501*[EB/OL]. http://docs.nycenet.edu/docushare/dsweb/Get/Document-24/A-501.pdf,2008-12-6.
② New York City Department of Eduaction. *Mayor Bloomberg*,*Speaker Quinn and Chancellor Klein Unveil New Initiatives to Improve Academic Performance and to Provide More Resources to City Middle Schools*[EB/OL]. http://www.nyc.gov/portal/site/nycgov/menuitem.c0935b9a57bb4ef3daf2f1c701c789a0/index.jsp?pageID=mayor_press_release&catID=1194&doc_name=http%3A%2F%2Fwww.nyc.gov%2Fhtml%2Fom%2Fhtml%2F2007b%2Fpr288—07.html&cc=unused1978&rc=1194&ndi=1,2008-12-9.

（八）实施《纽约市处罚和干预措施标准》

《纽约市处罚和干预措施的标准》(*Citywide Standards of Discipline and Intervention Measures*)于2008年9月正式生效。其目的是为纽约市学校日常教学提供安全和有序的教学环境，形成崇尚尊严和相互尊重的氛围，使纽约市所有的公立中小学对所有学生来说都是安全的，从而使学生在一个多元化的社会中努力成为有益于社会的公民。该法适用于包括残疾学生在内的所有学生。

为确保学校教学环境的安全、有序以及全体学生的良好发展，《纽约市处罚和干预措施标准》对学生在校期间，在学校的任何场所内，在由教育局提供资金的交通工具上，在学校主办的各种活动中，在虽然不是学校场所但学生表现出的行为对教育过程造成消极影响或危及学校公众的健康、安全、道德和利益的所有的学生行为设定了不同层次的处罚和干预标准，并且要求学校行政官员有责任让所有的学生、教职员工和家长充分了解该标准中的各项规定。[①]

[①] New York City Department of Eduaction. *Citywide Standards of Discipline and Intervention Measures*[EB/OL]. http://docs.nycenet.edu/docushare/dsweb/Get/Document—101/Disc%20Code%202006.pdf，2008-12-12.

第四章 纽约的学前教育发展

学前教育是许多家长关心的教育问题。纽约州的学前教育经过一定的历史发展,有其自身的特点。同时,纽约州发展了两个有特色的项目——"实验学前项目"和"普及学前项目",使学前教育获得了较大发展。此外,纽约州和纽约市的学前教育在培养理念、学校类型、活动形态、入学注册等方面都形成了自己的特色。

第一节 学前教育的发展历史

20世纪以来,纽约州学前教育的发展历史可以粗略地划分为三个阶段。

一、早期的学前教育

纽约州的学前教育开始于1927年,当时斯佩尔曼基金(Spelman Fund)向纽约州教育厅、两所大学(康奈尔大学和纽约城市学院)以及罗切斯特和阿尔巴尼两个学区提供资助,鼓励它们开展儿童发展和家长教育研究和服务。在1927年至1935年期间,斯佩尔曼基金共资助了36.4万美元。1928年,纽约州教育厅成立了一个新的部门——儿童发展和家长教育办公室,任命露丝·安德鲁斯(Ruth Andrus)为主任。新部门有四个主要目标:第一,改善纽约州2 800个学前班级的教育质量,领导早期儿童教育;协商学前教育课程和学前教师教育,把学前教育和小学更好地整合起来。第二,为中学和大学提供儿童发展和家长教育的课程。第三,鼓励家校之间发展更多的有效合作。在家长和教师协会以及其他家长和早期儿童组织中组织学习团队,并为教育管理者、校长和其他学校官员提供职员发展服务。第四,指导1933年联邦政府批准的"护士学校和家长教育工作进步管理项目"(Works Progress

Administration Nursery School and Parent Education)。①

到1938年,纽约州有60多个家长团体在运行。教育厅的"早期儿童教育委员会"分别为2—5岁、5岁和6—8岁儿童撰写了三个课程大纲,出版了约150本著作,也在相关期刊发表了一些研究论文。1937—1938学年,纽约州教育厅进行了重组,"儿童发展和家长教育办公室"变成"儿童发展和家长教育局"②,受基础教育助理处长的领导。该局有正式和固定的州和联邦资助,代替了原先的慈善资助。安德鲁斯成为局长,一直到她1951年退休。

第二次世界大战期间,"儿童发展和家长教育局"监督《兰哈姆法》(Lanham Act)中规定的"儿童护理和发展中心"的运行。为了领导地方群体,"儿童发展和家长教育局"在1942年撰写了50页的指导手册,包括活动指导、活动模式和职员资格等。该手册规定了职员的最低薪水、营养指导、家长支持、设施规划等,其中规定教师的最低月薪为1 200美元。该手册指出:"学前教师薪水应和其他具有类似经验和培训的基础教育教师保持一致。"

1958年,纽约州议会为教育厅面向残疾学生的教育实验项目提供了机会。1961年,纽约市教育委员会在福特基金会的帮助下,为贫困孩子实施了一个学前项目。1965年,锡拉丘兹学区和一个社区机构合作,开始实施一个学前项目。

1965年,美国"夏季领先计划"发布。该计划共投入9 600万美元,在13 918个社区的地方团体运行。在纽约州,该计划本来需要教育部门、健康部门、社会服务部门各出一个人。纽约州教育部门派出儿童发展和家长教育局的主任贝斯·坎普贝尔(Bertha Campbell)到州长办公室去管理"夏季领先计划",但健康部门和社会服务部门却没有派出相应的人选,因此坎普贝尔在其他职员的帮助下,管理了所有的"夏季领先计划"项目。③

二、"实验学前项目"的发展

20世纪60年代,纽约州教育专员詹姆斯·艾伦(James Allen)和"儿童

---

① Anne Mitchell. *The State with Two Prekindergarten Programs*:*A Look at Prekindergarten Education in New York State*(1928—2003)[R/OL]. http://nieer.org/resources/files/NYCaseStudy.pdf,2015-03-20.

② 该局在1989年的部门重组中成为"家长教育、学生发展和社区学校部"。在20世纪90年代的再次重组中,成为"儿童、家庭和社区服务团队"。2003年,又成为"早期教育和阅读行动团队"。

③ Anne Mitchell. *The State with Two Prekindergarten Programs*:*A Look at Prekindergarten Education in New York State*(1928—2003)[R/OL]. http://nieer.org/resources/files/NYCaseStudy.pdf,2015-03-20.

发展和家长教育局"主任梅拉·沃弗（Myra Woodruff），为纽约州来自贫困家庭的3岁和4岁儿童准备了一个学前计划。1965年，艾伦和纽约州州长洛克菲勒谈了他的想法。教育评议会要求州长在1966年投入500万美元支持面向贫困地区儿童的"实验学前项目"（Experimental Prekindergarten Program）。在州的资助下，39个学区提供学前教育项目，为2651个儿童服务。1966—1967年，纽约市首先使用了联邦资助，为另外的1万个儿童服务。

1995年，乔治·佩德凯（George E. Pataki）当选纽约州州长。随后，"实验学前项目"投入增加到每年平均5000万美元左右。2003—2004年，纽约州议会把"实验学前项目"改名为"针对性学前教育"（Targeted Kindergarten）。

三、"普及学前项目"的发展

1996年9月，纽约州发布《为成功准备：扩大学前教育和日常护理》报告，建议为所有低收入家庭的4岁儿童实施"实验学前项目"，为所有家庭的4岁儿童实施"普及学前项目"（Universal Prekindergarten Program）。在1996年秋季的纽约州教育改革中，学前教育也是一个重要部分。学前教育成为公众关注的焦点，但面临的问题是：什么机构将管理学前教育项目？仅仅关注4岁儿童，还是也要关注3岁儿童？这些项目是否是全日制的？

1997年8月，纽约州通过了一个叫作"阶梯"（Ladder）的教育改革一揽子计划，包括减少3岁儿童的班级规模，连续5年资助面向4岁儿童的全日制幼儿园和一般幼儿园，其中"普及学前项目"是计划中的重要部分。依据1997年纽约州通过的教育改革计划，"普及学前项目"的目标至少包含以下要素：提供以学习者为中心的，合适的和发展的课程和活动；提供语言、认知和社会技能的发展；鼓励儿童自我保护和独立；鼓励整合特殊需要儿童；使用教师资格证书；在计划的实施中，为家长参与提供机会；提供教师专业发展和培训；建立一种程序来选择接受学前项目服务的合格儿童，并使得更多儿童能被服务。另外，该项目规定，12月底前满4岁的幼童，均能于当年9月份申请进入"普及学前项目"。

"普及学前项目"是公立教育系统延伸一年的新措施，不属于义务教育范围，所以纽约州、纽约市政府教育行政部门并没有采取强制入学之规定，而是提供学校经费，由学校根据实际教学力量，配合学区中家长的需要办理。该项目试图为孩子提供优质的教育项目，要求特定的师生比例与教室规模,通过共同看护与教育这一纽带把学校与社区紧密联系起来。

由于提供幼儿团体生活经验,能够减轻父母的教养负担,"普及学前项目"受到家长的普遍欢迎,得到纽约州各界人士的认可。尽管该项目始于1997年,规划和实施时间有限,但该项目仍旧获得了很好的效果:1998—1999学年,纽约州给地方学区的"普及学前项目"资助了6 700万美元。基于需要和合格4岁儿童的数量,该项目的资助被分配到合格的学区。在该项目中,有65个学区为超过1.8万名儿童服务。1999—2000学年,整个州有2.5万多个孩子参与该项目。该项目实施几年来,受惠学生逐年增加,由1997年的1.3万多人,增加到2001年的3.5万人。

不过,1999—2000学年,"普及学前项目"面临着一个严峻挑战:"阶梯"计划的财政预算总量减少。但是,在相关人员的努力下,1999—2000学年"普及学前项目"仍旧获得1亿美元资助,2000—2001学年获得了2.25亿美元的资助。从2001—2002学年开始,州政府每年资助5亿美元。[①]

但是,由于这一项目的主要目标是学前教育的开发而不是一般的托儿所,在总经费受限的情况下,每位入学的4岁儿童每天只能接受两个半小时的免费教育,其余时间家长还得另想办法把孩子托给其他教育机构。许多家长因工作不得不放弃这一普及孩子学前教育的机会。一些家长希望把"普及学前项目"的教育时间延长为全日制,以满足工薪阶层的家长需要。儿童权益委员会也建议纽约市议会提供更多经费,把"普及学前项目"、一般保育服务和"开端计划"(Head Start)的拨款项目等资金整合在一起,将"普及学前项目"办成全日制的保育服务,工薪阶层的家长可以整天把孩子放在"普及学前项目"中接受教育。

第二节 学前教育的现状

纽约州和纽约市学前教育在培养理念、学校类型、活动形态、入学注册等方面有其自身的特色。

---

① Anne Mitchell. *The State with Two Prekindergarten Programs: A Look at Prekindergarten Education in New York State*(1928—2003)[R/OL]. http://nieer.org/resources/files/NYCaseStudy.pdf, 2015-03-20.

一、培养理念

纽约州的各个学前教育机构的培养理念千差万别,但它们的共同培养理念是让孩子拥有高能素质(Mega Skills),因为高能素质是孩子走向未来社会的通行证。它像一种催化剂,不仅能帮助孩子学到知识,而且能使所学到的知识最大限度地运用到其一生中,获得人生的成就。

高能素质,简单而言,就是取得成就的素质。在这个社会上,最幸福与最成功的人就是那些具有高能素质的人。这些高能素质大体有以下方面:自信心、动力、努力、责任心、行动力、毅力、爱心、协作精神、常识、解决问题的能力。[1]

为使未来社会的孩子拥有高能素质,在培养目标上应侧重几个方面。① 激发儿童的好奇心,以儿童个体发展的水平为基础,充分发掘他们的潜力,鼓励他们在各方面都得到发展。② 鼓励儿童与别人合作,帮助儿童学会与同伴交往,能够相信成人,并能对成人的各种要求做出反应,拥有责任感。③ 帮助儿童理解并尊重他们的文化传统和其他儿童的种族文化。④ 鼓励儿童发现问题、解决问题,使他们能够表达自己的需要,学会与人分享和合作。⑤ 发展儿童的社会性和情感,培养儿童的艺术技能和认知技能。⑥ 提高儿童肢体运动的准确性、手眼动作的协调性,发展儿童的独立精神和探索精神。⑦ 培养儿童学习的技能,如学前读写算的技能,但不要强迫他们去学习,使儿童能够根据自己的成长速度来学习。⑧ 通过游戏丰富儿童的知识经验,并帮助儿童对知识经验进行总结、分类,增进儿童的友谊,发展儿童的自尊心、想象力和创造力。[2]

在这些理念和目标的影响下,纽约州评议会在 2006 年指出,应为所有的从出生到 3 年级儿童提供早期儿童教育,要确保每一个儿童有健康的开始,获得技能和概念,使得在合适的项目中有成功的学术经验。其要素包括早期项目的标准、高素质教师的指导以及一个协调了综合性服务、信息提供和家庭支持的环境。

2011 年 1 月,纽约州出台了《纽约州学前教育普通核心基础》(*New York State Prekindergarten Foundation for the Common Core*)。该文件的

---

[1] 〔美〕多萝茜·里奇. 高能素质培育:刻苦学习的内在驱动力[M]. 李海珍,等,译. 长春:吉林人民出版社,1999:4.

[2] 崔文霞. 让孩子拥有高能素质[J]. 教育育人,2003(6).

核心理念是"为所有孩子成功"。它提出,幼儿园标准的首要目的是确保所有孩子,包括残疾孩子和英语水平有限孩子有丰富和不同的早期学习经验,能为他们在学校成功做好准备,为大学和职业生涯打好基础。

纽约市同样重视孩子的学前教育。纽约市教育局认为,学前教育最重要的目标在于为孩子提供一套能够发掘和拓展其兴趣、强项和能力的课程。为做到这一点,教育局必须认真对待这个事实,即孩子们在积极参与和好奇的时候才能学得最好。

纽约市教育局认为,孩子们在学前班所经历的一切都有重大意义,不过,家长在家里所做的一切更具重要性,因此呼吁家长参与以下一些事情。① 参加讨论,包括跟学前班的教职员工(包括教师、教育辅助人员、家庭辅助人员、社会工作者以及幼教专家)讨论;跟学校主管、校长和家长专员讨论交流;告诉学校教职人员有关您子女的兴趣、强项和能力方面的情况;与学校教职员工分享您的兴趣和才能。② 出席活动,包括家庭参与讲座和活动;家长会。③ 加入家长教师协会、课堂志愿者计划、学区的学前班家长咨询委员会、小区图书馆等组织。①

二、活动形态

纽约州的学前教育机构总体上可分为下列几种类型:公立幼儿园、私立幼儿园、日托中心、保育学校、学前特殊教育机构、开端计划教育机构和幼儿教育机构。每一种学前教育机构的地位与作用各不相同,因而在整个学前教育系统中的比例也有所差别,其中公立幼儿园和日托中心所占比例较高。

纽约州的学前教育包括1—2年的学前幼儿教育(Pre-kindergarten)和1年的幼儿教育(Kindergarten,5—6岁)。各种学前教育机构为儿童提供安全的生活环境、合适的教育项目、适于发展的教育理念,让儿童能够自然地在学前教育机构中学习和生活。

纽约州学前教育的活动形态多种多样,任何有利于儿童身心发展的活动都开展,任何儿童可以接受的教育途径都可以采用,活动形态的共性是培养儿童的创造意识、独立意识与合作精神。具体而言,有下列几种形态。

---

① New York City Department of Education. *Pre-kindergarden*[EB/OL]. http://schools.nyc.gov/ChoicesEnrollment/PreK/default.htm,2015-03-26.

（1）日常活动。

在纽约州的学前教育机构中，儿童的日常活动形式多种多样，有生活活动、学习活动、游戏活动、自由活动、规定活动、室内活动、室外活动等，这些活动可以自由单独活动，也可以团队合作活动。我们可以从纽约市一个托幼机构日常活动安排表中了解到一些活动（见表 4-1）。

表 4-1　纽约市某托幼机构每日活动安排表

	时间	活动内容
上午	8:00	儿童入园，自选活动
	8:30	晨间谈话：如日期、天气、故事等
	9:30	区角学习：如艺术、操作、戏剧、游戏、积木等
	10:00	早点
	10:30	圆圈活动：如音乐、故事、运动
	11:00	室外游戏
	11:30	午餐
下午	12:30	休息
	14:00	文学和故事
	14:30	安静活动：如七巧板、操作、读书
	15:00	午点
	15:30	圆圈活动：如唱歌、讲故事
	16:00	室外游戏
	16:30	儿童离园

资料来源：崔文霞．国际大都市纽约的城市教育研究[D]．华东师范大学教科院硕士学位论文，2004(8)．

（2）游戏活动。

"游戏是儿童学习的主要方式"，材料是儿童游戏的支撑，教师应十分尊重儿童材料的取舍和操作的方式。"游戏是儿童的工作"，教师主要是为儿童创造轻松愉快的游戏氛围，保护儿童游戏的积极性。在所有的游戏活动中，"游戏要快乐地走向儿童"，在开展各类游戏活动时，教师总是鼓励儿童自己进行选择、决定，儿童既可参加角色游戏，如带"娃娃"去购物，也可加入各种表演游戏。[①]

纽约州以挖掘儿童的生活潜能为核心，围绕孩子的天性设计一些活动区，几乎每个班级都设有电脑区、科学区、图书区、计算区、戏剧游戏区、积木区、操作区等。有的班级还设立玩沙区、玩水区、玩球区、手工区、绘画区、泥塑区、木工体验区、烹调区、劳动区等。并且，不同的活动区有不同的位置。

---

① ［美］多萝茜·里奇．高能素质培育：刻苦学习的内在驱动力[M]．李海珍，等，译．长春：吉林人民出版社，1999：45-68．

动态活动区靠近班级门口,如玩沙区、玩水区、玩球区等;静态活动区一般离教室门口较远,如图书区、电脑区、计算区。不同活动区的占地面积不同,相对来讲,积木区、戏剧游戏区面积比较大,电脑区、计算区、手工区面积比较小。

(3) 实践活动。

纽约州学前教育机构的每位教师都很注意从儿童的特点和兴趣出发,利用社区的教育资源开展实践活动,为儿童的身心发展寻找契机和突破口。教师积极培养儿童的动手能力,其教育信条是:"听过容易忘记,看过容易记住,做过容易理解。"这是儿童获取知识、掌握知识、运用知识的真实写照。

因此,教师经常把儿童带到当地儿童博物馆去,让儿童自己触摸、尝试、探索、发现和游戏,使学习成为一种活动,从而变得趣味无穷,儿童的思维更加活跃,想象更为丰富,对周围世界的认识更加深刻。教师带领孩子定期参观各种博物馆,如科学博物馆、航天博物馆、邮政博物馆、美国艺术博物馆、大都会艺术博物馆、波士顿美术馆等,还参观各种历史名胜,如华盛顿纪念碑、林肯纪念堂等,丰富儿童对美国和世界文化的感性认识,提高审美能力。教师有时还带儿童到农村郊游,到马戏团去看表演,到水族宫去观赏,到公园、街道、广场去散步,开阔儿童的视野。

除了上述各种活动形态,纽约的学前教育机构还对儿童进行科学知识教育,使儿童获得基本的科学概念,激发儿童的求知欲,激发其发挥创造力,从小培养学生学习的兴趣。同时,教学内容丰富多样,教师根据不同年龄班儿童的教学要求排列出符合季节性的课程,并有系统、按顺序进行连续性教学。表4-2是一个"普及学前项目"班级的教学内容。

表4-2 纽约州"普及学前项目班"的课程

教学时间	教学内容
春季	(1) 介绍与比较季节、气候、气温和衣着的变化 (2) 讨论动物妈妈怎么照顾小动物 (3) 指导学生观察植物的栽培和生长过程 (4) 比较水、土、泥沙特征,并从观察、操作、游戏中学习蒸发、吸收、流动等抽象概念
夏季	(1) 比较一年中人的衣着和活动、植物生长、动物习惯的变化 (2) 介绍昆虫(如蝴蝶、飞蛾、蜘蛛)和蚯蚓 (3) 比较夏天和秋天的水果、蔬菜 (4) 介绍食物、水、阳光对生物生长的作用

教学时间	教学内容
秋季	(1) 植物的变化,如颜色变化、落叶、汁液减少等。 (2) 动物行为的变化,如迁居、储藏食物等 (3) 农作物收割的方法,食物的储存与保管等 (4) 气候变化、温度、雨与露、衣着等
冬季	(1) 比较动物的习性与特点 (2) 比较秋季与冬季昼夜、衣着和食物方面的不同 (3) 介绍热源:自然热源,比如太阳等;人造热源,比如暖气等 (4) 介绍干燥和蒸发、光和热等

资料来源:崔文霞.国际大都市纽约的城市教育研究[D].华东师范大学教科院硕士学位论文,2004:9-10.

三、入学注册

从1998年起,纽约市提供普通学前班课程,并对所有在录取年份的12月31日前达到4岁的儿童开放。不是所有的公立学校都提供学前班,也不是所有的学前学生都参加公立项目,只是部分公立学校开设普通学前班。大多数学前班学生参加州资助的社区组织所运行的项目,包括教堂、托儿所和"开端计划"项目。社区组织是与教育局签约而向家庭提供学前班课程和其他服务的独立机构。根据统计,公立学校能为约2.2万个孩子提供学前班位置,社区组织能为3万多个孩子服务。

纽约市"2012—2013学年学前班指南"中指出:普通学前班课程是重要的,因为该课程是儿童在未来取得成功的基础。在学习期间,儿童将发展基本读写和数学能力,也将学习如何分享、轮流做事、在小组中合作、创造性思考以及解决问题。

"2012—2013学年学前班指南"提出,凡是在2008年出生并居住在纽约市的儿童,均有资格入读纽约市教育局开办的学前班课程。所有的普通学前班都是免费的。课程可以是半日制(2小时30分钟)或全日制(6小时20分钟)。半日制可以在上午上课,也可以在下午上课。所有普通学前班课程必须提供高素质、基于标准的教学,以促使所有学生能为正式上学做好准备。

这些课程由公立小学和社区组织提供,公立小学和社区组织有各自不同的申请程序。公立学校需要上网申请或亲自到入学办公室申请。而社区是家长与社区组织直接联系,随时接受申请,一般会按照"先到先得"的原则。

纽约市教育局会出版每年的指南,指南中会列出每一项公立学校普通学前班课程,包含有该学校的学区行政区编码(学校代码)、学校名称、地址及电话号码。指南也会列出每年每一个公立学校课程(上午班、下午班和全日制)的入学名额,以及往年的申请人数和入学名额,供学生家长参考。

此外,社区组织也会开设一些普通学前班课程。纽约市教育局所制定的指南中,会列出每一个社区组织普通学前班课程所在的学区以及相应的学校名称、地址和联系方式。社区组织的普通学前班课程有自己的申请程序,如果家长要申请社区组织的课程,必须直接和社区组织联系。

第五章 纽约的基础教育发展

纽约市实施12年基础教育,6—18岁为基础教育阶段,包括小学五年,中学七年(初中三年、高中四年)。2002年以来,纽约市为促进基础教育优质、均衡发展作了很多努力,先后发起"孩子第一"计划等多项教育改革,提出把所有学校建成成功学校以及提高学生学业成绩的目标。这些改革试图满足学生的需要,内容涉及核心课程和学术干预、新教育模型的产生和支持、对问责制的更多关注等。这些改革取得了一定效果,高中毕业率增长巨大、标准考试中成绩得以提高、不同种族学生成绩差异的减少等。

目前,这些改革正在深入推进。本章对纽约市基础教育发展的目标与理念、教育公平、追求卓越等加以探讨。

第一节 目标与理念:全面发展

21世纪以来,纽约市一直把基础教育作为教育改革的重点。

一、学习标准

为了更好地指导基础教育教学,1996年纽约州教育厅规定了从幼儿园到十二年级的学生必须学会和做到的标准——"学习标准",在纽约州各学校施行。这些高标准对于生活在日益全球化社会中的孩子取得成功十分必要。

在这些学习标准下,学生们将会培养自己的问题解决能力和独立思考能力。他们用各学科知识充实自己,并把这些知识应用在日常生活中解决实际问题。这些高学习标准集中在七大课程领域:① 英语语言艺术;② 数学、科学和技术;③ 社会研究;④ 除英语外的其他语言学科;⑤ 艺术;

⑥ 健康教育、体育与家庭消费科学；⑦ 职业发展与职业研究。[①] 学习标准说明了各年级的学生应该知道的东西和能够做的事情，要求所有的孩子都要学会一个课程领域的实际知识，并创造性地运用这些知识。这些标准清楚地说明了学生要从高中毕业并在大学和职场取得成功而需要在每一年学习的东西。

2003年，纽约州出台了新的"学习标准"。该标准是教育工作者和其他专家根据研究结果和从教育表现出色的国家所学到的经验而制定的。这些标准说明了美国学生要在迅速变化的世界中取得成功所需要掌握的技能和知识，包括创造性地思考、解决实际问题、进行有效论证和参与辩论的能力。该标准主要包括以下七个方面。

（一）艺术

标准1：创建、执行和参与艺术。学生将积极参与到艺术创作和表现（舞蹈、音乐、戏剧和视觉艺术）的进程中，并参与艺术中的各种角色。

标准2：了解和使用艺术材料和资源。学生将了解并使用在艺术中参与各种角色所需要的材料和资源。

标准3：响应和分析艺术作品。学生将审慎应对各种艺术作品，把个人作品和他人作品及其他人思想的其他方面联系起来。

标准4：了解艺术的文化贡献。学生将发展对形成艺术的个人和文化力量的理解，以及艺术如何反过来塑造了过去和现在社会的多元文化。

（二）生涯发展和职业研究

标准1：职业发展。学生将了解在未来的职业生涯中工作场所、职业选择以及相关的个人技能、态度和能力。

标准2：综合学习。学生将展示如何在工作场所和其他地方应用学科知识和技能。

标准3a：通用基础技能。学生将展示是否掌握了在职场取得成功所必需的基本技能和能力。

标准3b：职业专业。那些选择了职业专业的学生将获得特定的职业技术知识/技能。对就业、晋升和中学后项目的成功来说，这些是必要的。

（三）英语语言艺术

标准1：信息和理解的语言。作为听者和读者，学生将收集数据、事实

[①] 崔文霞. 国际大都市纽约的城市教育研究[D]. 华东师范大学教科院硕士学位论文，2004：4.

和观点,发现联系、概念和概括等;使用从口头、书面、电子文本产生的知识。作为说话者和写作者,学生将使用英语公认准则下的口头和书面语言来获得、解释、应用和发送信息。

标准2:文学反映和表达的语言。学生将阅读和听取口头、书面和电子文本,以及来自美国和世界文化的表演和他们自己生活中的相关文本和表演;发展对多元社会、历史和文化层面的文本和表演的理解。作为说话者和写作者,学生将使用英语公认准则下的口头和书面语言来自我表达和进行艺术创作。

标准3:批判性分析和评价的语言。学生将为批判性的分析和评价听、说、读、写。作为听者和读者,学生将分析经验、思想、信息以及使用各种既定标准的人提出的问题。作为说话者和写作者,学生将使用英语公认准则下的口头和书面语言,从各种视角来提出他们在经验、思想、信息和问题方面的观点和判断。

标准4:社会互动的语言。学生将使用英语公认准则下的口头和书面语言,和各种各样的人进行有效的社会交往。作为读者和听者,学生将通过和别人的社会交流来扩大他们对其他人及其意见的理解。

(四)健康、体育、家庭和消费者科学

标准1:个人的健康和健身。学生将拥有必要的知识和技能来建立和保持良好的体能,参加体育活动,保持个人健康。

标准2:一个安全和健康的环境。学生将获得对产生和保持一个安全和健康的环境来说必需的知识和能力。

标准3:资源管理。学生将理解并能够管理他们的个人和社区资源。

(五)英语以外的语言

标准1:沟通技巧。学生将能够使用英语以外的其他语言进行沟通。

标准2:文化理解。学生将发展跨文化的技能和理解。

(六)数学、科学和技术教育

标准1:分析、查询和设计。学生将使用适当的数学分析、科学探究和工程设计,来提出问题,寻求答案,制定解决方案。

标准2:信息系统。学生将使用合适的技术输入、产生、推进和传输信息。

标准3:数学。学生将理解数学的概念,并熟悉数学的技能;用数学方法交流和推理;通过使用合适的工具和策略成为问题解决者;整合数字、代数、几何、测量、统计和概率的研究。

标准4：科学。学生将理解并运用与物理环境及生活环境相关的科学概念、原则和理论，并意识到科学思想的历史发展。

标准5：技术。学生将运用科技知识和技能来设计、建造、使用、评估产品和制度，来满足人类和环境的需要。

标准6：相互关联共同主题。学生将理解并能连接数学、科学和技术的关系和共同主题，并把这些主题应用到学习中去。

标准7：跨学科解决问题。学生将应用数学、科学和技术的知识和思维能力，解决现实生活中的问题，并做出明智的决定。

（七）社会研究

标准1：美国和纽约州的历史。学生将使用各种知识技能，来展示他们对美国和纽约州的主要思想、时代、主题、发展和历史转折点的理解。

标准2：世界历史。学生将使用各种知识技能，来展示他们对世界历史的主要思想、时代、主题、发展和转折点的理解，并从各种视角检查广阔的历史。

标准3：地理。学生将使用各种知识技能，来展示他们对所居住的地球的互相依存的地理的理解。

标准4：经济。学生将使用各种知识技能，来展示他们对美国和其他国家如何发展经济、分配稀缺资源、重要决策等的理解。

标准5：公民、公民性与政府。学生将使用各种知识技能，来展示他们对建立制度的必要性；美国的宪法；美国宪法中关于公民的价值观、公民的作用、权力和责任，包括参与的途径等的理解。[①]

对纽约市来说，"学习标准"让它有极好的机会培养学生的批判性思考能力，并促使学生成为终身学习者，确保所有学生都能达到高水平。

二、入学注册

纽约市基础教育学校的入学注册有一定的程序，不同阶段的学校也略有不同。

（一）小学

纽约市的大多数小学都是划区学校。这就意味着儿童入读哪所学校取

---

① New York State Education Department. *Learing Standards of New York State*［EB/OL］. http://www.p12.nysed.gov/ciai/standards.html，2015-04-12.

决于家庭的住址,家长可以直接在子女的划区学校为其注册。

在某些学区,家长可以提交入读划区学校以外的一所小学的申请表。如要了解小学注册和选校程序的详细情况,家长需与学区入学办公室联络,或浏览"刊物"(Publications)的网页。

（二）初中

初中入学因学生家庭居住的学区而异。有些学区有初中择校程序,有些学区只有划区初中,还有一些学区则两者兼有。在有初中择校程序的学区,学生通过提交申请来选择其喜欢的初中。在只有划区初中的学区,学生入读的初中由其家庭住址决定。在两者兼有的地区,学生既可申请其喜欢的学校,也可入读其划区学校。

（三）高中

纽约市有多种高中供初中毕业学生选择。高中的录取程序有两条基本原则:公平和自由选择。对于将要升入高中或希望获得第二次申请机会的八年级和九年级学生,该程序于每年的初秋开始。若要提交入学申请,学生必须是纽约市居民,并达到八年级或九年级的升学标准。学生在申请表上最多可选择12所学校。

纽约市教育局全年举办研讨会和展览会,帮助家长和学生了解高中录取程序并做出明智的选择。《2008—2009学年纽约市公立高中目录》有纽约市400多所高中的详细介绍,包括课程、项目、课外活动、特殊教育服务以及入学资格等信息。

为更好地了解高中录取程序,学生可以与家长和辅导员一起研究所做选择和申请最感兴趣的课程或项目。纽约市教育局还出版了《选择高中》和《做出选择》两种刊物,分别为六年级和七年级的学生介绍高中录取程序。

三、学校选择

为了进一步推进教育市场化,以实现教育公平和提高教育质量,"学校选择"(择校,School Choice)[①]成为美国基础教育改革的一个中心议题。21世纪以来,特别是在《不让一个孩子掉队法》和《2002—2007年美国教育战略规划》实施以来,美国已基本形成特许学校、磁石学校、学费券、家庭学校等多种教育形式共同发展的多元化格局。

---

① 择校指学生或家长有选择学校的自由,而不受地域、种族、家庭收入、社会地位等的限制。

前纽约市市长布隆伯格和前纽约市教育局局长克莱恩赞同扩大学生和家长的择校权,主要基于以下两点。

第一,一个给定的学校不一定是每个学生的最佳选择。比如,一些学生在他们的学习中需要结构化知识,另外一些学生则需要独立思考;一些学生喜欢通过应用活动来学习,另外一些学生则喜欢通过传统方法学习;一些学生倾向于通过和特定学术专业或主题相关的联系来进行学习,另外一些学生则对更广泛的课程较有兴趣;一些学生比另外一些学生要求更高水平的学术挑战等。择校使得家长能为他们的孩子找到最好和最适合的学习机会。

第二,学校通过他们的学术结果和吸引学生的能力来提高录取率、资源和声誉。当申请者在其他学校能获得更多成功时,失去竞争力的学校将失去它们的学生。在市场竞争的压力下,择校也许能改善教育系统的效率。

因此,为了改善教育公平和教育质量,纽约市在基础教育各个阶段也实施了择校。

(一)小学择校

小学择校是社区学区管理的,并在2009年实施了一个标准化的招生程序。学生能申请任何吸引他们的学校,并通过该校是否有其兄弟姐妹就读和地理优势被录取。

纽约市小学还为优秀学生提供了"天才项目"。2009—2010年,有136所学校提供了地区范围的"天才项目",5所学校提供了全市范围的"天才项目"。纽约市教育局使用一种标准化的招生测试来测评学生的天才资格,只有分数在90分以上的学生才有资格申请。全市范围的门槛甚至更高,要求97分以上。

为了回应"天才项目"中种族和社会经济不平等,2008年,在时任纽约市市长布隆伯格和教育局局长克莱恩的领导下,"天才项目"的招生程序和细则被修改。在老制度中,行政区设定它们自己的招生规则,"天才项目"被看作是中产阶级的避风港,经常是白人家庭使用这些项目来进入孩子所期望的学校。教育局提供了新的标准化招生标准——基于最低考试分数,试图使程序更透明。教育局采用新标准的目的是为了扩大弱势群体学生的机会。但是《纽约时报》分析发现,在新制度下的第一年,更少的低收入家庭和少数族裔学生有资格获得席位,多样性反而减少了。在新制度下,少数族裔学生的合格人数下降了一半,从2 600人下降到1 300人。不过,最近几年,多样性有所提升。

随着家长通过家教和商业的考试辅导来提高他们孩子的分数,参加"天才项目"的学生数量不断增加。2009—2010年,约有1.25万学生参加"天才项目"考试,3 200人考到了90分以上,比前一年增加了45%。现在,一些"天才项目"的需求仍然很大,以至于大多数位置被分数99分的孩子所占满。

(二) 中学择校

和小学一样,中学择校也由学区管理,但受教育局中心办公室的监督。教育局出版每个地区的中学择校目录。目录列出了该地区所有的学校,在该地区生活或学习的学生有资格申请;它提供关于每个学校的位置、问责制等级、录取、活动等信息,有时也会为学生和家长提供关于"开放参观日"和"宣讲会"的信息。

如小学所做的一样,教育局也在寻求中学录取程序标准化。学生也被保护录取到他们的学区学校,但是纽约市的一些地区,包括曼哈顿和布鲁克林,没有学区中学。在这些区里,家长必须使用纽约市通用的申请表来申请学校,挑选他们的孩子有资格申请的学校。期望送孩子到行政区之外的家庭也要这么申请。随后,基于优先顺序和资格,学生被分配到不同的学校。在全市范围内,约有50所中学在录取学生时会要求入学考试、面试或学术审查。

在小学升初中的问题上,纽约市积极响应联邦政府的《不让一个孩子掉队法》。2003年,新成立的纽约市教育局将全市32个学区重新划分为10个教育行政区,新的教育行政区突破了种族和社会经济发展水平的限制,每个学区都被赋予决定权,可以自主决定区内学校招生区域的界限。

每个学区内的学校分为区域性学校和非区域性学校两大类。前者只能招收居住在该学区内的学生,后者则可以吸收纽约市其他学区的学生进入该校学习。非区域性学校仍需要根据所在教育行政区的强制要求,在录取一定数量的该地区的五年级学生后,才能公开招生。如果学生选择了该学区内一所较好的非区域性初中,那么只要他们的成绩符合该校的录取要求,就可以获得入学机会。而根据全市开放式招生政策,成绩优异的学生从学区以外选择该校,只有在该区学生已经录取完毕,且仍有空缺的情况下,才能被录取。同时,选择到学区外的中学就读的学生,学校不负责提供交通服务。"重组计划"的实施,为小学生升学时的择校提供了政策支持。

纽约市高中择校具有较为悠久的历史。不过,布隆伯格和克莱恩对纽约市的高中进行了一些改革,特别是在2004年实施了复杂的新的高中招生制度。

新的制度规定,在全市范围内,学生不再被要求申请一所默认的分区学校,而是可以从400多所高中的近700个高中项目中进行选择。学生可以根据自己的喜好、兴趣和学习需求而申请最适合自己的高中及课程。高中主要有八种类型:职业及技术教育学校,小型学习小区学校,特许学校,小型学校,国际学校,专门高中,创新学校,转校生学校。所有想要进入高中的学生被要求选择12个高中项目,然后根据学生的表现和学校标准,通过一个复杂的匹配机制把学生分配到学校。

新的高中招生程序较为冗长和复杂,时间安排如图5-1所示。

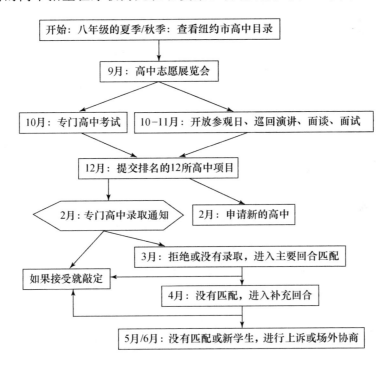

图 5-1 纽约市高中招生程序

资料来源:Clara Hemphill & Kim Nauer. *The New Marketplace:How Small-school Reforms and School Choices Have Reshaped New York City's High School*[R]. New York:New School Center for New York City Affairs,2009.

大部分人相信,在布隆伯格和克莱恩的领导之下,纽约市的择校更加透明和平等,规则更清楚,更适合一般学生申请。但是,该制度也存在一些争论:第一,透明度的提高并不意味着制度复杂性的减少。事实上,通过提供700多个高中项目的选择目录,纽约市教育局转移了自身压力,而把选择的压力转移到了学生、家长和学校身上。第二,自由选择一所学校是件好事。但是这种改革能否长久地改善教育质量,这将依赖学生和他们的家庭如何择校。新的招生制度是为了提供最大化的选择,允许学生发现最适合他们的学校。但是,它很大程度上依赖学生对学校信息和制度知识的获得。假如学生对学术质量的需求相对不敏感,更多是对地理位置或社会影响的回应,那么,一个公平的选择制度并不一定能促进学术质量的改善。第三,一定程度上,下放择校权力反而可能会增加种族、学术能力和社会经济地位的分层。

我们认为,在择校方面,纽约市最大的创新是它对高中招生制度的改革。可以看出,该制度主要围绕公平和选择这两个原则进行招生。这为纽约市学校的选择和竞争做出了很大贡献,促进了学校之间的选择和竞争。但是,很多研究数据显示,新的高中招生制度在整合种族和社会经济地位不同的学生,超越学生在早期学校经历的作用上是有限的。不过,总的来说,纽约市的这个高中招生制度还较新,未来还需要大量的研究来对它进行评估。

第二节 教育公平:均衡发展

兼顾公平和效率一直是各个国家和地区教育改革追求的目标,纽约州和纽约市也不例外。纽约州和纽约市为促进纽约基础教育的公平、优质发展采取了很多政策和举措。本节主要梳理近年来纽约州和纽约市为促进基础教育公平而采取的政策和举措。

一、合理利用教育投入经费

2002年布隆伯格提出,市政府必须把每年预算的30%用以支付纽约市公立中小学的大部分经费,市长对教育的重大决策有控制权。自2002年开始,纽约市政府加大了对教育的投入力度。与2002年相比,截至2008年5月,纽约市基础教育经费投入增加79%,联邦政府对纽约市基础教育经费投入增加27%。

不仅如此,纽约市教育局一直在采取多种措施满足公立中小学不断增加的经费需要。2007年,纽约市教育局削减行政经费3.5亿美元,用于弥补教育经费的不足。2009年,尽管受全球经济形势恶化的影响,财政困难,纽约市基础教育经费投入仍然在上一年的基础上增加6.64亿美元,其中州政府增加5.35亿美元,纽约市政府增加1.29亿美元。[①] 但新增加的投入与学校新增加的需求相比,还有近3亿美元的差距,纽约市教育局已宣布将继续通过削减其他领域的经费或挪借的方式弥补。

除了尽量保证教育经费投入充足之外,为了确保有限的教育经费得到合理分配,纽约州实行学区财力均衡机制,政府对基础教育的拨款按照日均在校学生数实行百分比均衡补助的方式进行。各学区根据自己的财政能力筹集教育经费,州政府只提供某个百分比,财力条件差的学区可以得到多一点的政府拨款,反之则相对较少。

从2007年起纽约市开始实施"公平学生资金资助政策",以学生为基准给公立学校提供资助。这项政策的基本理念是:在纽约市公立学校就读的学生都应该公平地享有接受良好教育的机会;学校应该公平地得到充足的资助;不同的学生有不同的教育需求,资助政策应该最大限度地照顾这些需求;学校领导者而非教育局最有权力决定应该如何提高学生的学业成绩;学校预算应尽量透明,以便监督评估。在这种资助政策下,学校根据入学的学生人数和类型获得资金。许多来自不同途径的资金汇聚成"一揽子"资金,以清单的形式提供给校长。接收学业表现差的学生并提高其成绩的学校还可获得额外的资金。

二、促进不同群体学生的公平

纽约州和纽约市是美国少数族裔和移民学生最为集中的地区之一。纽约州和纽约市结合自身的特殊情况,采取各种措施,不断促进教育的均衡发展,取得了良好的成效。在州和市政府的努力下,纽约州和纽约市少数族裔和移民等处境不利学生在学业上也取得了一定的成就。

(一)学生概况

本部分主要介绍纽约州学生的基本情况、入学情况、黑人和拉美裔学生的分布情况、学生学业成绩发展情况等方面的内容。

[①] New York City DOE. Schools[EB/OL]. http://schools.nyc.gov/NR/rdonlyres/4468D726-F1A5-4003-A8C4-B6F499BED590/38637/0528_RevisedBudgetDeck.pdf,2015-04-10.

1. 学生的基本情况

2004—2005学年,纽约州共有学生2 815 581名,其中西班牙裔学生占到学生总数的20.1%,黑人学生占19.8%(见图5-2);而全美西班牙裔学生占学生总数才20.5%,黑人学生占16.9%。①

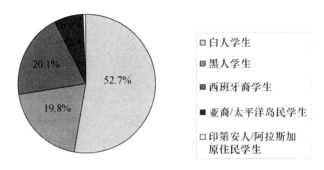

图5-2 纽约州不同民族/种族学生比重(2004—2005学年)

资料来源:Department of Education. *Mapping New York's Educational Progress* 2008[EB/OL]. http://www.ed.gov/nclb/accountability/results/progress/ny.html,2009-12-24.

2004—2005学年,纽约州的低收入家庭学生有1 261 380名,英语欠熟练学生有194 275名,残疾学生有371 656名,其所占比重与全美该群体学生所占比重持平(见表5-2)。

表5-2 纽约州学生组成(2004—2005学年)

学生情况	纽约州	全美
学生总数	2 815 581	49 676 964
低收入家庭学生	44.80%	40.90%
英语欠熟练学生	6.90%	8.50%
残疾学生	13.20%	13.60%

资料来源:Department of Education. *Mapping New York's Educational Progress* 2008[EB/OL]. http://www.ed.gov/nclb/accountability/results/progress/ny.html,2009-12-24.

2. 学生入学情况

从图5-3可知,自1996年起,纽约州西班牙裔学生、亚裔学生在校注册人数逐年上升,这在一定程度上保证了不同群体学生受教育公平的权利。②

---

① Department of Education. *Mapping America's Educational Progress* 2008[R/OL]. http://www.ed.gov/nclb/accountability/results/progress/nation.pdf,2009-12-20.

② Snyder,T. D. et al. *Digest of Education Statistics* 2008 (NCES 2009—10) [EB/OL]. http://nces.ed.gov/pubs2009/2009020.pdf,2009-12-22.

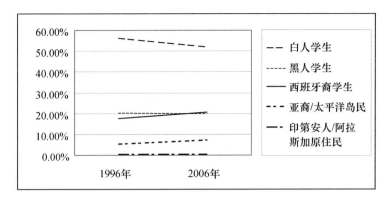

图 5-3　1996 年和 2006 年纽约州公立中小学入学人数比(种族/民族)

资料来源：Snyder，T. D. et al. *Digest of Education Statistics* 2008（NCES 2009—020）[EB/OL]. http://nces. ed. gov/pubs2009/2009020. pdf，2009-12-22.

3. 黑人和拉美裔学生的分布情况

纽约州的公立学校有大量黑人和拉美裔学生，其中以纽约市比例最大(见表 5-3)。

表 5-3　纽约州公立学校黑人和拉美裔学生分布情况(2006—2007 学年)

五大城市分布	黑人		拉美裔		黑人与拉美裔	
	学生人数	占全州学生比例(%)	学生人数	占全州学生比例(%)	学生人数	占全州学生比例(%)
布法罗	19 860	3.80	4 933	0.90	24 793	2.30
纽约市	316 074	61.2	385 487	69.6	701 561	65.5
罗切斯特	21 326	4.1	6 741	1.2	28 067	2.6
锡拉丘兹	10 995	2.1	2 144	0.4	13 139	1.2
杨克斯	6 510	1.3	11 311	2	17 821	1.7
五大城市总计	374 765	72.5	410 616	74.1	785 381	73.3
纽约州其他城市总计	142 225	27.5	143 592	25.9	285 817	26.7
全州合计	516 990	100.00	554 208	100.00	1 071 198	100.00

注：表中的拉美裔指来自包括墨西哥、中美洲、南美洲、古巴、波多黎各、拉丁美洲和其他西班牙语系地区的学生。

资料来源：http://www.emsc.nysed.gov/irts/educationstats/edstats-08/TABLE5.pdf，2008-12-22.

4. 学生学业成绩发展情况

从图 5-4 和图 5-5 中我们可以看出，纽约州学生学业成绩呈现出稳定的发展趋势，四年级学生的阅读成绩和数学成绩均呈现出上升趋势。

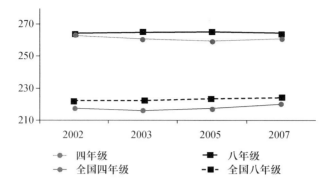

图 5-4　纽约州学生阅读成绩发展趋势(2000—2007 学年)

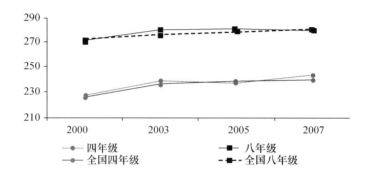

图 5-5　纽约州学生数学成绩发展趋势(2000—2007 学年)

资料来源：Department of Education. *Mapping New York's Educational Progress* 2008[EB/OL]. http://www.ed.gov/nclb/accountability/results/progress/ny.html，2009-12-24.

表 5-4 到表 5-7 显示，2006—2007 学年，纽约州超过半数的四年级少数族裔学生不管是阅读还是数学成绩均通过州标准，并达到了全国教育进展评估基本标准。

表 5-4　纽约州四年级学生阅读成绩(2006—2007 学年)

学生类型	州标准：精通	全国教育进展评估标准：基本	全国教育进展评估标准：精通
所有	68%	69%	36%
白人学生	79%	81%	47%
黑人学生	52%	52%	17%
西班牙裔学生	51%	51%	18%
低收入家庭学生	54%	54%	20%

表 5-5　纽约州八年级学生阅读成绩(2006—2007 学年)

学生类型	州标准：精通	全国教育进展评估标准：基本	全国教育进展评估标准：精通
所有	57%	75%	32%
白人学生	71%	87%	43%
黑人学生	38%	56%	14%
西班牙裔学生	38%	56%	16%
低收入家庭学生	40%	62%	19%

表 5-6　纽约州四年级学生数学成绩(2006—2007 学年)

学生类型	州标准：精通	全国教育进展评估标准：基本	全国教育进展评估标准：精通
所有	80%	85%	43%
白人学生	88%	94%	56%
黑人学生	65%	69%	18%
西班牙裔学生	71%	74%	25%
低收入家庭学生	71%	76%	28%

表 5-7　纽约州八年级学生数学成绩(2006—2007 学年)

学生类型	州标准：精通	全国教育进展评估标准：基本	全国教育进展评估标准：精通
所有	59%	70%	30%
白人学生	72%	82%	39%
黑人学生	35%	46%	10%
西班牙裔学生	41%	54%	15%
低收入家庭学生	43%	57%	19%

资料来源：Department of Education. *Mapping New York's Educational Progress* 2008[EB/OL]. http://www.ed.gov/nclb/accountability/results/progress/ny.html. 2009：12-24.

（二）对少数族裔和移民学生教育权的保障

为了改善纽约州少数族裔或处境不利学生的学习成绩，纽约州和纽约市采取了以下的保障措施。

1. 为少数族裔学生提供补偿教育

为缓解少数族裔学生教育事实上的不平等，美国很早就开始实施教育补偿政策。跨区就读、磁石学校、"肯定性行动"等计划都是在这方面所进行的种种尝试。纽约市的"预先准备项目"(Prep For Prep)、"一揽子计划""更好的机遇"颇为典型。其中"预先准备项目"已不是简单的作为一种教育补偿措施来实施了，它比其他项目在社会补偿方面走得更远。

"预先准备项目"包括"预先准备"和"为九年级做准备"两个项目，旨在通过在少数族裔学生中选拔一些有领导潜力的中小学生,在生活、学习、就业等方面给予个人发展的全方位支持,以期能够培养出卓越的未来领导者,从而在整个社会结构中能够弥合少数族裔和美国主流社会之间的裂痕。

2. 为处境不利学生提供一系列服务

纽约市教育局通过一系列服务来支持弱势群体学生,不管是在课堂内还是课堂外;也通过大量的校外活动,使学生能够发展新的技能和参与到他们的社区。纽约市教育局为弱势群体学生提供的支持主要包括学术支持和非学术支持两个方面。[1]

(1) 学术支持。学术支持主要包括:① 学术干预服务。纽约市教育局使用学术干预服务来帮助公立学校中学习有困难的学生。② 特殊项目。通过一系列教育项目来支持每一个孩子的学习需要,包括特殊教育、天才学生教育、英语学习者指导项目、高中学习困难学生帮助项目。③ 图书馆服务。④ 教学技术。⑤ 辅导。通过《不让一个孩子掉队法》给在阅读和数学上有困难的学生提供指导。⑥ 指导和咨询。学校通过一系列学生支持服务来给学生提供知识和技能,使其成为有效的学习者和学校社区中有贡献的成员。学校咨询者和整个学校社区合作,承诺给所有学生提供教育和情感的发展。

(2) 非学术帮助。非学术帮助主要包括:① 食物。学校提供美味和有营养的日常膳食,包括早餐。② 健康。为所有纽约市公立学校的学生提供健康和预防服务,学生有特殊需要时会提供一些特殊服务(比如物理治疗、职业疗法、辅助技术)。③ 不虐待儿童。出台不虐待儿童的政策和资源,看到虐待儿童的行为,及时阻止、报告和干预。④ 临时住房。⑤ 家庭教育。⑥ 课外活动。⑦ 交通运输。为居住在纽约市里的学生提供校车服务,资格取决于年级、距离和项目。交通运输的模式(黄色小车或大巴)由学生交通运输办公室所决定。

3. 为移民学生提供帮助

纽约是一个典型的移民城市。统计显示,纽约市在读学生中约有1/3是移民学生。许多移民学生的英语学习与交流存在障碍,这直接影响到他们的阅读理解能力和考试成绩。为了改善移民学生的英语学习和交流能力,纽约市采取了以下举措。

---

[1] New York City Department of Education. *Student Support, Safety & Activities*[EB/OL]. http://www.nysed.gov/, 2015-04-10.

（1）成立英语学习困难学生办公室。

纽约市教育局针对移民学生中英语学习者的需求，成立了专门的英语学习困难学生办公室，负责向此类学生及其家庭提供接受优质教育的机会和途径，并用法律的形式规定学校不得歧视英语学习困难学生，允许移民学生充分参与学校各项教学活动。

（2）成立了专门的移民学校。

纽约市成立了专门的移民学校，按照严格程序招收英语学习困难的移民学生，并严格按照主流课程教学，帮助这些学生尽快适应正规课堂。同时，纽约市还在部分学校提供双语课程，这些课程在发展学生的母语能力、促进知识学习、提高英语能力和学习成绩等方面发挥了积极的作用。一些学校还提供以英语作为第二语言的课程，使用英语学习与母语支持相结合的方法进行教学。

（三）对学业成绩落后的高中学生的帮助

纽约市教育局努力确保每名学生都有机会获得高中毕业文凭。与此同时，他们也认识到，传统的高中可能并不适合所有的学生。有些学生需要面对各种挑战，只有通过其他途径，才能获得高质量的教育。教育局为16—21岁、学业成绩落后、需要两年以上的时间才能够毕业的学生提供了一系列高质量的教育选择，主要包括以下：

1. 转校生高中

转校生高中是学业严谨的小型高中，旨在为学分不够的辍学生或成绩落后的学生提供教育。这些学校提供个性化的学习环境和就业升学的机会。学生从转校生高中毕业后可以获得高中毕业文凭。入学标准由每所转校生高中自行决定。学生原本就读的高中的辅导员必须与该生可能就读的转校生高中直接联系，预约入学面试或者了解该校情况。

2. 青年补习中心

青年补习中心开办的晚间课程旨在满足考虑退学的高中生的需求，这些高中生的退学可能是因为学习成绩落后，或是因为需要担负成年人的责任而无法在白天上学。符合资格的学生必须至少满17周岁半，在学校至少4年并至少取得17个学分。在青年补习中心就读期间，学生在获得所有学分并通过所有必须参加的测验之后，就可以从原校获得高中毕业文凭。

3. "一般教育发展"课程

准备参加高中同等学历测验的学生可以入读替代性教育学区（79学区）

开设的各种普通教育水平准备课程。学生通过普通教育水平测验就可以获得高中同等学历证书。纽约市教育局开设了全新的全日制和非全日制"一般教育发展"课程,这些课程与"学会工作"课程结合在一起,让学生为"一般教育发展"测验做好准备,并帮助他们获得高中后的各种发展机会。[①]

三、减少校际差异:特许学校

为了减少不同学校之间的质量差距,纽约市教育局采取了一系列改革措施,特许学校成为一种很重要的调控手段。

特许学校是通过与州的相关机构或当地学校委员会签订合同建立起来的公立学校,所签订的合同具体涉及学校的使命、计划、目标、面对的学生、评价的方法等,期限一般为3—5年。特许学校可以免受许多传统公立学校需要遵守的规章制度的约束,但在享有自主权的同时需要承担绩效责任;如果没有实现其办学目标,将会被关闭。特许学校是一种新型的公立学校形式,它的出现给教育消费者(学生、家长等)提供了更大的选择空间,同时也能够实现其利益。[②]

(一)纽约市特许学校概况

在纽约市,特许学校是面向所有学生开放的公立学校,它以抽签方式录取学生。每所特许学校都由一个非营利性理事会监管,理事会成员可能包括教育工作者、社区成员以及来自私营机构的领袖。特许学校可以自由制定政策、安排教育计划以及管理人力和财政资源。根据一个为期5年的成绩合约,特许学校承担使学生取得较高成绩的责任。

任何有资格入读传统公立学校的学生,都有资格入读特许学校。特许学校的录取不得设定残障、种族、信仰、性别、原国籍、宗教、血统、智力、成绩或运动才能等方面的限制。如果申请人数超过了招生名额,则必须使用随机选择的程序(例如抽签)进行录取。不过,特许学校会优先考虑本校学生的兄弟姐妹以及生活在本校所在学区的学生。

如果学生有兴趣申请入读任何特许学校,则学生必须直接联络该学校,咨询有关申请/注册时间安排和流程的信息。有关特许学校的位置、联络方式以及开设的年级的最新信息,学生在网络上都能查找到。

---

① New York City Department of Education. *General Education Development*[EB/OL]. http://www.nysed.gov/,2015-04-12.
② 马健生.公平与效率的抉择:美国教育市场化改革研究[M].北京:教育科学出版社,2008:58.

（二）纽约市特许学校实施状况

纽约市的特许学校主要集中在布朗克斯的南部、哈莱姆和布鲁克林的北部和东部，这些地区是纽约市少数族裔和贫困人口聚居的地区。① 可以说，纽约市特许学校所服务的对象大都是少数族裔和贫困学生。这些学校自成立之日起就不断发展，取得了良好的成效，甚至得到奥巴马总统的称赞，建议全美学习借鉴。

1. 特许学校的数量不断增加，服务于更多的少数族裔学生和贫困学生

21世纪以来，纽约市特许学校的数量不断增加。2002年，纽约市仅有17所特许学校；到2004年，纽约市就有34所，占纽约州特许学校总数（50所）的68%；在2006年，纽约市特许学校已经达到58所。②

2008年，纽约州新开了29所特许学校，其中26所在纽约市。2009年秋天，纽约市又新开了由纽约州评议会批准的21所特许学校。其中，布朗克斯3所，布鲁克林14所，曼哈顿2所，皇后区1所，斯塔滕岛1所。③ 到2009年，纽约市的特许学校总数为100所，其中曼哈顿27所，布鲁克林39所，布朗克斯27所，皇后区6所，斯塔滕岛1所，服务于2.4万名学生。④

从上面的数据中我们可以看出，纽约市特许学校数量增长迅速，并且，这样的发展势头一直没有减弱。这说明特许学校有着很大的需求量，它的存在已经获得了社会的认同。为了长期保持这样的势头，市政府计划在现有基础上不断增加特许学校的数量，保证质量，为家长和孩子提供更多的就学机会；预计在未来的四年中创办100所新的特许学校，不仅扩大现有的黑人"儿童区"，还将建立新的"儿童区"。布隆伯格指出，按照这样的计划执行下去，到2013年，纽约市特许学校就能够容纳10万名学生，这也就为家长提供了更多的选择高质量教育的机会。⑤ 但是，因为特许学校的规模相对较

---

① Tartar, A. *Charter Schools in New York City*[EB/OL]. http://educationalissues.suite101.com/article.cfm/charter_schools_in_new_york_city, 2009-12-9.

② NYC. *Mayor Bloomberg's charter school agenda. Mike Bloomberg: Empowering Parents (Charter Schools)*[EB/OL]. http://www.nycchartercenter.org/pdf/BloombergCharterPlanWhitePaper090930.pdf, 2009-12-8.

③ New York City Charter School Center. *Charter Schools in Nyc*[EB/OL]. http://www.nycchartercenter.org/schools.asp, 2009-12-8.

④ New York City Charter School Center. *Guidebook to Success for New York City Public Charter Schools- Charter School Basics*[R/OL]. http://www.nycchartercenter.org/GuidebookToSuccess_Fall06.pdf, 2009-12-9.

⑤ NYC. *Mayor Bloomberg's charter school agenda. Mike Bloomberg: Empowering Parents (Charter Schools)*[EB/OL]. http://www.nycchartercenter.org/pdf/BloombergCharterPlanWhitePaper090930.pdf, 2009-12-8.

小,它们的录取人数占全市录取人数的比例仍旧很小,大约在3%到4%之间。

2. 特许学校学生学业成绩显著

近十年来,纽约市特许学校在社会的支持和学校自身的努力下,不管是在课程和教学方法上,还是在管理结构和学生学业成绩上都取得了显著的成效。奥巴马甚至拿纽约市特许学校的成功作为例子来刺激其他地区特许学校的发展。在所有成效中,体现最明显的就是特许学校学生学业成绩的提升。2009年,斯坦福大学教授霍克斯比(C. Hoxby)在自己的研究中对此进行了分析。该项研究以录取与未录取作为分类依据,将被调查对象分为"被录取的三年级特许学校学生"和"未被录取而进入公立学校的三年级学生",并对这些学生的成绩进行长期跟踪研究,来探究特许学校学生学业成绩的发展情况(见图5-6)。

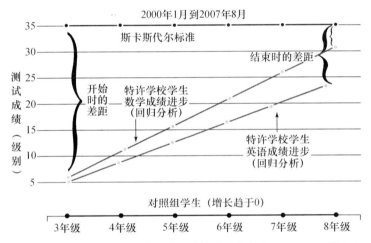

图5-6　纽约市特许学校学生学业成绩发展趋势(2000—2007学年)

资料来源:NYC Charter School Center. *The Class Ceiling*:*Lifting the Cap on New York's Charter-Schools*[R/OL]. http://www.nyccharterschools.org/sites/default/files/resources/Class_Ceiling_report_2009.pdf,2009-11-23.

从图5-6中我们可以看出,特许学校学生的成绩一直呈上升趋势,而对照组学生成绩的增长却趋于0;特许学校学生所取得的成绩与州"斯卡斯代尔"①标准之间的差距越来越小。

据相关统计,在2008—2009学年的州测试中,纽约市85.5%的特许学

---

① 斯卡斯代尔(Scarsdale)是纽约州一个富裕的学区。

校的学生数学成绩高于本学区同级学生的成绩,66.2%的特许学校的学生英语成绩高于本学区同级学生的成绩。而91%参加州测试的特许学校的学生在数学测试中达到优秀,77%的学生在英语测试中达到优秀。这样的成绩远远高于纽约市传统公立学校学生的成绩。①

2009年霍克斯比的另外一个研究也证明了纽约市特许学校的良好表现。研究发现,和传统学校学生相比,平均来说,纽约市特许学校的学生在学术上表现更好。他们认为,在哈莱姆区和富裕的斯卡斯代尔区的学生之间,特许学校将减少在阅读上2/3的成绩差异,在数学上90%的差异。他们也得出结论,和传统学校相比,特许学校的更多学生将在毕业时获得高中文凭。②

不过,也有研究显示,和传统公立学校相比,特许学校没有表现出明显的学术优势。斯坦福大学的一个研究发现,在数学上,和传统学校相比,大约46%的特许学校表现在同一水平,17%表现更好,37%表现更差。该报告同时指出,在特许学校的表现上,不同的州有所不同。各州不同的要求、自治程序和管理都能影响这些结果和表现。在纽约市的案例中,有一些研究发现,特许学校的表现优于公立学校。该研究小组对纽约市特许学校开展了一项独立研究。研究发现,在数学上,和公立学校相比,约50%的特许学校显示出更大的学术增长,33%显示没有差异,16%有更差的结果。在阅读上,33%的特许学校更好,约60%处于同一水平,12%有更差的结果。③

不管怎样,特许学校能取得这些成果是不容易的,不仅仅是因为特许学校学生的成绩比传统公立学校学生的成绩高,更主要是因为特许学校学生的特殊性,即特许学校的学生大部分是黑人、非裔或者贫困家庭学生,这使得这个结果更有意义。而且,在过去几年中,纽约市特许学校一直保持着这一发展趋势,这也是难能可贵的。特许学校的确能够促进学生学业成绩的提升,保障不同人群公平的受教育权利,促进教育的均衡发展。

---

① NYC. *Mayor Bloomberg's charter school agenda. Mike Bloomberg: Empowering Parents (Charter Schools)* [EB/OL]. http://www.nycchartercenter.org/pdf/BloombergCharterPlanWhitePaper090930.pdf, 2009-12-8.

② Caroline M. Hoxby & Sonali Murarka. *Charter School in New York City: Who Enrolls and How They Affect Their Students' Achievement* [R]. National Bureau of Economic Research, Number. 14852, 2009.

③ CREDO. *Multiple Choice: Charter School Performance in 16 States* [R]. Palo Alto. Ca: Center for Research on Education Outcomes, 2009.

3. 特许学校获好评，呼吁更多资助

纽约州立法机关中的民主党人和教师工会曾联合反对1998年通过的《纽约州特许学校法令》，但是，经过几年的努力，纽约州的特许学校已经作为传统学校转型成功的典范。现在，已经没有组织再反对纽约州的特许学校，这些学校大多集中在布法罗、罗切斯特和纽约市。

进步政策研究所(Progressive Policy Institute)经过对特许学校的研究，对纽约市的特许学校给予了很高的评价，并认为它们理应得到更多的资源。

该研究所的报告指出，纽约市特许学校不仅提高了学生的学习成绩，而且在整个学校系统中充当着"变革的种子"(seeds of change)。例如，特许学校的问责制要求"学校要分析学生的成绩资料，并将教学中的问题揭示出来，反映给政府"。

该报告指出，纽约州关闭哈莱姆一所特许学校的决定，传递给人们一个信息，那就是特许学校必须达到更高的标准。但和许多州一样，纽约州的特许学校得到的资助比其他公立学校少。平均来说，纽约州特许学校生均每年得到8 452美元的资助（没有设施资助），而非特许学校生均每年有9 057美元的资助，并有设施资助。

导致这两种不平等待遇的原因很复杂，其中之一是特许学校在州资金和特殊教育资金分类中的项目不明确。该报告建议纽约州通过立法"将资金所涉及的领域分层"进一步明确，并通过不断改革让特许学校得到更多的资助。[①]

第三节 追求卓越：优质发展

除了均衡发展，近年来，纽约州和纽约市也为促进基础教育优质发展做出了很多努力。本节主要梳理近年来纽约州和纽约市为促进基础教育发展而采取的政策和举措。

一、提高教育质量的举措

为了促进公立中小学教育更好发展，除了第二章所涉及的一些重大举措之外，纽约市还采取了以下举措。

---

① 王玉衡. 特许学校获好评，呼吁更多资助[J]. 比较教育研究，2004(11).

（一）增加问责制

为了更好地提高教育质量，纽约市教育局增加了问责制。

（1）建立问责办公室。问责办公室的使命是：提高纽约市所有公立学校学生的学业成绩；让校长、教师、家长和学生学会利用评估工具、数据及研究来实现此目的。

（2）进行年度测验问责。问责办公室负责协调纽约市公立学校的年度测验，其中包括纽约州测验和高中会考、高中入学考试、八年级学生的速成课程测验，以及有意申请大学的学生参加的 PSAT/NMSQT。①

纽约市的小学和初中学生参加年度州考试，以确定他们是否达到了州标准。考试科目包括：① 英文艺术。三年级至八年级学生每年冬季参加该考试。② 数学。三年级至八年级学生每年冬季末和春季初参加该考试。③ 社会知识。五年级学生在秋季参加该考试；八年级学生在春季参加该考试。④ 科学。四年级和八年级学生在春季参加该考试。高中学生必须通过以下五个科目的高中会考方可毕业：英语、数学、科学、世界历史、美国历史。

除上述州考试外，纽约市还为学生安排了一系列全市性的测验：第一，PSAT/NMSQT。从 2006 年开始，纽约市实施了一项计划，以帮助学生做好大学入学准备。现在，十年级和十一年级的所有学生都可以在秋季免费参加 PSAT。第二，高中入学考试。有意入读专门高中的八年级或九年级学生可以参加秋季举行的选拔考试，以确定其语言和数学技巧的熟练程度。第三，纽约市速成课程测验。修读世界研究、艺术或音乐速成课程的八年级学生可在春季参加考试，以取得高中课程学分或学习大学先修课程的机会。

（3）实施"定期评估"。学生整个学年都要参加"定期评估"，以便教师详细了解学生对所学内容的掌握情况。教师利用这些评估（包括学校作业和学生在课堂上的表现）来了解学生在哪些方面需要帮助，并规划有针对性的教学。教育局不使用"定期评估"结果来为学生或学校评级。

教育局为各年级的英语和数学提供了若干评估方法，学校选择符合其需要的"定期评估"组合，或自行设计其"定期评估"。

（4）实施"质量审核"。"质量审核"评估学校在提高每位学生的成绩方面的组织完善程度。审核由经验丰富的教育工作者负责。他们利用每所学

---

① PSAT 是 SAT 预考(Preliminary SAT)，也称为美国全国英才奖学金资格考试（National Merit Scholarship Qualifying Test，NMSQT）。对准备申请大学的十一年级学生来说，PSAT 是 SAT 前的热身，更是对美国优秀学生奖学金的角逐。

校的自我评估,以及与校长、教师、职员、学生及家长的会谈来进行审核。审核人员评估学生成绩,并通过与校长、教师、学生以及家长会谈来检视学校如何利用学生的成绩信息指导教学,并设定改进目标。

每所学校都会收到"质量审核"报告。该报告包括"进步报告"上的总体质量评分。学生可以向家长专员索取一份学校的"质量审核"报告,也可以在学校的网页上查看该报告。

(5)建立成绩报告和创新系统(Achievement Reporting and Innovation System)。成绩报告和创新系统是一个综合性的互联网数据管理系统,用于收集和分析有关学生学习成绩的信息,以帮助教育工作者和家长做出能够促进学生和学校学术进步的明智决策。[①]

(6)提供新的评价工具。纽约市教育局为学校提供了全新的评价工具,使学校了解并追踪每个学生的进步情况,教师也可使用这些评价工具根据每位学生的需要和才能为其量身订制学习计划。

(二)设立"天才学校"

纽约市教育局为那些具有超常能力或创造性天分的孩子提供"天才教育",成立了"天才教育办公室",负责制定相关政策法规,提供项目咨询和建议,以满足超常学生的教育需求,同时保证公立学校的学生平等地享有参与"天才教育计划"的机会。

小学阶段的"天才教育计划"主要提供学术训练,中学阶段则为那些具有艺术天分的学生提供专门教育。同时,纽约市教育局也支持普通公立学校根据学生的兴趣、能力和天分提供增强型教育。每个学校的增强型教育内容各有特色,数学、科学、艺术等科目都在此范围之内。

纽约市有三所"天才学校",从全市招收能力超常的学生。学生经过严格的考试审核后进入学校,他们学习的课程经过特别的修改完善,学校还提供各种强化训练,以进一步激发他们的潜力。

(三)鼓励特色创新

纽约市从小学到高中教育都注重学生个性的发挥,培养学生特长,鼓励特色和创新。以高中教育为例:纽约市的公立高中分为重点高中和普通高中两类。重点高中除了要经过全市统一招生考试择优录取学生外,还各有

---

① NYC Department of Educaiton. *Achievement Reporting and Innovation System*[EB/OL]. http://schools.nyc.gov/Accountability/default.htm,2015-04-15.

学科侧重。如史蒂文森高中以数、理科为特色,拉瓜地音乐、艺术与表演艺术高中以音乐与艺术见长,其他重点高中也各有其优势学科。即使是普通高中,也要在完成教育局规定的教学任务的前提下,积极打造其与众不同的特色。有的学校通过国际夏令营和跨国公司中短期实习项目等重点培养学生的国际化意识和经历,有的学校侧重培养学生的各种技能技术,为他们高中毕业后直接就业打基础。

为了调动和鼓励学生崇尚科学、开拓创新的精神,纽约市自八年级开始,每年组织学生开展"科学节"活动。学校将学生的科研成果一一展出,并由学生本人担任讲解员,向前来参观的家长、老师和同学做详细介绍。参观者最后投票选出自己最喜欢的作品,得票最多的作品即可当选当届"科学节"最佳作品。这极大地调动和培养了学生们的创新精神和竞争意识。

(四)开设新的小型中学

新的小型中学以严谨治学、因材施教及外联合作为原则,向纽约市的所有学生提供高质量的教育选择。

(1)严谨治学:明确定义学生必须掌握的知识和技能,专门设计课程,以确保所有的学生能够达到较高标准,并且能够在毕业时为在大学和生活中取得成功做好准备。

(2)因材施教:这些学校每年招收人数不超过 500 名,以确保教师和校长能够支持所有学生的需求。

(3)外联合作:多数学校都与中介机构(例如大学、青年发展机构、非营利机构或教育机构)开展合作。这些合作伙伴为学校带来教育资源,使双方都能够提高质量和扩大规模。此外,还与当地社区组织、文化机构以及企业进行合作,加强学校与社区的联络。

(五)建立小型学习社区

在纽约市,有几所大型高中已经重组为小型学习社区(Small Learning Community,SLC)。每个 SLC 一般都有 250—450 名学生,它们与由教师和其他成人组成的一个核心团队密切合作,共同创造个性化的学习环境。在这样的环境中,成人非常了解每个学生的需求、兴趣和抱负,密切监视学生的进步情况,并为学生提供取得成功所需的学业支持及其他支持。SLC 的教师共同制订计划,每个 SLC 的课程都围绕一个主题,从而提高各学科的相关性。有特殊需要的学生和英语学习者是 SLC 的重点关注群体。学校有一名校长,每个 SLC 都有一名副校长主持工作。"学校课程制定办公室"下设的"学校重新设计办公室"为 SLC 学校提供支持。学生可通过高中录取程序申请 SLC。

纽约市 SLC 框架的四个核心元素是：(1) 便利而分散型的领导；(2) 兢兢业业的教育、学习和支持团队；(3) 以数据为依据的问责制；(4) 针对所有学生的课程和教学。①

（六）赋予校长更多权力

从 2007—2008 学年开始，纽约市教育局不再强制要求公立学校校长按照自上而下的指令实行"一刀切"的管理模式，而是赋予校长权力，让他们自主选择对学生学业进步最有效的方法管理学校。此后，教育局行使的权力包括运用教育局局长和社区学监的权力，聘用和解雇校长；确定课程和责任制标准；责成学校承担责任并在适当时机予以干预；提供不属于教学范围的服务，例如交通、预算和法律服务；根据学生人数向学校划拨资源。而学校可自主实施的权力有：确定学校的教职人员配备；制订教育安排和计划；管理学校预算；聘用和解雇教职人员；采用最有可能提高学生成绩的方法教育学生等。

（七）重视家庭参与

纽约市公立学校为约 110 万名学生及其家庭提供服务。教育局为家庭提供所需信息，使他们及时了解学校情况和参与其子女的教育。这一点相当重要，因为教育局相信，如果学生的家庭能够充分了解有关信息并积极参与，其子女就能在学校里表现得更好。

教育局的"家庭参与及权益倡导办公室"（Office for Family Engagement and Advocacy）由家庭参与主任负责，其首要职责是倾听家长的意见，帮助家长获得有关信息，使他们能够成为其子女教育的积极合作伙伴。在地方上，每一个学区办公室都有一名"学区家庭权益倡导专员"（District Family Advocate），以便让家长可以就近向其咨询，获得问题的解答。

二、中小学质量问责："进步报告"及其启示

2006 年 11 月，时任纽约市教育局局长克莱恩宣布，纽约市教育局从 2007—2008 学年起在全市公立中小学实行一种新的问责手段——"进步报告"

---

① New York City Department of Education. *Small Learning Community*[EB/OL]. http://www.nysed.gov/，2015-04-18.

(Progress Report),这是对纽约州教育问责制度的一个重要补充。① 纽约市现已开发出适合纽约市大多数普通中小学的"进步报告"。

"进步报告"实施以来,纽约市教育局在每年秋季学期发布每一所公立中小学在上一学年的"进步报告",以监督各学校的教学质量,加强对学校的问责管理。每一所学校的"进步报告"结果都放在纽约市教育局的官方网站上,每个人都可以随时查看。截止到2009年11月,纽约市已经连续三年(2006—2007、2007—2008、2008—2009)发布所有公立中小学的"进步报告"。

（一）"进步报告"的作用和内容

"进步报告"作为纽约市促进全市公立中小学提高教学质量的一种新的学校问责手段,主要有三个方面的作用:一是对学校的教学质量进行全面评价;二是根据评价结果对学校实行问责;三是促进教学质量低的学校整改。实施"进步报告"的最终目的是所有学校经过努力都获得A、B或C的等级,这是使所有学校保持人们所期待的高教学质量的一个重要手段。

"进步报告"通过三种方式反映学校的教学质量:一是"进步报告"的五个等级:A、B、C、D、F;二是教学质量审核的分数;三是纽约州教育厅依据联邦政府《不让一个孩子掉队法》确定学校的问责考核结果。

"进步报告"根据对学校教学质量中各个考察项目的总体得分情况,给每个学校一个相应的字母等级:A、B、C、D或F。同时,还根据教育专家对每所学校教学质量总体情况的审核得分,给学校提供一个相应的"质量审核"评价:优秀、发展良好、发展一般、欠发展或未发展。另外,纽约州教育厅根据联邦政府《不让一个孩子掉队法》的有关规定,在学校所得评价分数的基础上,确定该学校的问责考核结果。联邦政府和州政府对学校"年度进步"的测量和学校在问责体系中所处的位置也会被考虑在"进步报告"的评价中。纽约州教育厅根据以上各方面的数据信息为每个学校设定下一年度的进步目标。

（二）"进步报告"的评价原则

"进步报告"的评价主要依据以下原则进行。②

---

① NYC Department of Education. *Schools Chancellor Joel I. Klein Announces Launch Of Accountability Initiative*[EB/OL]. http://schools.nyc.gov/Offices/mediarelations/NewsandSpeeches/2005—2006/04112006press release.htm,2008-12-20.

② NYC Department of Education. *Training Presentations:Elementary/Middle Schoolsand High School*[EB/OL]. http://schools.nyc.gov/Account-ability/SchoolReports/ProgressReports/default.htm,2009-11-25.

(1) 评价要考虑到学校所面临的不同挑战,尽可能精确地测量每位学生的学习成绩;

(2) 确保所有学校都能够非常清楚"进步报告"所要评价的项目,知道学校是如何被测量的,并且知道如何能够提高自己学校的绩效;

(3) 把学校的绩效与同类学校(即服务类似学生群体[①]的学校)和全市所有的学校进行比较;

(4) 评价以标准为参照,而不是以常模为参照,即所有学校都知道他们要达到的评价目标和每一个级别的最低限度,如果他们取得重大进步就能够达到最高的 A 级;

(5) 评价结果与社会经济地位、特殊教育人群或其他人口统计学特征无关;

(6) 把来自学生家长、学校教师和学生的观点和看法直接纳入"进步报告"的评价结果之中。

(三)"进步报告"的评价方法

"进步报告"从定量评价和质量审核两个方面对全市公立中小学的教学质量进行全面评价。

1. 定量评价

定量评价从学生进步、学生成绩和学校环境三个方面进行数量测量,其中,学生进步占总评分的 60%,学生成绩占 25%,学校环境占 15%。"进步报告"也会分别给出这三个方面相应的字母等级。

"进步报告"测量以下几个方面:学生达到和超过熟练程度的纵向进步情况;按照纽约州和美国联邦政府《不让一个孩子掉队法》的要求,所有学生对纽约州学习标准的掌握情况;学生的出勤率;低成绩学生与其他学生成绩差距的缩小程度;所有的学生家长、学校教师和学生对学校应有的学习状况和条件的评价;学生为高中和大学学习成功的准备状况;高中毕业生的情况和为高中毕业而取得进步的情况。

(1) 学生进步。

这里的学生进步是指学生的年度进步幅度。主要通过评价学生的课程学分和通过州统一考试的情况,测量学校在帮助学生不断取得进步以达到

---

① 在《不让一个孩子掉队法》中,区分了 5 个不同的高需求学生群体:英语语言学习者、特殊教育学生、西班牙裔学生、黑人学生和其他学生。

顺利毕业方面做得如何,是考查每一位学生一年时间内(从去年到今年间)英文和数学方面的学术发展水平(是否达到和超过熟练水平)。纽约市"进步报告"计算学生在每一个层次上所取得的进步。

纽约州把学生的英语和数学考试分数计分在200—800分之间,分为四个层次:Level 1、Level 2、Level 3、Level 4。Level 1表示没有达到学习标准,Level 2表示部分达到了学习标准,Level 3表示达到了学习标准,Level 4表示非常出色地达到了学习标准。

纽约市则利用一种更精确的方式——熟练评估(Proficiency Ratings)而不是具体分数来区别每一个成绩层次上达到熟练程度的学生。熟练评估是一个1.00—4.50的连续体,只适合用来计算每一所学校的学生成绩,而在任何情况下都不可以计算某一学生个体的分数。它是对每位学生每一年的平均进步幅度进行评价(如某学生四年级时的成绩与他在三年级时的成绩进行对比),是一种增值的测量。

(2)学生成绩。

学生成绩是根据纽约市学生成绩管理标准,考查学生在州年度考试中英文和数学方面的技能水平,包括在Level 3和Level 4上学生人数的百分比,平均学生达到熟练的程度。"进步报告"对于学校和全市最差的1/3学生(学校中最差的1/3学生指在前一年的州考试中英语或数学得分位于全校最后1/3之列的学生。全市最差1/3的学生是指在上一年的州考试中英语或数学得分位于全市最后1/3之列的学生)予以特别关注,奖励学校在促使所有学生,特别是最需要帮助的学生,取得进步过程中所获得的成功。

(3)学校环境。

在"进步报告"中,学校环境并不是人们平时所讲的学校校园环境,而是学校为学生提供的保障和有利学习的各种条件、氛围和制度规章等。这里的学校环境包括满足学生高质量学习所必需的条件:学生的出勤率、学校和教师对学生的学业期望、对学生和家长的尊重和沟通、学校安全、社区对学校的参与和满意情况(满意情况根据对全市的学生家长、教师和学生的调查结果和其他数据确定,调查结果占"进步报告"中的10分)。

(4)因缩小学生之间的成绩差距而获得的额外加分。

纽约市规定,如果学校在缩小学生之间的成绩差距方面成效显著,就可以获得额外的分数。当学校的高需求学生取得突出的进步,缩小了与其他学生间的成绩差距时,学校便赢得更多的分数,最高可以获得15分。这些分数计入"进步报告"的总体得分中,可以影响学校"进步报告"的字母等级。

对于中小学生而言,这些进步取决于在英语或数学科目中将熟练水平至少提高半个级别(如在英语科目上从 2.25 提高到 2.75,或在数学科目上从 3.20 提高到 3.70,即增加 0.5 的高需求学生所占的百分比)。如果在五类高需求学生的任何一类中,取得突出进步的学生所占的百分比属于全市所有学校中最好的 40% 之列,那么学校便可以因这一类学生而赢得额外的分数。① 对于高中学生而言,这些进步取决于在其高中学段的第一年、第二年或第三年获得 11 个或更多学分的高需求学生的百分比。

2. 教学质量审核

教学质量审核主要评价一所学校在提高每一位学生的学习成绩方面做得如何,其目标就是确保学校使用各方面信息帮助促进每一位学生每一天的学习。教学质量审核主要由有经验的教育专家到学校进行 2—3 天的现场考察,参考借鉴学校的书面自我评价,以及从与校长、教师、教职员、学生和家长的谈话中获得的信息。审核人员评价学生的成绩结果并通过与校长、教师、学生和家长的谈话发现学校在利用评价结果指导教学以及设定改进的目标方面做得如何。

质量审核主要通过以下方式进行:课堂教学观察、利用学校的各种数据、规划、项目、设计和实施的书面材料,围绕学术水平的提高与学校专业人员之间的协作行动。质量审核关注以下方面:学校在有效地生成和使用可支配的信息去监测学生的学习成绩和进步方面做得如何;学校在创造有助于教学环境并调整教学以满足学生的需要方面做得如何;校长的领导技能如何;家长参与学校教学的程度和意见如何;学校为加快每一个学生的学习所规划和设置的目标如何;学校在让家长和社区参与这些目标达成的效果如何;学校在整个学年中为了加快学生的学习对既定目标的调整和修改是否经常和有效,是否经常对学生所取得的进步进行评价以及评价效果如何。②

根据对学校教学质量审核的分数,学校分别列入:优秀、发展良好、发展

---

① NYC Department of Education. *Educator Guide for EMS*[EB/OL]. http://schools.nyc.gov/NR/rdonlyres/DF48B29F-4672-4D16-BEEA-OC7E8FCSCBDS/63118/EducatorGuide_EMS_0604092.pdf,2009-11-25.

② NYC Department of Education. *Quality Reviews*[EB/OL]. http://schools.nyc.gov/Accountability/SchoolReports/QualityReviews/default.htm,2009-11-2.

一般、欠发展和未发展五个级别。教学质量审核的分数并不计入"进步报告"的字母等级中,而是作为考察学校教学质量的一个不同但却同等重要的指标。

2009年的教学质量审核中,用到的主要词汇有:强调关键标准、课堂常规、学生高层次的参与教学、多切入点进入学习内容、有区分的教学方式、支持和拓展、可靠的合作、儿童发展、终结评价数据、阶段性评价数据、课堂层面的评价数据、行动理论、年度和临时目标、共同教学关注点、对反馈采取的行动、融合的学校文化、使用探究方式的小组专业协作、分散的领导权等。①

3. 定量评价的分数如何转化为字母等级

学校所获得的字母等级是根据学校各项评价的总得分转化而来的。每一年的分数都会有所不同。比如,根据2007—2008年的纽约市小学"进步报告"统计,凡是各项总评价得分在59.6—100分的小学就会得到A级,总评得分在45.9—59.5分的学校获得B级,总评得分在32.6—45.7分的学校获得C级,总评得分在28.4—32.5分的学校获得D级,总评得分在9.6—28.4分的学校获得F级(见表5-8)。从表中可知,2007—2008学年中,纽约市的公立小学中45%的学校获得了A级,有3%的学校获得了F级。

表5-8 纽约市2007—2008学年小学等级总表

等级	分数范围	占全纽约市学校的比例
A	59.6—100	45%
B	45.9—59.5	38%
C	32.6—45.7	13%
D	28.4—32.5	3%
F	9.6—28.4	2%

资料来源:NYC Department of Education. *Training Presentations*:*Elementary/MiddleSchools*[EB/OL]. http://schools.nyc.gov/Accountability/SchoolReports/ProgressReports/default.htm,2009-11-25.

(四)依据"进步报告"的结果对学校实行问责

"进步报告"的总体等级评价是为了反映每一个学校对每一位学生学业进步所做的贡献,不管学生的起点如何。每一所学校的评价结果都会与全市其他学校进行比较,也会与有类似学生群体的学校比较。

"进步报告"根据各学校进步评价的总体得分,给每一所学校评定一个

---

① NYC Department of Education. *Quality Review Rubric Glossary of Terms* 2009-10[EB/OL]. http://schools.nyc.gov/NR/rdonlyres/A3169D6A-47DF-4299-9A49-A4EFAE27287E/71991/GlossaryofQR-RubricTermsFINAL.pdf,2009-11-2.

相应的等级：A、B、C、D或F。获得A级或者B级的学校会得到奖金，作为他们为其他学校树立成功教学榜样的一种鼓励。那些被评为D级或F级或者连续三年被评为C级并且教学质量审核总体分数很低的学校，将面临调整，包括变更学校领导、重组或关闭。教学质量被评价为D级或F级或者连续三年被评为C级的学校，必须采取改进的措施，确定进步的目标；如果两年之后仍然没有改进，该校的领导必须更换；如果四年之后学校的教学质量仍没有提高，该学校必须重组或关闭。在"进步报告"中被评为F级的学校很有可能会被直接关闭。同时，如果学校"进步报告"的等级和教学质量审核的总得分在近期表现出提升或下降的变化，也会影响到学校所要承担的结果。从2002年起，纽约市教育局已经或正在关闭的教学质量低下的学校共有91所。[①]

（五）"进步报告"实施以来的成效

报告结果显示，自从实行"进步报告"以来，纽约市公立中小学的教学质量在所考察的各项目上每年都呈现出进步的趋势。

根据纽约市教育局2009年11月16日发布的年度高中学校"进步报告"，在2008—2009学年，纽约市高中学校的学生取得了非常显著的进步。全市高中学校的45%（139所）获得了A级，30%（92所）获得了B级，19%（58所）获得了C级，7%（21所）获得了D级，只有1所学校获得了F级。很多学校得到提高，一些学校保持了原来较好的考察结果，上一学年获得A级学校的87%今年仍然保持了A级。上一学年获得D级或F级的学校中67%提高到了C级（见表5-9）。

表5-9　2007—2009两学年高中学校进步情况

等级学年	2008—2009学年学校数量和百分比		2007—2008学年学校数量和百分比	
A	13	45%	113	40%
B	92	30%	123	43%
C	58	19%	34	12%
D	21	7%	8	3%
F	1		6	2%

资料来源：NYC Department of Education. *Schools Chancellor Joel I. Klein Announces Launch Of Accountability Initiative* [EB/OL]. http://schools.nyc.gov/Offices/mediarelations/NewsandSpeeches/2005—2006/04112006press-release.htm，2008-12-20.

---

① NYC Department of Education. *Consequences* [EB/OL]. http://schools.nyc.gov/Accountability/SchoolReports/ProgressReports/Consequences/de-fault.htm，2009-11-2.

（六）争议

纽约市政府非常看好这套评估制度，将它视为检测学校教学质量，帮助教育工作者发现成绩与不足的有力工具。克莱恩在新闻发布会上将之称为"全美国最好的学校评估制度"。

时任市长布隆伯格则说，他推行的一些重大改革的意义被评级结果所证明。比如，那些校长有更大自主权的学校，得 A 的比例大于其他学校。布隆伯格还说，即便在 F 级的学校，学生也很可能会遇到好老师。

但是，也有一些不同意见。"学校督学与管理者委员会"（纽约市的校长工会）主席欧内斯特·A.洛根（Ernest A. Logan）虽然对"进步成绩单"的理念表示支持，但他在发给校长们的电子邮件中说："除非我们能够对'进步成绩单'上的结果进行正确的分析，并判断它们是准确、公正和清晰明了的，我们才能认可它。"

纽约市教师工会主席兰迪·温加顿（Randi Weingarten）则说："新的评估制度对成绩一贯不错的学校多少有些不利，因为评级太看重学生成绩的提高。如今很多教师感到很挫败，因为一两道试题就会使一切改变。如果你的学生成绩很好，你应该继续引导他们朝更广的领域努力，而不是只将重点放在数学和阅读上。"[①]

（七）"进步报告"的启示

"进步报告"是布隆伯格和克莱恩发起的"孩子第一"改革项目的一个重要组成部分，它旨在帮助教育教学行政人员、校长和教师促进每一位学生的学习，落实《不让一个孩子掉队法》的精神。"进步报告"的实施也使得学生、家长和公众能够参与督促纽约市教育局和学校为学生成绩的提高负起责任，确保纽约市公立学校的每一名学生都能够获得高质量的教育。

"进步报告"评价和提供的信息有助于教育教学工作者改进和提高教学质量，在向家长提供评价学校机会的同时，也给家长和学生提供了他们所需要的学校信息，有助于家长了解他们孩子在学校的进步。纽约市"进步报告"对于我们真实评价学校的教学质量、转化薄弱学校也有很大的启示和借鉴作用。[②]

[①] 李茂. 纽约发布学校"进步成绩单"[EB/OL]. http://www.zgxzw.com/XiaoZhang/View.asp?ID=58462, 2008-1-14.

[②] 郑彩华, 吕杰昕. 纽约市中小学质量问责："进步报告"及其启示[J]. 外国教育研究, 2010(7).

1. 对学校教学质量的评价不仅仅以学生的考试成绩为唯一依据

各学校所得到"进步报告"的字母等级是通过评价学生的学习进步、学习成绩和学校环境三部分的得分转化而来,每一个部分都由涉及学生进步的几个方面组成。对学校教学质量的考查涉及多方利益相关者,特别是学生和家长的意见和满意程度、学校对学生和家长的尊重与沟通状况,这样就避免了"唯考试分数为依据"的评价现象。

2. 关注每个学生,特别是最差的1/3学生在考试成绩中的进步幅度

虽然考试成绩不是"进步报告"中等级评价的唯一依据,但也是很重要的依据。"进步报告"评价的不是某次考试中的一个绝对分数,而是学生在一年中考试成绩的变化和进步幅度。"进步报告"给那些高需求学生进步幅度大的学校额外的得分,特别提出对学校和全市中最差的1/3学生的进步幅度予以奖励,而不是只关注总是得高分的优秀学生,体现了教育过程和教育结果的公平性,真正落实了《不让一个孩子掉队法》的精神。

3. 确保评价工具的可靠、评价项目的公开和评价过程的客观

"进步报告"作为一种问责工具,在2006年开发成功之后,在以后的使用过程中,每年都根据社会情况的变化和利益相关者的反馈进行修正和调整,确保了这一工具的科学、可靠和适用;每一所学校都非常清楚地知道"进步报告"所评价的各项内容,有利于学校对照评价要求有针对性地采取措施;"进步报告"结果放在纽约市教育局网站上供大家查看,每个人都可以对结果发表看法,对"进步报告"的任何疑问可以通过多种方式来反馈。

第六章 纽约的高等教育发展

截至 2004 年,纽约州共有 268 所高等院校。2004 年秋季,共录取 1 128 847 人,包括 906 022 名本科生,192 450 名研究生,30 375 名专业学位学生。2002—2003 学年,纽约州高校共授予了 225 522 个学位,如表 6-1 所示。

表 6-1 纽约州授予的学位(2002—2003 学年)

学位类型	学位授予数量
副学士	54 359
学士	102 532
硕士	56 451
专业学位	8 582
博士	3 598
总共	225 522

资料来源:Board of Regents of the University of the State of New York. *Statewide Plan for Higher Education 2004—2012*[R/OL]. http://www.highered.nysed.gov/swp/, 2015-03-10.

所有纽约州的高等院校,包括公立院校、非营利院校、独立院校、营利高校等,都是纽约州大学的成员。纽约州大学是依照纽约州宪法建立的一个整体,囊括了纽约州的所有教育,包括公立和私立教育,从学前教育到博士后教育。纽约州大学产生于 1784 年,受评议委员会管理,评议委员会由 16 人组成,通过立法选举产生,每五年一届,没有薪水。

一直以来,纽约州的高等教育都是世界高等教育的领袖,促进了纽约州教育和经济的发展。纽约州高等教育在高等教育多样化、高等教育质量、高等教育服务经济社会方面有其自身的特色。

第一节 促进高等教育多样化：错位发展

截至 2004 年，纽约州大学的高等教育系统由 268 所高校组成，占美国 4 121 所高校的 6.5%。纽约州有两个很大的公立院校系统：纽约州立大学和纽约市立大学，其中纽约州立大学有 64 个校园，纽约市立大学有 19 所学院。此外，纽约州还有 144 所独立（或非营利）高校和 41 所营利高校。

一、类型多样化

纽约州高等教育机构的类型比较齐全，大体分为四类。

第一类是以基础性、学术性研究著称的研究性大学，设有庞大的研究生院，能授予博士学位。其中最著名的有哥伦比亚大学、纽约大学、康奈尔大学、圣约翰大学等，在这些大学的周围，形成一个个集教学、科研、开发新兴工业为一体的高新技术产业中心，将教学与生产密切联系。这使得创新思维能转化为科研成果，再转化为新产业、新产品，成为新的经济增长点，进而推动整个城市产业结构的更新换代。

第二类是以四年制为主的综合性本科大学及学院，多为州立和市立大学，培养目标为中等科技、学术和专业人才，学生修满四年后，授予学士学位，比较著名的是纽约州立大学和纽约市立大学。纽约市立大学是美国最大的市立大学，到 2004 年时，设有 19 个学院，包括 11 所四年制学院、6 所社区学院、1 所法学院、1 所医学院。

第三类为社区学院，包括二年制的普及学院和技术专科学院。招收高中毕业生中成绩较低的学生，毕业时授予副学士学位。社区学院除为社会各行业对口培养专业熟练的劳动技工与职员外，还为那些想继续攻读本科大学的学生提供升学机会。

第四类为开放大学，包括函授大学、暑期大学、业余大学、实验大学等。这些大学向社会各阶层、各年龄的人敞开大门，经过考试合格者均可获得学位。[①]

这四类高等教育机构组成纽约州完整的高等教育体系，四者间的比例及其变化反映了经济、文化、政治的发展对教育需求提出的变化，并在竞争

---

① 崔文霞. 国际大都市纽约的城市教育研究[D]. 华东师范大学教科院硕士学位论文，2004：20.

中进行着自动调节。

纽约市也拥有一套行之有效的高等教育机构的管理体系。目前,地处纽约市的各类高等学校约95所,其中公立院校23所(24.2%),私立院校和非营利性院校54所(56.9%),营利性院校18所(18.9%)。纽约市高等学校类型齐全,在拥有世界一流大学的同时,也容纳层次不等、规模不一的多样化教育,形成错落有致的布局。纽约市不仅有理工、医药、师范、文科、法学、艺术等各类学科的大学,还有摄影学院、疾病学院、神学院、烹饪学院、殡葬学院等专业学院,来培养相应的专业人才,以最大限度地满足社会所需的不同服务。

纽约市的高等院校以其招收学生数量多、学校规模大而领先全国。纽约市立大学是美国最大的市立大学,也是美国第三大大学系统。纽约市立大学招收了纽约市约一半的大学生,纽约市的大学毕业生中有1/3毕业于该校。此外,纽约大学是美国最大的私立大学。

2005年,纽约市约有44.8万名全日制大学生,比1989年增加33%,位居美国50个都市区第4位;授予学位9.7万个,位居全美50个都市区第3位。2005年,纽约市院校授予的14个主要专业的学位数量中,除5个专业非第一名外,其余如工商管理、教育、视觉与表演艺术、健康与临床科学、传播与通信技术、英语语言文学等9个专业授予的学位数量均列全美50个都市区第1位。[①]

二、财政多样化

纽约州高等教育资金的来源很多,包括学生及其家长、州和地方的纳税人、捐赠人等,不过主要资金来源于纽约州政府的拨款。纽约州政府的拨款主要包括以下五种类型。

第一,州政府拨款用于公共教育机构的经营费用。这是州政府资助高等教育最多的份额,这些资金进入公共教育部门,用于整个高等教育体系与机构的运转,以使这些部门保证学生缴纳很低的学费,确保所有学生不会因为家庭收入情况而影响正常上学。

第二,州政府拨款用于学生的奖学金和助学金。这是州政府资助高等

---

① Wikipedia. *Education in New York City*[EB/OL]. http://en.wikipedia.org/wiki/Education_in_New_York_City, 2015-04-20.

教育的第二大部分,为低收入和中等收入家庭的学生提供奖助学金。学生奖助学金是州政府拨款给公共教育机构的间接来源,这样会降低部分学生的学费压力。

第三,州政府拨款用于行政管理机构及特殊用途。行政管理机构包括教育局和高等教育服务有限公司等。特殊用途一般是一些教育项目,比如"未来教师与机会项目"等。

第四,州政府的税收支出。这些税收支出不是州政府税收资金的拨款,而是通过缩减中等收入和贫困家庭的税收,保证中等收入和贫困家庭的学生能够顺利求学。

第五,州政府拨款用于重要工程建设。这种拨款有多种形式,一般是州政府直接拨款给负责重要工程建设的公共机构,也可以通过免税合同筹集资金。纽约州政府住宅局与当地工业发展机构合作,一起帮助高等院校为重要工程建设筹措资金。①

三、高等教育均衡发展

纽约州比较重视高等教育的均衡发展。州政府通过增加高等教育入学机会、帮助处境不利学生从大学顺利毕业、提高处境不利学生的支付能力等,促进高等教育均衡发展。

(一)增加高等教育入学机会

纽约州承诺对所有居民提供接受高等教育的机会。纽约州高等教育的成功归功于它的小学教育、中学教育和高中教育的各种项目对学生的培育。在严格的学习标准和毕业要求的基础上,纽约州要求所有的学生都能接受优质的学前到高中教育,从而为他们今后接受高等教育做准备。纽约州高等教育的另一个成功之处在于大学与中小学之间的合作,几乎80%以上的高等院校与中小学合作,通过各种各样的计划与策略帮助学生顺利毕业,使学生成为为社会服务的劳动力,或进入高校继续接受高等教育。

纽约州一直关注少数族裔和低收入家庭学生的教育机会。纽约州立高等教育委员会在《高等教育优异性》(*Excellence in Higher Education*)的报告中指出,很难想象,在纽约州的一些城市,只有不到50%的学生从高中毕业。同样不能接受的是,处境不利和少数族裔学生的毕业率相当低,特别是

---

① 崔文霞.国际大都市纽约的城市教育研究[D].华东师范大学教科院硕士学位论文,2004:18.

在黑人和西班牙裔中。这是高等教育的一个明显失败。因此,委员会鼓励学区和董事会追求高中毕业率。该报告还回顾了大量的项目,包括高校和学区的合作,寻求确保学生,特别是那些低收入家庭和少数族裔学生为进入高校做好准备。最后,该报告建议成立教育合作区(Education Partnership Zone)。在这样的区里,应努力实现这样的承诺:"努力学习,你就能进入大学。"①

(二)帮助处境不利学生从大学顺利毕业

除了高等教育入学机会之外,处境不利学生的第二个主要障碍是大学毕业率较低。为了保证每一个大学生的受教育权利,并使他们从大学顺利毕业,2001年秋天,纽约二年制学院的6 044个获得副学士学位的毕业生进入纽约四年制学院和大学,另外3 309个没有获得副学士学位的学生也进入纽约其他四年制教育机构继续学习。2001—2002学年,纽约州投入6.87亿美元帮助优秀的大学生与研究生继续完成学业,资助力度在美国排列第二,仅次于格鲁吉亚州,资助数额高于美国平均资助数额的2.6倍。②

《纽约州高等教育规划(2004—2012)》中提出,要让所有接受高等教育的学生都能从大学顺利毕业。规划认为,大学生教育的成功与否,直接与一个城市的科研成果、市民生活、文化进步等息息相关,因为这是培育更多人才为社会贡献的开端,也是让更多学生继续深造、攻读研究生学位的前提。纽约州高效的高等教育体系,能够帮助所有大学生获取知识,培养技能,形成既贡献社会又实现自我的人生价值理念,所有大学生积极汲取各个领域的科学知识与先进技术,并把所学知识用来解决实际问题,大胆开拓新的领域,进行知识创新。尤其要重视培养学生的全球意识、独立思考意识、批判与创新思维能力。③

此外,高校特别是社区学院的补习教育需要改进。社区学院,作为开放的入学机构,承担了许多责任,为没准备好的学生提供补习教育,而这些准备在高中就应该进行。社区学院实施的补习教育做得很好。但是,补习教育的机会成本相当大:学生本来应参加高校学分课程,却参加了补习课程,

---

① New York State Commission on Higher Education. *Excellence in Higher Education*[R/OL]. http://www.suny.edu/facultysenate/CHE_preliminary_report.pdf, 2008-06-26.
② 崔文霞. 国际大都市纽约的城市教育研究[D]. 华东师范大学教科院硕士学位论文,2004:22.
③ Board of Regents of the University of the State of New York. *Statewide Plan for Higher Education 2004—2012*[R/OL]. http://www.highered.nysed.gov/swp/, 2015-03-10.

花费了大量财力和时间来做这些事情。所以补助教育可以进一步改进。《高等教育优异性》的报告指出,必须重构补习程序,建议颁布"高校准备法",为高中提供补习资金。①

(三)提高学生对高等教育的支付能力

《纽约州高等教育规划(2004—2012)》提出,纽约州和联邦政府的助学金和奖学金促进了高等教育的平等,增加了高校和高中的合作来改善学习,解决过去高等教育处境不利学生偏少的问题,增加受教育人口的数量和质量,并为经济和教育不利学生提供服务,来帮助他们在高校成功。

在2009年经济形势不乐观的情况下,部分高校开始筹划增加学费,纽约州教育厅认为需要采取切实措施,保证中低收入家庭能够支付子女高等教育的费用。而现实是,学生贷款与助学金相比,前者利率的快速增长已经对学校和学生形成了压力,而在银根紧缩的情况下,可提供的学生贷款数量正在减少。这些问题都需要尽快加以解决。以"纽约高等教育贷款计划"(New York Higher Education Loan Program)为核心的"2009—2010年财政预算案",为纽约的四年制本科生和研究生提供了一个低成本的选择。这意味着,在当前信贷市场和经济动荡的形势下,当学生贷款选择较少或根本没有可替代学生贷款的选择时,可以通过本项预算案由纽约州政府出面为学生提供低利息的学生贷款。对学生及其家庭来说,这无疑是一项重要和有意义的举措。

四、优先发展一些战略领域

为了更好地推进校企合作,促进经济发展,同时,为了使高等教育学科发展多样化,纽约州有意识地发展一些有潜力的战略领域,如健康护理和生命科学、能源、纳米技术、农业以及服务等。而且,纽约州也有研究力量来发展这些领域。目前,纽约州拥有"美国科学、工程和医学研究院"的226个院士。②

(一)健康护理和生命科学

在健康护理和生命科学领域,纽约州在美国和全世界均处于领先地位。

---

① New York State Commission on Higher Education. *Excellence in Higher Education*[R/OL]. http://www.suny.edu/facultysenate/CHE_preliminary_report.pdf,2008-06-26.

② Task Force. *Task Force on Diversifying the New York State Economy through Industry-Higher Education Partnerships*[R/OL]. http://www.cce.cornell.edu/Community/Documents/PDFs/-IHETF_Report_FINAL.pdf,2009-12-14.

在纽约州对高等教育的 40 亿美元投入中,65%投给了生命科学领域。

和美国其他州相比,纽约州有更多的医疗学校。纽约州训练了 11%的美国医学学生,17%的实习医生。2007 年,纽约州获得了美国健康中心(NIH)约 10%的资助经费,在所有州里排名第三。

纽约州有 7 个 NIH 资助的医学研究中心,在美国的州里数量是最多的。这些中心位于纽约大学的医学院、哥伦比亚大学健康科学中心等。

(二) 能源

纽约州有一个能源部门——纽约州能源研究和发展署(NYSERDA),为未来的能源产生、技术和储存提供研究资助和项目。纽约州在核能、水利发电、天然气等方面是领先的。纽约州的大学积极地和纽约州核能机构建立合作研究和培训项目。

最近纽约州确定了两个措施来促进校企合作:"纽约州电气网络"和"纽约州电池和能量储存技术联营企业"。这两个项目试图把企业、学术界和政府的利益相关者整合在一起。

(三) 纳米技术

纳米技术在未来将产生很多效益。纽约州的许多大学都有相关的研究中心,比如康奈尔大学、哥伦比亚大学、阿尔巴尼大学等。纳米技术对其他领域也很有帮助,如能源和健康护理/生命科学等。纽约州许多大型和具有创新精神的企业对纳米技术感兴趣,包括 IBM、施乐(Xerox)等,它们早已经和许多大学建立联系。

(四) 农业和食物加工

纽约州的农业很重要,有超过 3.66 万个农场,未加工的农产品每年有 44 亿美元的销售额。纽约州有 4 300 个食物和饮料企业,雇佣了 5.7 万名员工,每年销售额近 190 亿美元。农业和食物加工企业与大学合作得不错,关注创新能为纽约州的农场主提供必要的竞争力。

康奈尔大学农业和生命科学学院在这方面做得比较成功,该学院一直以来积极履行康奈尔大学"为全州农业社区服务"的使命。康奈尔大学运行的纽约州农业实验基地提供了把科学研究转移到农业领域的一个成功案例。纽约州立大学农业和自然资源学院也有效地促进了大学和企业的合作,它把纽约州立大学其他 12 个校园联合起来,合作开发农业相关项目。

(五) 服务科学

在纽约州和美国的经济中,服务部门是增长最快的部门。高质量的生活依靠精密系统,精密系统则依靠一些领域的科技进步,比如生命科学、能源、纳米技术和农业等。但是,在美国,没有一个州在教育服务相关方面成为领导者。

要达到这些精密系统,服务部门的工作也很关键,这些工作在那些采用创新技术的公司增长迅速,在服务方面能做得更好,也更能吸引顾客。根据英国皇家社会最近出版的报告,科学技术工程和数学(STEM)领域的80%的毕业生在知识服务部门找到工作。但是,目前美国的大学教学仍旧关注产品和制造业,而不是强调培养"T型"(T-Shaped)人才(那些既有专业知识,又有广博知识的人)。

在鼓励服务科学方面,企业起着重要的作用。在纽约州,摩根大通(JPMorgan Chase)和雪城大学(Syracuse University)有一个创新性的合作,共同关注教学和财政服务信息技术的经验。在50个国家超过400名教师建立了服务科学课程,关注各种学科团队一起合作来理解、改善和完善服务制度和系统。

纽约州一些大型公司,比如施乐(Xerox)、IBM和通用电气公司都关注服务创新。这为纽约州的高等院校在和企业合作方面追求服务科学创新创造了大量的机会。同时,这给纽约州的商业提供了竞争性的好处,也使得纽约州成为一个更有吸引力的商业地区。对服务科学的关注,使得对STEM毕业生的需求量有较大增长,这些学生能满足知识服务部门的工作要求,能为高技能、高价值服务科学创新做出贡献。

第二节 提高高等教育质量:优质发展

纽约州的高等教育质量在全美国一直位于前列。21世纪以来,纽约州政府承诺:在一个高效的高等教育系统下,纽约州高校将在21世纪获得更高的领导地位,继续保持和促进纽约州和全州人民的教育和经济需要,并成为世界教育的领导者。因此,纽约州积极采取措施来提高高等教育质量,并分别出台了《纽约州高等教育规划(2004—2012)》和《高等教育优异性》两个报告作为指导。《纽约大学2031愿景》成为纽约州提高高等教育质量的一个典型案例。

一、提高高等教育质量：纽约州的举措

21世纪以来，纽约州政府和纽约州教育厅越来越关注高等教育质量，把提高高等教育质量作为一项重点任务，试图通过高等教育的优质发展来培养优质人才。

（一）加大经费投入

纽约州的高等教育经费得到地方政府的大力支持，比如，2005年纽约市高等教育支出总经费为140.9亿美元，位居美国50个都市区的第一位。此外，联邦政府也对纽约州高等教育提供了巨大支持，对高水平大学重点投入。在2005年美国大学研发经费来源中，根据联邦政府投入经费排名，哥伦比亚大学列全美大学第10位（4.5亿美元），纽约大学列第59位（1.9亿美元）。在美国大学研发经费投入中，联邦政府投入占63.8%，但哥伦比亚大学研发经费中联邦政府投入占83.3%，纽约大学研发经费投入中联邦政府投入占67.9%，它们分别比全美大学联邦政府投入比重高19.5个百分点和4.1个百分点。此外，哥伦比亚大学、纽约大学研发经费占纽约州私立大学研发总经费的30.8%，纽约市立大学系统中11所院校的研发经费占纽约州公立大学研发经费的9.6%。①

（二）制定发展规划

纽约州有一个高效的高等教育系统，包括公立、独立和营利高校。为了协调高等教育系统，每隔8年，董事会与高等教育机构一起，研究和制定高等教育规划，设立高等教育系统目标。该规划集中在影响州高等教育的因素、作用以及为全州人民服务的主要事务上。

2004年，纽约州制定《纽约州高等教育规划（2004—2012）》。该规划强调，要培养学生掌握先进的知识并有能力把这些知识应用于相应研究领域。学生需要从专家、书籍、电子文件、与同学的合作、自己的观察和分析中学习；鼓励学生独立学习，综合所学知识的不同方面，以求发展和创新；培养学生批判性思维能力、口头和书面表达能力；要求学生具备全球思维，并能够适应变化的环境和条件；使学生最终成为能够完成自我知识更新、自我指导的终身学习者。

---

① Atlanta Regional Council for Higher Education. *Higher Education in America's Metropolitan Area: a Statistical Profile* [R/OL]. http://www.atlantahighered.org/Portals/12/ArcheImages/Reports/Docs/MSA_National.pdf, 2008-12-26.

此外,《纽约州高等教育规划(2004—2012)》还指出,高等院校是学生学习和反思的社区,在当中,与专业人士合作,积极参与创建、提供和改善教育产品和服务,以达到高品质的成果。这个高效系统号召高校通过正在进行的自我评估得到发展。评议会要求院校描述它们的整体规划,也就是规定学校要制定发展规划。①

2007年,纽约州规定,各高等学校在向教育厅提供的发展规划中,要明确显示学校的自查结果及提高教育质量的设想。各高等学校的发展规划中,必须要有明确的如何提高教育质量的措施和行动方针。

(三)成立纽约州高等教育委员会

一直以来,纽约州政府密切关注高等教育政策,特别是纽约州立大学和纽约城市大学,经常定期被特别任命的委员会进行检查和规划。这些委员会的工作促使纽约州高等教育发生了许多脱胎换骨的变化。如1948年青年委员会(Young Commission)促使了纽约州立大学的产生,1968年巴迪委员会(Bundy Commission)为私立院校提供了州援助,1973年科普尔专门小组(Keppel Task Force)实施了学费帮助项目——纽约州政府最大、最慷慨的基于需要的高等教育项目之一。1985年,纽约州立大学未来独立委员会(Independent Commission on the Future of the State University of New York)的报告《挑战和选择》(*The Challenge and the Choice*)得出结论:过度管制阻碍了纽约州立大学的发展。这为纽约州立大学和纽约市立大学获得更多的管理灵活性铺平了道路,尽管范围有限。

2007年5月29日,纽约州高等教育委员会成立。该委员会于2008年6月提交了名为《高等教育优异性》的最后报告,为纽约州高等教育改革提供了指导。委员会检查了纽约州的高等教育制度,把纽约州和美国其他州进行比较,以及和其他高等教育迅速发展的国家进行比较。报告发现,尽管纽约州仍旧是美国最强大的州,但由于公立高等教育的收入和投入减少,管制增多,使得纽约州失去了在知识经济的全球竞争中的领先地位。因此,必须采取行动计划来实施报告中所提的相应建议。②

(四)改善课程和教学

纽约州规定,州的每个高校在提供项目之前,必须达到教育规则委员会

---

① Board of Regents of the University of the State of New York. *Statewide Plan for Higher Education 2004—2012*[R/OL]. http://www.highered.nysed.gov/swp/,2015-03-10.

② New York State Commission on Higher Education. *Excellence in Higher Education*[R/OL]. http://www.suny.edu/facultysenate/CHE_preliminary_report.pdf,2008-06-26.

制定的质量标准。教育厅也必须检查先前的课程。这些检查和课程质量相关，而不是走过场。在纽约州268所院校中，超过2.6万个学校项目被注册。

纽约州高校学科专业设置广泛。据统计，纽约州高校设置的学科领域超过30种176个二级学科。可授予学士学位的学科分别是工商管理、教育学、社会科学、工程、医疗卫生、生物科学、心理学、艺术、人文科学等，尤其是工商管理、教育学、社会科学，按照可授予学位的学生数量，一直保持在所有学科中的前三位。

纽约州的高校课堂教学从过去重视专才教育转变为重视通才教育，实行必修课和选修课相结合的办法，必修课强调将自然科学、社会科学和人文科学作为通识教育的核心内容，这些课程大约占学生课程的一半。纽约州规定，不论是何种专业的四年制本科大学生，大学一、二年级都必须安排以通识教育课程为主。除此之外，纽约州的大学还建立了一个"核心课程体系"，涉及外国文化、历史研究、文学艺术、道德伦理等。学生在大学一、二年级必须修满基础课程，三、四年级才可以选修专业基础课程，真正的专业课常为选修课。

纽约州的高等教育课程国际化也是高等教育发展的趋势之一。为了培养学生的全球意识，课程设置也考虑了国际化的背景。在纽约州高等教育中留学生的比例逐渐升高，多种外语教学也是必然趋势。

此外，在纽约州高校执教的全日制教师一般具有博士学位，很多是知名奖项的获奖者，包括诺贝尔奖获得者、菲尔兹奖获得者、国家科学奖获得者、奥斯卡金像奖获得者、麦克阿瑟奖获得者等，还有一些教师是国家科学和工程学学院的成员或国家医学研究所的成员。

（五）建立学生信息数据库

纽约市立大学建立了一个学生信息数据库，各个分校可以网上访问以及跟踪和学生学业成绩相关的许多指标的进展。在未来，这些数据将扩大成三个设计目标：传递信息，指导学院的教师和管理员采取自己的措施来设计和传递改善的服务；整理信息，支持学院的学习和行政服务评估；组织信息，使教育行政部门和高校更充分地衡量大学的目标进展情况，并制定指导政策。

（六）实施动态评估

要确保高标准、高质量的教育，评审是一个重要的程序。纽约州评议会作为一个国家认可的评估机构,对纽约州的学位授予单位进行评估。目前,有20多所高校申请和接受评议会的评估,评估程序帮助那些院校集中在对高质量教育所必需的要素上。

在评估方法上,纽约州实施动态评估。它包括一系列的评估策略,如追踪学生群体学术的进步,收集学生表现的案例,在不同的学期使用相同的评估工具。在纽约州实施的评估中,评估不是收集数据并返回评价结果,它是一个过程,涉及高校领导者和教师对数据的收集和解释。它通知并帮助指导学生不断提高。

从2001年实施评估以来,许多被评估机构采取措施来加强它们的学术项目、教师、学生支持服务、图书馆资源和学生学习。评议会希望院校评估的标准和程序在检查教育质量和学生服务方面将继续发挥重要作用。

（七）加强远程教育

展望未来,远程教育有可能成为发展的重点。它有能力为纽约州的每一个人提供入学;能使居民在他们的家庭之外追求教育机会;提供针对当地专业人员和社区人员的特色学习和培训,这在以往是不容易获得的;帮助相关专业人士实现强制性的继续教育,更好地为市民服务。

纽约州教育厅没有规范院校所提供课程的授课模式,一个高校或许能通过远程教育方法提供1/3的学习项目。为了使院校有更灵活的方式和能力来提供远程教育,纽约州教育厅发展了一个"院校能力检查"方法。他们和远程高等教育的专家合作,建立了远程教育的实践原则和运作标准,邀请一些院校自愿做评估,评估它们的计划、传输以及远程教育项目的能力。纽约268所院校中有20所成功地实施了"院校能力检查"。

纽约州教育厅组建了来自四个高等教育机构的审查委员会,审查在远程教育方面的政策和程序,并对有关问题提出建议。纽约州评议会检查了教育厅的远程高等教育的实践原则及程序、远程高等教育的能力和项目、它们相互之间的效率,确定了标准、原则和程序的长处和短处,并提出了改善意见。在未来,教育厅将继续管理远程高等教育项目,提供技术帮助,并提供最好的能被所有州高校分享的实践。①

---

① Board of Regents of the University of the State of New York. *Statewide Plan for Higher Education* 2004—2012[R/OL]. http://www.highered.nysed.gov/swp/,2015-03-10.

二、提高高等教育质量：报告的视角

纽约州高度重视高等教育质量，相继发布了《纽约州高等教育规划（2004—2012）》和《高等教育优异性》报告，为提高纽约州高等教育质量做出指导和要求。

(一)《纽约州高等教育规划（2004—2012）》

《纽约州高等教育规划（2004—2012）》由纽约州独立院校、纽约州营利大学、纽约州立大学、纽约市立大学、纽约州教育厅共同提出。

评议会和教育厅的使命是"为所有纽约州市民增加知识、技能和机会"。在高等教育方面，评议会在计划和协调、质量评估、促进平等和扩大入学等方面担负责任。评议会也管理独立院校和营利大学，它通过制定整体规划来同意公立、独立和营利学院的使命和专业的变化，授权州外其他高校提供指导。

评议会认为，《纽约州高等教育规划（2004—2012）》首先要使高等教育系统更有效率地满足纽约市民的需求。该规划规定了 13 个优先领域，并把它们分成五个大类：① 为了所有大学生最大化的成功，包括高等教育质量，可负担性，消除成绩差异，残疾学生等。② 扫除从 K-12 教育到高等教育的转换障碍，包括高校准备，提供备考以及高校的信息。③ 通过研究生项目和科研满足纽约州的需要，包括发展强大的研究生项目来满足州的需要，通过科研产生新的知识。④ 为全州的每一个社区提供合格的专业人员，包括提供合格教师、学校领导者和其他教师专业人员。⑤ 创造一个平衡和灵活的监管环境来追求卓越，包括鼓励并建立一个高校的系统。

"高等教育质量"属于《纽约州高等教育规划（2004—2012）》中的第一个大类："所有大学生最大化的成功"的一部分。在《纽约州高等教育规划（2004—2012）》中，提高高等教育质量主要涉及以下内容。①

1. 高等教育质量：规划的重点

该规划认为，本科生教育帮助确保学生、公民和文化的成功。它是有效参与社会，并为社会做贡献的门户，也为学生进入研究生学习做准备。纽约州有一个高效的高等教育系统，院校给予学生能力来发展批判力、智力和社

---

① Board of Regents of the University of the State of New York. *Statewide Plan for Higher Education* 2004—2012[R/OL]. http://www.highered.nysed.gov/swp/，2015-03-10.

会价值。在不同院校使命和个人期望及天赋的背景下,纽约州高等院校帮助所有学生获得知识、技能和伦理基础,为社会做贡献,并在未来的工作岗位上获得成功。

2. 提高高等教育质量:不同部门的作用

该规划对四个高等教育部门——纽约州立大学、纽约市立大学、纽约州独立院校和纽约州营利大学都提出了提高高等教育质量的要求,纽约州评议会和教育厅将采取措施来关注高等教育质量。以下主要以纽约市立大学和独立院校为例进行阐述。

(1) 纽约市立大学:确保和提高本科生、研究生、博士后教育、成人教育和继续教育的质量。

为了提高高等教育质量,纽约市立大学将采取以下措施:① 给社区学院学生提供额外的全职教师,加强项目咨询和扩大服务支持,为他们提供更多资源。② 巩固过去几年开发的本科教育项目,给学生提供最大限度的在大学成功的机会。③ 完善基础设施,发展一般教育课程,给学生提供优质的通识教育的经验。④ 保证所有学生都有机会和最好的教师一起研究美国历史。⑤ 荣誉学院将继续致力于提供小型自由艺术学院的良好传统。⑥ 每个学院都将进行师资培训项目的认证。⑦ 保证全职教师提供70%的课程。⑧ 继续建设图书馆馆藏的印刷、数字以及其他版本,支持大学的教学和研究项目。创建和探讨在电子数据库购买方面的合作机会,在纽约市立大学之间提供馆际互借服务。把促进信息化作为高校的重要事情,发展工具来评估学生的信息素养能力。⑨ 采用基于绩效的方法来监测项目的成功。为了检查项目的成功,将从教学研究和其他研究中获得数据。对即将毕业的学生进行调查来分析他们的未来教育和事业计划,为学生在竞争激烈的市场中做好准备。⑩ 完善支持服务(如就业服务、保健服务、日间护理中心)及学生娱乐活动。

(2) 独立院校:建立自身的内在优势,认识到它的独特使命。

独立院校将继续把重点放在建立自身的内在优势,认识到它的独特使命。这些优势在许多方面是很明显的:132个独立院校的教师和校友获得诺贝尔奖;纽约州是新生的首选目的地;14个独立院校是《美国新闻和世界报道》中认为最好的大学和文理学院,比美国其他州都多;独立院校每年吸引美国卫生研究院超过10亿美元的资金。师生比也较低,教员与学生的平均比率是1∶12。

独立院校将采取以下措施来提高高等教育质量:① 继续在课程中融入科技以改善学生学习。② 继续使用各种涉及高校领导者和教师的评估策略来告知及帮助指导学生学习的持续改进。③ 继续实施动态评估,通知并帮助指导学生不断提高。④ 发挥教师在收集和解释数据方面的核心作用。

(二)《高等教育优异性》

2007年5月29日,在纽约州前州长斯皮策(Spitzer)的建议下,纽约州高等教育委员会成立。斯皮策要求委员会广泛地检查州高等教育所面临的挑战和取得的成就。这个检查包括纽约州立大学、纽约市立大学以及纽约州的私立院校。按照这一要求,纽约州高等教育委员会于2007年12月提交了最初的报告,并于2008年6月提交了名为《高等教育优异性》的最后报告。①

1. 背景

纽约州高等教育委员会回顾了所有先前州委员会的高等教育报告以及相关主题的国内外文献,倾听纽约州、美国和国际专家、领导者的意见,考虑了纽约州所有社区、所有群体,特别是最弱势群体的利益,获得了大量建议。同时,委员会成员参加了大量现场会议、电话会议,并和公众、相关专家、利益相关者及政府官员进行电话和邮件交流,最终完成了具有一定深度的报告。

2. 主要内容

纽约州是文化、娱乐、旅游、商业、财政、政府、科学、健康医疗和教育的全球中心。纽约州的高等教育机构在当中起着核心作用,在未来,它们的作用将会得到检验。纽约州的领导者必须意识到全球的竞争和合作,促进革新的产生和传播。纽约州必须在观念和革新上竞争,不然就会落在后面。纽约州必须迎接这种新挑战。

(1)纽约州应有危机意识。

纽约州的高等教育非常发达,250多个校园录取了100多万学生,包括优秀的公立和私立院校。它们每年的直接经济影响超过了1 000亿美元。创建于1948年的纽约州立大学是美国最大的州立高等学校系统,也是最年轻的系统之一。纽约市立大学是美国最大的城市高校系统,纽约州的私立

---

① New York State Commission on Higher Education. *Excellence in Higher Education*[R/OL]. http://www.suny.edu/facultysenate/CHE_preliminary_report.pdf, 2008-06-26.

院校也很有影响力。这些都是纽约州的无形资产。

但是纽约州也要具有危机意识。有证据表明,在过去几十年,纽约州的地位有所下滑。比如,该报告显示,纽约州在研究上赖以自豪的地位正在下降。1980年,纽约州的学术研究和发展费用占美国的10%,现在只有7.9%,其他州则获得了增长。据此,委员会估算出,纽约州失去了超过22亿美元的收入和超过2.7万个工作岗位。委员会认为,声誉显著的研究性大学是开启纽约州未来的钥匙。纽约的私立研究型大学已经被广泛地认为是世界一流大学,纽约州政府也需要给纽约州立大学和纽约市立大学增加投入,使它们能和美国其他州的顶级公立研究型大学竞争。

学术研究和发展费用份额的下降只是委员会所举出的其中一个忧患。此外,兼职教师所教班级和学生数量的上升,公立和私立校园基础设施的维修都是需要面对的问题。

(2) 纽约州高等教育面临的老问题。

目前,纽约州高等教育仍面临着一些老问题:太少的收入,太少的投入,太多的管制等。这些问题也给纽约州高等教育造成了损失。

收入短缺使得高校降低学术质量,特别是缺乏全日制教师。和纽约州立大学及纽约市立大学相比,其他州最好的公立高校有更多的收入来支持学术项目和服务。高校的财政收入一般来自州政府提供的费用、学费收入以及其他收入,比如杂费、研究项目经费和慈善捐助等。通过对学费价格和州资助的过度监管,纽约州的公立院校受到了很大限制。

一般来说,高校提高收入的唯一选择就是增加学费。但是,由于大多数学费不被学费援助项目(TAP)所覆盖,增加的学费给学生的入学带来了巨大的威胁。社区学院本来具有学费低廉的特点,但如果州政府和地方赞助商没有增加投入,它们也被迫增加学费。学费的增长,特别是非预期或者过度的增长,会降低入学率,伤害中产阶级学生和他们的家庭。对学费援助项目来说,这些家庭不符合资格和要求,但是要他们支付高额学杂费也有点困难。纽约州社区学院的平均学杂费超过美国平均水平,是同类州中最高的。

为了解决这个问题,委员会建议压缩公立高等教育,在州政府、纽约州立大学和纽约市立大学、校友和朋友、学生中进行成本分担,这能明显降低州的费用,改善纽约州立大学和纽约市立大学的财政。

太少的投入使得纽约州面临严峻的挑战。为了解决大学基础设施维修问题,纽约州高等教育委员会在对纽约州立大学和纽约市立大学的关键维修上投入50多亿美元,建议在未来建立一个有效的管理策略。

过度的管制抑制了纽约州立大学和纽约市立大学抓住新兴的机遇。目前,纽约州立大学和纽约市立大学是主要的、成熟的机构,具有合法的会计和信息系统,能提供它们所需要的问责制的信息。当这些机构必须被完全问责来满足标准和遵守法律时,就抑制了它们迅速做出反应来适应社会的能力。

因此,纽约州高等教育委员会建议纽约州教育厅保留宏观的问责,提供能扩大高校快速反应能力和抓住在全球经济竞争中机遇的制度。委员会建议在三个关键领域放松管制:在校园财产的销售和租赁上提供更多的灵活性,缓和纽约州立大学建设基金的金融限制,在合同和采购上给予更多的灵活性。

(3)建议。

纽约州高等教育委员会指出,为21世纪纽约州高等教育奠定坚实基础的四个基石分别是:吸引世界级的研究,联系教师、研究者和学生的思想世界,发展一个多样性的劳动力市场,迅速地适应变化。这些关键要素将加强高等教育在纽约州经济中的作用。为了建立一个优秀的纽约州高等教育系统,纽约州高等教育委员会提出以下具体建议:① 设立30亿美元的州革新研究经费,来支持对纽约州未来很有意义的研究。② 为进入纽约州高校的学生提供一个低成本的学生贷款项目。③ 清晰地划分纽约州公立高等教育系统的责任。④ 在未来的五年,纽约州立大学和纽约市立大学再招聘不同背景的2 000名全职教师,包括250名著名学者。⑤ 修改纽约州立大学的治理结构和系统管理,为校园研究提供更多的关注和支持。⑥ 放松对纽约州立大学和纽约市立大学的管制,移除校园快速调整的阻碍,减少对提高质量能力的限制。⑦ 在高需要学校地区发展教育合作区(Educational Partnership Zones),整合高等教育和基础教育资源,改善学生学术成果和扩大高校入学率。⑧ 通过大学准备法(College Readiness Act),确保高中毕业生做好进入大学的准备。纽约州高等教育委员会还关注了学生面临的困难:学生在一所公立学校学习,但当他们转到另外一所公立学校时,不能转移学分。纽约州高等教育委员会建议,在未来的三年将建立一个学分互换系统。⑨ 加强纽约州立大学和纽约市立大学之间的衔接和转移,特别是同类课程的衔接。⑩ 用一个持续的资本再投入项目,解决纽约州立大学和纽约市立大学之间的关键性维修。

该报告指出,纽约州必须回应21世纪的挑战,并考虑得更长远。毫无疑问,纽约州是一个巨大的观念创新中心,但是它也失去了一些优势。要保持它的优势和繁荣,高等教育机构非常关键。高等教育在纽约历史、现在和未来都处于中心地位,具有巨大的潜力。纽约州高等教育的资产远远大于负债,但长期投入不足,而且过度管制。因此,应建立长期计划来实施该报告所提出的建议,纠正这个问题。委员会相信,该报告提出的建议将会促进纽约州高等教育的发展,也会使纽约州抓住未来的机会,确保21世纪成为纽约州的世纪,纽约州将会在未来继续繁荣。

三、提高高等教育质量的案例:纽约大学

目前,纽约大学已经成为一个具有大量学者、艺术家和学习者的社区,它的目标是成为具有全球视野的一流城市研究型大学,并试图通过制定战略规划来实现这一目标。在过去的40年里,纽约大学发展迅速,从1975年的接近破产(当时主要是一个地区学校,只有几个较好的专业学院和研究中心)发展到目前世界知名的大学。到2031年,纽约大学即将举行200年校庆。纽约大学于2008年制定了《纽约大学2031愿景》,为纽约大学的发展提出了新的发展规划和方向。①

(一)背景

20世纪80年代以来,纽约大学取得了许多成功。在该时期,纽约大学优先考虑了一些策略:招聘研究型教师,建立学生宿舍,在欧洲开设一些学习中心,投资一些革新项目。目前,纽约大学的教师被认为是所在领域的领军人物,这从他们所研究的广度和深度、他们所获得的奖项以及其他院校吸引他们的优惠措施可以看出。纽约大学的许多学院和部门的研究声誉增长迅速,纽约大学的博士和硕士项目吸引了来自世界各地的学生。因此,纽约大学研究生的学术和专业分数都是很高的。同样的,纽约大学的专业院校在过去的几年也得到了促进,学生的质量比以前更好,标准考试和GPA分数提高,也收到了大量的入学申请,学校的选择性更强,淘汰率更高。目前,纽约大学所拥有的世界一流的学院、系科和项目的数量都在增长。

20世纪80年代以来,为了获得投资转变的必需资源,纽约大学采用了

---

① New York University. *NYU Framework* 2031[EB/OL]. http://www.nyu.edu/content/dam/shared/documents/NYU.Framework2031.Final.pdf,2008-06-24.

大量的策略和路径：1991年到2001年，增加了25％的学生数量；增加了学费；以各种方式借贷；控制教师和行政人员数量的相对增长，减少行政支出；延缓校舍等的维修。但是，进入21世纪，这些方法显然不能无限期地有效使用。比如，21世纪以来，学生数量的增长速度放缓。在未来的20年，为了保持合适的师生比和班级规模以减少拥挤，学生的数量应保持一个合适的比例。因此，从长远来说，要想保持和扩大学术质量，必须找到一种新的方法来获得和管理资源。这包括两个方面：关注建立学生社区以及和纽约大学的毕业校友建立联系，这在以前是被忽视的。

2002年，情况变得更复杂，纽约大学经历了两次重大打击，威胁到了先前的成就。一是，通过对大学运作财政预算的分析，纽约大学发现了明显的结构赤字，即使它意识到在教师数量（为了平衡师生比）和基础设施（为了增加学术空间和维修毁坏的设备）上投入的增长是必须的。二是，由于新建了一些大楼以及其他医疗中心的挑战，纽约大学的医疗中心遭受到财政危机。可以说，从"9·11"以来，随着国家经济的衰退，美国许多大学面临着挑战，纽约大学也是如此，必须采取措施来加强它的财政。

不过，纽约大学采取了必要措施。2003年，它减少了行政雇佣费用，采取成本控制，并建立了更大的应急基金。同时，学校的领导层制定了资源分配的标准，关注长期的策略目标。目前，纽约大学的财政状况（财政平衡和现金状况等）是稳定和充足的。

实际上，纽约大学也有信心面对这些挑战。2002年，纽约大学委员会发布了一个名为"纽约大学运动"的计划，要求纽约大学的经费每天增长超过100万美元，一直持续六年。这一活动扩大和改善了学校的空间，超过10亿美元用于购买新设备和更新一些项目，对纽约大学的每一个学院都是有益的，惠及了纽约大学师生生活的每一个方面，包括教室、实验室、图书馆、学生宿舍、校医院、剧院、教室、办公室、教师宿舍、学生活动场所、学术研究中心等。

（二）面临的挑战

尽管纽约大学在过去的几十年获得了巨大的发展，但是它仍面临着来自国内外、财政资源以及空间资源的众多挑战。

1. 国内的挑战

美国公众对高等教育入学有需求，这或许是因为学士学位在美国已经成为一种必需。但是，社会并没有意愿来支持发展高等教育。如果没有公众资源,那么,只有很少的一些特别富裕的大学(纽约大学不在其中)能给那些想进入大学的学生提供足够的财政资源。如果真的出现这种情况,美国高等教育,特别是研究型大学,会面临着更多的公众批评和政治压力。这种政治压力有不同的表现形式,比如,减少给予科研的资助,特别是减少给予基础科学研究、人文社会科学研究以及艺术研究的资助,而这些是研究型大学的核心;实施高等教育绩效问责制;对高等教育进行管制,包括财政方面。

同时,它也存在着人口方面的挑战。从2004年到2017年,美国高中毕业生仅仅增长了5%,而在过去的12年中这一数字是24%,这将影响将来的录取率。

最后,社会大众要求大学具有更高的效率,包括期望大学采用措施来降低高等教育成本。

2. 国外的挑战

在过去的10年,大量的优秀教师和学生从世界各地流向美国的研究型大学。但是,现在欧洲、澳大利亚和新西兰开始大量录取外国学生,中国开始加快研究型大学的建设,印度也在开始采取措施来留住自己的教师和学生。在"9·11"以后,从签证制度到移民规则,美国都开始增加对国外教师和学生的限制。因此,到美国高校的外国教师和学生的数量保持相对稳定,甚至有所下降。总的来说,世界人才的流动比10年前更为复杂,纽约大学和其他所有研究型大学一样,将被迫面对这种变化。

3. 财政资源的挑战

纽约大学的发展在很大程度上取决于它的财政状况和资源限制。很长时间以来,它作为一所地区大学,是为劳动阶级群体服务的,并没有得到富裕校友的支持。它的财政资源是缺乏的,因此它不能有效地发展。1981年以来,纽约大学的地位开始上升,这很大程度上是因为纽约大学学术企业化的推动。仅仅在最近的10年,纽约大学转型为一所研究型大学,声誉也得到增长。

目前,纽约大学的财政状况比以前都好,但仍旧不富裕。在录取人数上,它是美国最大的私立大学,但是在捐助方面,它在私立大学中仅仅排名第21位,在所有大学中排在第32位。

随着纽约大学规模的进一步增长,费用将会更多,资源将会更加有限,因此在将来,可能会适当地上涨学费。纽约大学很大程度上依靠学生的学费,但是要想保持和扩大竞争力,这并不是长久之计。

纽约大学每年给本科生的财政资助有 1.5 亿美元,佩尔助学金获得者数量比哈佛、耶鲁、普林斯顿等大学多至少 2 倍。目前美国最富有的大学开始对中产阶级学生扩大资助,因为这些学生面临着学费的压力,但纽约大学仍将必须考虑那些最需要资助的学生。

最后,尽管纽约大学的位置得天独厚,位于纽约市中心,但是这有两个潜在的危机:一是纽约大学在纽约市的商业成本持续增加,二是学校的财富也被纽约市的经济危机所影响。

4. 空间资源的挑战

20 世纪 80 年代以来,纽约大学没有扩展教室和办公室的空间。教师规模的扩大、项目的增加都需要扩大空间,但是空间实在有限。哥伦比亚大学每个学生的平均面积是 230 平方米,它还自认为"空间被剥夺了",纽约大学每个学生的平均面积则只有 160 平方米,可以说是"空间的饥饿"。

在未来的 25 年,纽约市政府预测纽约市的人口将增加 15%,也就是 100 万人,纽约市城市空间的需要将会更加迫切,空间的价格会比现在更昂贵。即使纽约大学在《纽约大学 2031 愿景》中计划在未来 25 年里拓展 600 万平方米的空间,它仍旧比大多数同类大学少。空间的获得将消耗大量的财政资源。①

(三)发展举措

为了迎接这些挑战,纽约大学采取了积极的应对策略。

1. 出台指导原则和标准

纽约大学出台了一个指导原则和标准,并采取了一些措施使之具体化。

① 首要原则。在额外投资时,这些情况应被优先考虑。第一,保护现存的力量。保护目前的力量比重建它们或者建立新的力量容易。纽约大学研究的重点和特色,以及在艺术和专业上的名誉,将被保持和扩大。第二,继续培育核心艺术和科学。艺术和科学是很多一流研究型大学的课程核心。第三,进一步扩大本科生经验。纽约大学长期的财政能力和它的声誉依赖于它所提供的本科生教育质量。第四,保持对纽约大学院系发展的关注。意识到纽约大学目前的学术进步和优异度是革新措施以及优秀教师学术转

---

① New York University. *NYU Framework* 2031[EB/OL]. http://www.nyu.edu/content/dam/shared/documents/NYU.Framework2031.Final.pdf,2008-06-24.

化措施的结果,纽约大学应继续实施这样的学术措施。

② 额外学术投入的标准。这些在决定额外的大学投入的计划中是首要的基础。对纽约大学长期的学术使命和学者声誉来说,项目是重要的,应有灵活的计划来实现。计划的灵活性不是取决于财政资源,而是取决于内部因素和外部因素。内部因素包括项目的目前质量和声誉、领导力的质量、教师集体提出的未来发展的好计划等;外部因素包括是否吸引了优秀教师和学生,以及它是否可能继续成为未来发展的一个焦点。要想吸引更多的学生,对大学的投入来说,项目不能仅仅关注发展科研,而必须在本科生和(或)研究生层次有适当的课程。

③ 另外的大学投入。另外还必须考虑纽约大学的其他一些力量,比如,全球网络;和纽约市的关系;和跨学科的"一般企业"的关系;革新和向前看的精神。这个计划使用纽约大学的全球网络来增加纽约大学的竞争力,利用纽约市和校友网络来增加纽约大学的竞争力,依托其他大学的相关课程研究专家,也为其他大学的教师、研究生和本科生提供机会。这是对纽约大学最大挑战和新机会的回应。

④ 回顾进步。大学里的教务长办公室有领导责任,评估新的学术措施,要和教师团体协商,听取相关院长的建议,接受内部和外部质量评估者的适当指导。校长和他的核心团队——大学最高级领导(教务长、行政副校长、后勤副校长、法律总顾问、艺术和科学院院长、校长办公室主任等)将帮助教务长思考决策,并做出最后的决定。

2. 加强和世界的联系

纽约大学也是国际化的。国际社会存在一些世界性的问题,如健康、环境、人口、贫困、经济、教育、政治和不同文化的复杂关系。21世纪的研究型大学将面临全球学术项目,或许需要一些组织性的步骤来建立教育和学术设施以满足挑战,其中一个很大的挑战是,随着大学扩展到世界各地,成为一个全球的研究型大学,大学如何对所在地区产生影响。

纽约大学位于世界上智力、文化和教育资本最集中的地方,应领导这次转变。因此,纽约大学建立了全球研究中心,特别是发展了一些特别项目以及院校国际关系,吸引了大量国际教师和学生。纽约大学也由"在城市"和"为城市发展"转化为"在世界"和"为世界发展"。

3. 节省费用

除了和纽约市加强联系、寻求地方资助以外,纽约大学也想方设法地节省自身费用。2008年,纽约大学通过整合和协同效应节省行政费用1 000万美元,并把这些钱用于教师待遇、财政资助、学术项目和设备等。

(四) 发展方向

《纽约大学2031愿景》提出,纽约大学的发展方向应主要包括以下几个。

1. 建立"合作者计划"

"合作者计划"在发展艺术和科学专业方面具有重要作用。"合作者计划"通过建立一个基金来增加艺术和科学的教师数量,并将新招聘250名艺术和科学教师,意味着1/3的艺术和科学教师将通过这个项目被招聘。目前已经招聘了163名教师,其中1/4的新教师是初级职称,1/4是中级职称,1/2是高级职称。

"合作者计划"的一个关键领域是科学项目的扩大。由于科学在现代社会的重要性,研究型大学需要有更强大的科学项目。在科学项目上的成功是纽约大学的动力。但是,实施科学项目十分昂贵。要想在每一个学科的每一个方向上都加大投入是不太可能的,如果选择的领域不是纽约大学的优势学科,投入或许会失去效果。为了繁荣科学研究,纽约大学的策略是继续支持相对强大的学科,比如数学和神经科学;另外,在纽约大学有潜力保持卓越的重要和快速增长的领域也要增加投入。

发展科学的重要策略是联合采用的。比如,为了建立软凝聚态物质物理学,纽约大学使用"合作者计划"的基金招聘了三个该领域最顶尖的学者,他们分别来自普林斯顿大学、加利福尼亚大学圣塔芭芭拉分校和芝加哥大学。这三个学者被吸引是因为他们有一起工作的机会以及可以建立一个新的关于软物理研究中心的项目。他们到纽约大学来,也吸引了化学领域的一个著名学者,这个学者把他的实验室从明尼苏达州搬到纽约市,建立了一个分子设计中心。和"合作者计划"的策略一致,这些高级学者所做的基础性工作吸引了一些有潜力的初级和中级学者。

为了支持这些吸引教师的措施,"合作者计划"也在科学上投入了很多费用。比如,纽约大学装修了位于华盛顿广场的科学系的实验室,建立了基因组学和系统生物学中心、脑显像中心、软物质研究中心和分子设计中心。

2. 支持艺术学科的发展

院校支持艺术学科发展是研究型大学的一个标志。纽约大学所在的纽约市有国家级的艺术中心,它们和大学有大量的合作机会,在行为艺术方面领先。纽约大学不同的院系和美国一些最好的艺术中心建立了联系,这些中心都位于纽约市,比如林肯中心、纽约市芭蕾舞团、美国芭蕾舞剧院、布鲁克林音乐学院、卡内基礼堂、现代艺术博物馆等。1965年建成的Tisch艺术学院,在电影和戏剧方面颇有盛名,培养出了很多著名导演和演员,影响了世界的电影和表演。总之,纽约大学必须保持它在艺术上的力量,确保它在创造力和卓越方面继续领先。

3. 建立一个有特色的本科生项目

2004年,纽约大学在本科生项目规模、学生质量、领导和服务、地区关系等方面发生了变化。但是,和转变相适应的是挑战,包括需要加强学校在广告、跨学校注册和课程规划方面的协调。纽约大学需要整合8个本科生学院,建立一个有特色的本科生项目。

为了实现这个目标,纽约大学已经开展了一些活动,目的是"扩大本科生的经验"。纽约大学本科生学院积极回顾和发展课程设计,特别是在通识教育领域。在艺术和科学学院,随着学生人数的增加,要求学生登记的课程份额也在增加,这些课程由著名教师和学者讲授,要求较高。此外,本科生获得双学士学位的机会不断增加,学生也能利用国际学院进行专业和辅修课程的选读。

本科生也能强化学习经验和大学研究使命的结合。艺术和科学学院的案例包括开展本科生研究项目,给本科生提供指导教师,提供本科生研究奖学金,主持本科生研究讨论会,出版本科生研究年报。

纽约大学也加强了和纽约市的联系。纽约大学的格言是"一所为公众服务的私立大学",它通过纽约大学教师和学生的志愿劳动,为纽约市做出贡献。

在这个背景下,纽约大学改变了重点,通过不同的入学项目和其他措施来增加学生多样性,鼓励不同族裔学生入学。纽约大学还有很多工作要做,但是对社区的关注给纽约大学带来了巨大的变化。从1990年开始,纽约大学明显提高了新生的保持率和毕业率。另外,纽约大学在学生健康服务方面加大了投入,产生了良好的影响,并获得国家级的奖励。每年纽约大学都通过强化这些项目来保持学生的生理和心理健康,满足学生的需求。

4. 建立纽约大学医疗中心

许多有名的研究型大学都有医疗中心。纽约大学医疗中心的三重使命是研究、临床医疗和教学。纽约大学打算把纽约大学药学院和纽约大学医疗中心整合为一个学术医疗中心,而不占用学校资源。

医疗中心面临着资源和空间的限制,因此对一些关键领域的投资必须有所选择。对纽约大学来说,目前的主要任务是保护基础科学领域的已有力量,比如分子生物学、神经科学和肿瘤学,并在有潜力的领域增加新投入,比如再生医学、转化医学等。其他的投入项目包括临床护理设备和一些临床领域增长的需要,比如心脏学和癌症学。这些项目说明了长期学术使命和声誉的重要性,也加强了纽约大学和纽约市以及其他大学的联系。

5. 建立古代世界研究中心

最近纽约大学建立了古代世界研究中心。这个由慈善事业所捐助的新的中心,是世界上第一个这种类型的中心。这个中心的主要任务是通过地理和历史等来研究古代世界和指导研究生。这个中心包括很多领域,如历史、人类学、考古学、宗教、语言、区域研究、古典文学、文化、社会学、文学、艺术和哲学等。该中心不仅发展了艺术和科学,扩大了学术声誉,也提供了独特的方式来使得世界知名研究者和学生联系起来。

(五)结语

在过去的几十年,尽管纽约大学的财政资源和空间有限,但纽约大学的一些特征,比如积极的企业家精神、创造性的机会主义等,导致了目前纽约大学的成功。纽约大学位于世界上人口最密集的城市——纽约市,为教师和学生提供了世界级的研究和学习环境。纽约大学每个学院都取得了进步,其中几个学院达到或接近所在领域的最高水平。

但是,纽约大学仍旧有许多未完成的任务,假如它想保持它的地位,就要避免自满。随着全球网络的增长,它扩展到了世界五个洲。在一个多样化、充满复杂性和多元文化的世界,它走在了前头。这能推动它继续进步,不过纽约大学仍旧需要找到资源来满足未来的需要。总之,如果纽约大学能积极采取措施,应对挑战,它将有一个辉煌的未来。

第三节 服务城市经济社会发展:竞争创新

纽约州有发达的高等教育系统,大量受过良好教育的人口,在高校和企业合作中有较好的传统,但是在 21 世纪,纽约州要想保持在美国和世界的地位,还需要重视创新,加强校企合作,充分发挥政府和高校在经济转型和结构调整中的作用,促进纽约州经济社会的发展。

一、校企合作的现状

纽约州拥有近300所高校,包括2所常春藤高校(哥伦比亚大学和康奈尔大学),8所北美大学联盟(AAU)成员,20多所研究型Ⅰ类大学和几所世界级的独立研究机构。这些高校和研究机构每年可获得40多亿美元的研究费用,仅次于加利福尼亚州的65亿美元。在纽约州,每年有超过100万的学生接受高等教育,大约32%的纽约州居民有学士学位甚至更高学位,这在美国各州中是比例较高的。[①] 此外,纽约州高校也为企业提供了一些具有吸引力的商业机会。

纽约州的企业在研究上也投资巨大,纽约州拥有最多专利权的前5家企业每年在研究费用上总投入超过110亿美元。这些企业都和高等院校紧密合作,采取了开放的创新实践,通过发展前沿技术来寻求更大的竞争力。除了企业之外,联邦政府、州或地方政府以及高校自身都提供了不少研发经费(见表6-2)。

表6-2 2008年纽约州研发经费排名前十位高等院校的概况　　　(单位:万美元)

高等院校	研发总经费	企业提供	联邦提供	州或地方提供	高校提供	其他来源
康奈尔大学	65 399.6	2 554.4	35 894.4	7 546.0	12 301.1	7 103.7
哥伦比亚大学	54 870.4	1 272.4	46 102.9	995.8	4 834.9	1 664.4
罗切斯特大学	37 521.8	2 715.1	27 626.8	1 091.8	3 857.2	2 230.9
纽约州立大学水牛城分校	33 830.0	2 143.3	15 757.8	1 682.3	9 691.6	4 555.0
纽约大学	31 069.9	700.5	19 936.3	612.6	4 042.0	5 778.5
西奈医学院	29 638.0	1 381.1	25 331.9	248.8	711.5	1 964.7
纽约州立大学阿尔巴尼分校	27 041.4	2 556.0	10 874.7	5 612.1	4 576.1	3 422.5
纽约州立大学石溪分校	25 274.5	539.6	10 641.9	2 999.0	10 386.9	707.1
洛克菲勒大学	24 750.5	206.0	8 155.7	24.2	14 719.6	1 645.0
耶什华大学	19 731.1	173.1	14 386.6	—	3 950.5	1 220.9

资料来源:Task Force. *Task Force on Diversifying the New York State Economy through Industry-Higher Education Partnerships*[R/OL]. http://www.cce.cornell.edu/Community/Documents/PDFs/IHETF_Report_FINAL.pdf,2009-12-14.

---

① Task Force. *Task Force on Diversifying the New York State Economy through Industry-Higher Education Partnerships*[R/OL]. http://www.cce.cornell.edu/Community/Documents/PDFs/IHETF_Report_FINAL.pdf,2009-12-14.

但是,纽约州在校企合作方面也存在不少问题:第一,目前纽约州缺乏一种重视企业家精神、优先发展商业化活动、促进高校和企业在各个层面合作的文化和氛围,这是最重要的一个问题。第二,在每年的 40 亿美元费用中,仅仅只有 4.6% 是企业赞助的,在美国所有州里只能排第 22 名(北卡罗来纳州第一,为 13.6%;全国的平均水平则是 5.4%)。第三,2007 年,纽约州只吸引了 4% 的美国风险投资,马萨诸塞州有 12%,加利福尼亚州则吸引了 47%,排名第一。第四,在纽约州,以高校和非营利研究中心为基础的新企业也为数不多,也就是说,纽约州的高校只孵化了少数新公司,2007 年只有 35 所,马萨诸塞州有 60 所,加利福尼亚州则有 58 所。第五,纽约州快速增长的技术公司也比较少,在德罗伊特技术快速增长 500 强名单中(Deloitte Technology Fast 500 List),纽约州只有 11 所,马萨诸塞州有 46 所,而加利福尼亚州有 169 所。①

二、创新生态系统的提出

2009 年 5 月 13 日,时任纽约州州长皮特森(David A. Paterson)签署 19 号行政令成立"专门小组委员会"(Task Force Committee)。该委员会思考的主要问题是:纽约州如何有效地利用它的基于大学的创新条件来推动可持续的经济发展?在此问题导引下,委员会采取了两种路径:一是检查学术研究向商业化转化以及高校和企业的合作程度;二是检查企业化活动和由大学相关研究所产生的新生商业的发展程度。委员会最后发现,为了更有效地统一纽约州的大学、企业和城市三者之间的关系,最好通过建立和发展一个有效的"创新生态系统"来促进这两种路径。

该委员会所提出的生态系统包括:第一,大学。增加校园内外创办企业的数量以及和企业合作的意识;培养一些领域的世界级专家;给学生和教师提供创新商业化的途径。第二,企业。寻求创新,向大学专家开放,保持在最前沿;经常和大学合作者交流关于未来产品和程序发展的期望和趋势,并坚持和发展与大学的长期关系。第三,资本获得。技术转移和商业化;在风险投资者和大学研究者之间建立紧密的交流和联系。第四,商业服务。寻找能把学术研究商业化的新兴企业。第四,批判性群体。由企业管理者、学

---

① Tiecklemann Robert, et al. *U. S. Licensing Activity Survey*:FY 2007[R]. The Association of University Technology Managers, 2008:44-47.

术专家和风险投资者对转化策略进行批判性思考。第五,政府政策。发展目前有潜力领域的技术,并优先投资这些领域;定期公布和出版报告,测量这些领域的表现以及目标的实现程度。第六,网络交流。促进高校、企业和风险投资资本的合作。第七,定期的面向公众的报告。测量政府和大学在创新能力、活动和结果上的表现(见图6-1)。

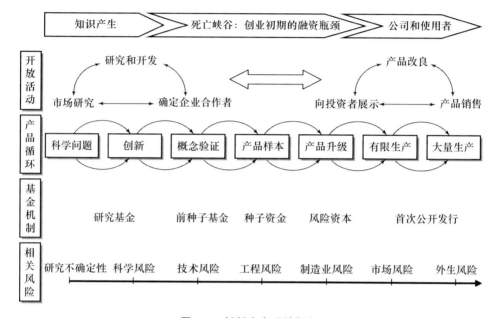

图6-1 创新生态系统框架

资料来源:Task Force. *Task Force on Diversifying the New York State Economy through Industry-Higher Education Partnerships*[R/OL]. http://www.cce.cornell.edu/Community/Documents/PDFs/-IHETF_Report_FINAL.pdf,2009-12-14.

根据对纽约州大学和企业合作的研究,这个创新生态系统将促使整个州形成增长的、多样化的和可持续的经济活动。

三、高等教育与经济社会互动的案例

本部分主要以纽约大学和康奈尔大学为案例,进一步探讨纽约州高等教育与纽约州经济社会互动的情况。

(一)纽约大学

纽约大学已经成为一个具有大量学者、艺术家和学习者的社区。现有5 000多名教师,学生达50 000名左右,分别来自全美50个州及世界120多个国家和地区。纽约大学是美国规模最大的研究型私立大学。

纽约大学由14个学院组成,包括文理学院(成立于1832年)、法学院

(1835)、医学院(1841)、牙医学院(1865)、文理研究生院(1886)、教育学院(1890)、商学院(1900)、继续教育学院(1934)、公共行政学院(1938)、医学博士研究院(1948)、社会工作学院(1960)、西奈医学院(1963)、艺术学院(1965)和个人研究学院(1972)。此外,纽约大学在伦敦、巴黎、佛罗伦萨、布拉格、马德里、柏林、阿克拉等地还设有分校。①

在最近,纽约大学开始意识到自己所处位置的巨大价值。在"9·11"袭击后,纽约大学决定加强和纽约市的联系。这也成为纽约大学战略计划的重要部分。纽约大学有两点做法值得关注:一是它是"9·11"以后第一个建立新建筑的院校(2001年9月20号建立了法学院的Furman Hall),二是它在"9·11"后第一个和中心城区签署了院校租约(2002年初在Woolworth Building)。此外,纽约大学是纽约市主要的雇员单位,在促进市民就业和公众服务方面起着领导作用。

纽约大学也开始发展和提高它的项目质量,特别是在本科生教育方面。"纽约经验"和"实习医生经验"是纽约大学两个具有吸引力的教育项目。最近,纽约大学开始强调它和纽约市的生态系统关系以及纽约市作为一个社区的复杂性和纽约大学作为一个社区的复杂性之间的关系。纽约大学认为:它是一个社区,学生学习在社区与他人相处的策略和方法。同时,在小群体之外平衡各方利益,避免孤立其他人等。纽约大学和纽约市的联系也越来越紧密。

除了和纽约市的这些联系以外,纽约大学还有其他一些联系。比如,在艺术、娱乐、美术、法律、商业、财政、数学、教育、媒介、交流和公共服务等方面提供资源和机会,这些都由优秀的教师和学生在提供服务。研究型大学通过研究产生新观点并转化到实践中,并很好地促进知识资本化。

(二) 康奈尔大学

美国常春藤名校康奈尔大学位于美国纽约州的伊萨卡市,始建于1865年,是由埃兹拉·康奈尔创建的。在所有美国"常春藤盟校"中,康奈尔是历史最短的一个,但又是规模最大的一个,学校占地面积达3 000英亩。学生人数也众多,共有学生18 000多人,教师2 000多名。②

康奈尔大学作为美国赠地大学的杰出代表,多年来一直是美国高校拓

---

① 宋焕斌. 纽约大学[J]. 昆明理工大学学报(社会科学版),2008(10).
② 马薇. 历史最短的"常春藤盟校"康奈尔大学[J]. 留学生,2003(2).

展社会服务的先锋。目前,康奈尔大学的社会服务职责主要是通过拓展项目(Outreach Programs)来实现的。拓展项目是康奈尔大学利用自身丰富的教育资源参与解决社会问题的一种途径,主要通过信息、技术转换和合作入股等方式扩大教育机会,培育商业和社会革新意识。拓展项目将康奈尔大学的丰富资源应用到解决实际问题,表明了康奈尔大学作为赠地大学具有服务纽约州的使命。

  康奈尔大学的拓展项目众多,规模庞大,大体上可以分为三个系统,分别为康奈尔合作推广系统(Cornell Cooperative Extension)、工业与劳工关系系统和康奈尔公共服务中心,其中规模最大的是合作推广系统。合作推广系统以农业与生命科学学院、人文生态学院以及兽医学院为依托,整合了农业与生命科学学院和人文生态学院20多个系的教师与行政人员、众多实验站与实验室以及分布在纽约州57个县中的55个县级合作推广系统联合会。合作推广系统现拥有500多名职业教师、1 700多名雇员和4万多名志愿者。2006年,合作推广系统从联邦政府、纽约州政府、县级合作单位以及捐赠和合同等渠道共获得1.372亿美元经费资助。其中,比例最大的是纽约州政府,占38.1%,其次是县级合作单位,占36.2%,联邦政府和其他资助分别为13.1%和12.6%。[①]

[①] 董泽宇,李莉.美国康奈尔大学社会服务机制研究[J].兰州学刊,2010(5).

第七章 纽约的职业技术教育发展

在过去的很长时间里,职业技术教育(Career and Technical Education)作为美国教育的一个重要组成部分,为美国的经济发展提供了主要的技术工人来源。21世纪以来,美国学界普遍认为,当职业技术项目、学术标准和基于企业的技术内容紧密结合,就能使更多的高中毕业生获得更高的学术成就和更好的经济收益。

随着全球经济的快速发展,那些具有中学教育和没有中学教育的人之间增大了工资差异。另外,由于求职者需要更多建立在学术和应用学习基础上的复杂技能,高质量的职业技术教育项目获得了更多的发展机会。纽约州教育厅对职业技术教育较为重视,试图改善本州的职业技术教育。在21世纪,纽约市要积累相关的职业技术教育经验,并增加毕业率,这需要在市、学区、中学后机构和企业合作者之间保持持续的革新和合作。

本章对纽约市职业技术教育发展战略、职业技术教育体系、职业培训体系等方面的状况加以研究。

第一节 职业技术教育发展战略

布隆伯格就任纽约市市长以后,和教育局局长克莱恩一起开展了大规模的教育改革,其中包括职业技术教育。2008年1月,布隆伯格试图对职业技术教育进行革新,改善职业技术教育学生的成绩。为此,他组建了"职业技术教育革新市长专门小组"(Mayoral Task Force on Career and Technical Education Innovation),并责成市长专门小组进行调研,提出改善职业技术教育的建议。2008年7月,专门小组提交了《纽约市下一代的职业技术教育》(*Next-Generation Career and Technical Education in New York City*)

的最终报告,提出了一系列改善职业技术教育的建议。①

一、面临挑战

职业技术教育的最终目的是帮助所有学生成功。尽管有一些学生获得较大的成功,但是纽约市职业技术教育的最终目的没有完全实现。要促进纽约市职业技术教育发展,首先必须理解发展和保持高质量的职业技术教育的主要挑战。

报告认为,纽约市职业技术教育面临如下挑战:传统消极思想;职业技术教育学校中不均衡的成绩表现;革新项目中有限的入学机会;为中学后教育成功的准备不充分;班级教学中不合适的方法使得毕业率较低;对企业参与的脱节管理;资源不成比例地分配;革新机会有限等。②

职业技术教育革新市长专门小组关注纽约市大量职业技术学校及项目的毕业生,试图为他们在毕业后的大学、工作和生活中的成功做好准备。

二、主要目标

职业技术教育改革要达到这样的目标:使职业技术教育成为所有中学生期望并可以获得的选择。为此,纽约市需要在学校改革措施中采取行动来扩大职业技术教育的作用,确保职业技术教育提供一系列路径来带领学生直接进入中学后教育或获得就业机会。

报告认为,具体来说,面向所有学生的高质量的职业技术教育,应达到以下五个主要目标:第一,满足21世纪的标准。通过公立—私立合作伙伴支持的严格的课程学习,使纽约市学生满足学术要求,具备相应技能。第二,扩大促进就业的途径。关注职业路径、整合课程、基于工作的学习经验和手工经验,以便学生发展能力、技能和态度,确保高中和就业的成功,并确保这些路径和成功能被更多学生获得。第三,参与和授权企业领导力。在教育部门之外,建立相关机构,参与、组织和负责企业支持,确保职业技术教育项目的持续关联性,建立熟练工人到劳动力市场的流通渠道。第四,为毕业生中学后阶段的成功做好准备。为更多纽约市学生的中学后教育、工作

---

① Mayoral Task Force on Career and Technical Education Innovation. *Next-Generation Career and Technical Education in New York City*[R/OL]. http://schools.nyc.gov/NR/rdonlyres/91B215BF-21F8-4E11-9676-8AFCFBB170E0/0/NYC_CTE_728_lowres.pdf,2008-07-01.

② 同上。

和培训做好准备,强调和中学后学位获得的整合和连接。第五,增加入学和工作机会。使学生和家长获得关于教育和工作的更多选择,确保所有学生,不论种族、性别等,都能获得入学和工作机会,扩大而不是减少他们的中学后教育选择。

三、政策建议

为了达到这些目标,并使得毕业生准备好在中学后教育的选择和成功,需要纽约州教育厅、纽约市教育局、企业和高等教育机构的参与。要达到和促进这些目标,报告提出如下建议。

(一)满足21世纪标准的建议

要使学生在21世纪获得成功,需要学生有技能和能力来满足不断增长的技术要求和全球经济一体化的挑战。因此,市长专门小组建议采取如下措施:① 支持州政府定义严格的21世纪标准;② 定义所有学生成功需要的核心能力;③ 扩大和超越中学后教育转化所需要的,技能和知识上的核心能力;④ 授权企业来定义特定的工作技能;⑤ 产生革新课程和学习项目;⑥ 使更多学生走上成功之路。

(二)提高毕业率的建议

纽约市应支持能满足学生21世纪能力要求的学校项目的持续革新,包括教学方法、管理和评价技术、学生的学习方法等,同时,继续采取措施来改善现存的纽约市职业技术教育学校和项目,扩大学生的毕业率。该市长专门小组建议在以下两个方面采取措施:

第一,建立职业技术教育网站来引导职业技术教育革新。通过职业技术教育网站,纽约市教育局将依托紧密的企业合作伙伴和州政府政策革新,设计实施前沿的职业技术教育项目,抓住机会,迎接挑战,取得成绩。在没有妥协或降低标准的情况下,纽约市将扩大先前的措施,鼓励革新;继续把"英语语言艺术"和"州数学考试"作为对所有学生的基础要求,测量21世纪核心能力;探索新的评估方法来代替目前的毕业率评估。纽约市必须意识到严格的新的评估方法的产生是一项重要工作。

第二,改善和扩大现有职业技术教育及项目的成功。意识到目前职业技术教育在纽约市的表现,需要提供更多连贯的高质量的职业技术教育项目,并确保学校和市长专门小组的视角一致。

（三）加强和企业合作伙伴关系的建议

研究证实,和企业保持积极而良好的联系是职业技术教育项目成功的一个关键因素。在教育者和企业之间建立良好的合作伙伴关系,能确保职业技术教育项目的有效性,帮助招聘和留住经过良好培养的职业技术教育教师,为学生和他们的学校提供基于工作的学习机会和资源。

职业技术教育采取的措施应超越教育部门,以便所有者能广泛地分享。市长专门小组的建议是:① 瞄准发展的企业;② 加强和企业的合作伙伴关系;③ 扩大和加强对基于工作的学习机会的支持;④ 以问责制衡量效果;⑤ 鼓励非传统部门的性别平衡。

（四）中学后教育成功的建议

随着劳动力市场需求的变化,以及学生追求中学后教育的期望增长,职业技术教育项目需要加强与中学后教育的联系,包括两年制到四年制的学院学位项目、证书项目、学徒制项目、获得硕士学位或更高学位的项目等。市长专门小组建议:① 对成功的学生转学增加关注;② 在职业技术教育项目上更关注学生的学术成绩;③ 用职业技术教育方法发展新项目;④ 强化纽约市教育局和纽约市立大学的协同;⑤ 追踪学生在中学后教育的学习情况。

（五）增加入学和工作机会的建议

学生在高中追求职业技术教育,做出和他们学习相关的工作机会选择,应得到同伴、教师和教育系统里每个人的支持。市长专门小组的建议如下:① 把职业技术教育作为纽约市高中学生的一个平等路径;② 在初中课程中增加职业意识;③ 扩大机制来满足学生在职业技术教育选择上的兴趣;④ 确保学生选择上的入学平等;⑤ 定时管理和更新职业技术教育的申请和录取数据。

最后,该报告指出,职业技术教育项目的整合必须在更大系统和所有学生的需求之间进行平衡。资源的平等分布必须考虑企业定义的标准和独特的设备需要对职业技术教育项目的影响。为了确保学生的成功,在考虑学生时间使用的灵活性以及如何有效建立良好企业合作伙伴的背景下,应探索如何发展资源的新模式。

为了以一种可持续的方式实施这些事务,市长专门小组的建议如下:① 评估纽约市教育局在职业技术教育方面的"公平学生资助公式";② 为长期的职业技术教育联盟进行资本投资;③ 提升私立资源。

第二节 职业技术教育体系

2005年,学者卡斯(Kazis)在《21世纪的职业技术教育改造》(*Remaking Career and Technical Education for the 21st Century*)一文中指出,尽管职业技术教育有所压缩,但是职业技术教育仍旧是美国高中教育的重要组成部分,能帮助成绩偏低学生留在学校,直到高中毕业。他进一步指出,尽管美国职业技术教育的整体精密性有所提高,但是还有许多工作要做,有许多困难要克服。[①] 纽约市的职业技术教育也是如此。以下主要从教育机构、课程教学、师资力量等来分述纽约市职业技术教育体系。

一、职业技术教育机构

纽约市职业技术教育分成学校职业技术教育、社会职业技术教育和企业职业技术教育三大类,分别由普通教育机构、社会业余教育机构及企业自办的培训机构承担,具体做法反映在1994年克林顿总统签署的《学校—工作多途径法案》中。该法案规定的培训体制分为三部分:学校本位学习、工作本位学习、联合培训。所谓学校本位学习,是指学生在高中毕业前发展职业意识与职业探究能力,要求学生达到纽约市制定的学术与技能标准。所谓工作本位学习,是指涉及企业各个方面的工作培训计划,与学校本位的学习相结合,包括有偿工作经历、工作见习、岗位培训、校办产业中的有关工作。所谓联合培训,是指向学生提供工作本位的学习机会,把学校、教师、社会专业人员、父母等联合起来,向学校与社会提供帮助,整合学校本位学习与工作本位学习,整合学术性学习与职业性学习。[②]

在纽约市,学生可通过高中录取程序申请职业与技术教育。目前,纽约市约有11万名学生被录取到282个职业技术教育项目中。其中,21所职业技术学校录取了这些学生中的约3万名,剩余的学生参加了全市综合性高中的职业技术教育项目。此外,布隆伯格还计划增设至少12所技术学校,以适应经济全球化的发展要求。

为了改善和扩大高质量的职业技术教育,帮助更多学生成功,纽约市教

[①] Thomas Wilkin. et al. Career and Technical Education Teacher Shortage: A Successful Model for Recruitment and Retention[J]. *Journal of Stem Teacher Education*, 2011(1): 22-35.
[②] 崔文霞. 国际大都市纽约的城市教育研究[D]. 华东师范大学教科院硕士学位论文,2004: 26-27.

育局提出,纽约市应抓住面临的机会,包括:联邦政府关于职业技术教育改革的设想;纽约州教育厅对纽约州学习标准定期的检查;改善的职业技术教育项目质量;职业技术教育项目的公共支持;雇主对职业技术教育的承诺;纽约州、全国以及国际的最好实践的模型。①

二、职业技术教育课程教学

在职业技术教育体系中,课程教学是重要的一环。学者梅德里奇(Medrich)在2005年指出,职业技术教育要保持它的价值,必须把职业技术教育和学术核心相结合,取消更少竞争力的项目和减少薄弱课程,更多关注课程和教学,比如,设立一个整合的课程,发展适合学科的指导性策略,为成绩低下学生提供支持,设计质量评估等。②

在职业技术教育方面,目前美国比较注重采用新的、创造性的内容和方法来提高职业技术教育的质量。纽约市职业技术教育的课程教学与其教育机构相适应,包括学校中的职业课程教学、社会中的职业课程教学和企业中的职业课程教学。

(一)学校中的职业课程教学

所谓学校中的职业课程教学,是指在普通教育机构中(包括职业技术学校、综合性高中、社区学院乃至大学)广泛开展面向社会的、符合社会需求的职业知识学习。纽约市学校中的职业课程的学习内容大致可以分为四个层次。

第一,在职业技术学校中进行职业课程教学,为学生就业或到高一级学校深造做好准备。此类学校将严格的学业与具体职业的工作技能结合到一起,学生可参加满足行业标准的课程。学生接受与行业有关的科目的教学,有机会在毕业时就掌握特定行业的技能,进而继续深造、参加进一步的行业训练或参加工作。

第二,在综合性高中融入最基本的职业技术教育内容。其课程包括高中必修的文化基础课程以及技能型、兴趣型的职业技能选修课程,采用学分制。

---

① NYC Depatment of Education. Career and Technical Education[EB/OL]. http://schools.nyc.gov/ChoicesEnrollment/CTE/default.htm,2015-05-02.
② Thomas Wilkin. Et al. Career and Technical Education Teacher Shortage: A Successful Model for Recruitment and Retention[J]. *Journal of Stem Teacher Education*,2011(1):22-35.

第三,在社区学院实施职业技术教育。社区学院在实施职业技术教育、培养实用型职业人才方面起着重要作用,其专业设置经常以满足社区产业结构的需要为前提,因而各具特色。

第四,大学作为继续教育基地,不仅面向社会开设各种高层次的职业培训班,而且还与企业联合办学,根据企业需求,有针对性地为职工开设各类相关课程。形式包括举办各种短训班、接受企业委培本科生、研究生,及以各种方式为职工提供进修提高的机会。例如著名的哥伦比亚大学,每年都为企业开设各种培训班和高级研讨班,以培训高级管理人员。①

(二)社会中的职业课程教学

所谓社会中的职业课程教学,是指纽约市充分利用社会业余教育力量为在职人员进行职业技术培训的体制。

为了向18岁以上的高中毕业但未升学或中途辍学的青年及新移民提供职业技术教育,以提高他们的职业技能和就业能力,纽约市按学区设立成人教育中心,并采取经费补贴政策,鼓励民间力量开设各种技术培训。其具体举措是,若学生年满18岁但尚未完成高中教学计划规定的学分时,就必须进入成人教育中心参加成人学校的全日制学习,一方面继续就读高中必修课程,另一方面接受就业的基本技能培训,如电脑绘图设计、电子技工、银行工作、酒店服务、园艺、烹饪、美容、插花等。而在学生取得高中教学计划规定的毕业学分,并取得高中毕业文凭后,仍可根据本人情况,或进入社区学院学习,或考入大学继续深造,或进入企业、事业单位工作并接受相应的岗位培训。

除成人教育中心之外,纽约市还通过电视讲座对在职职工进行教育培训,培训内容涉及职业中的各种知识与技能。

(三)企业中的职业课程教学

所谓企业中的职业课程教学,是指纽约市各个企业内部面向全体员工所开展的岗位培训。岗位培训的内容一般为本企业本岗位所需的基础知识和业务知识,对于各级各类人员的要求亦有所不同。一些大的企业,一般均建立有自己的培训机构;而对中小企业来说,则常采用校企联合、企企联合的办学方式来实施岗位培训。②

---

① 刘莉,熊庆年.美国纽约哥伦比亚大学核心课程的特色[J].现代教育科学,2002(7).
② 崔文霞.国际大都市纽约的城市教育研究[D].华东师范大学教科院硕士学位论文,2004:26.

学员经过3—4年的培训,经考核合格,即发给毕业证书作为上岗的资格。大多数学员毕业后均留在原单位成为正式员工,也有小部分学员找到薪水更高、工作更好的其他单位,另谋他职。纽约市非常重视岗位培训,并把它看作是解决失业、促进"机会均等"和"地区再开发"的重要经济举措,以及为争取、保持纽约市在美国国内竞争中取得优势地位的政治手段。为此纽约市不惜从立法、经费和机制的建立等层面为职业培训提供保障。

(四)"学会工作"课程

为了使学生为就业做好充分准备,并为他们提供丰富的就业机会,纽约市教育局还开设了"学会工作"课程,旨在强化部分青年补习中心、转校生学校和普通教育水平(GED)课程的学业内容。

"学会工作"课程的目的是,帮助学生克服妨碍他们获得高中文凭的障碍,并让他们能够在毕业后找到理想的工作或进入理想的高校深造。"学会工作"课程提供学业支持、就业和教育探索、就业准备、技能培训及实习。对该课程感兴趣的学生,可以联络学校的辅导员了解详情。学生必须在一所转校生学校、青年补习中心或者"一般教育发展"课程注册,才能参加"学会工作"课程。

最后,职业与技术教育课程的学习因行业的不同而有所差别,但都有共同的要素,包括:严格的毕业标准,以适应21世纪的核心能力;一系列紧密联系的学业课程,来培养基本能力和进阶能力;特定的将整个高中课程与相关行业和高等教育路径联系起来的机制;以最终获得公认的文凭或证书以及明确的高等教育机会为目标。

三、职业技术教育师资

学者威尔金(Wilkin)指出,美国职业技术教育既没有变化也没有死亡,因为变化或许意味着规模的缩减,死亡意味着完全消失。但是,职业技术教育项目的类型和范围发生了转移,而且在市区和郊区,职业技术教育也是相当不同,因为这些地方的经济基础和教育资源不同。同时,在满足职业技术教育质量的期望方面,不同的州和地区的职业技术教育系统会有所不同。此外,职业技术教育的影响因素包括州和国家教育改革的政治、职业技术教育利益相关者的各种压力和支持以及其他改革带来的影响。① 尽管目前有很多关于美国职业技术教育的成功案例,但美国职业技术教育仍旧面临着巨大挑战,首要的一个挑战就是很难吸引高质量和高竞争力的职业技术教师来帮助学生在教育、职业和生涯中成功。

为了迎接和克服这个挑战,职业技术教育协会(Association for Career and Technical Education)于2010年1月在它的官方出版物《技术》(Techniques),提出了职业技术教育教师招聘和留用的问题。为了解决职业技术教育教师短缺问题,纽约市实施了一个新的职业技术教育教师的招聘模型——"通过学徒训练成功项目"(Success Via Apprenticeship Program,SVA),并取得了一定效果。该招聘模型由纽约市教育局、教师工会和纽约市立大学一起合作开发。

(一)美国职业技术教育教师的短缺

在美国,职业技术教育教师短缺是一个比较突出的问题,在不同的州都有所体现。比如,在密歇根州,时任州长珍妮弗·格兰霍姆(Jennifer Granholm)2009年1月22日指出,在2009—2010学年,应提高教师短缺地区教师的退休收入,包括大量的职业技术教育教师。在弗吉尼亚州,从2003年开始,州教育厅把职业技术教育看作是一个教师明显短缺的领域。其他的州,也把职业技术教育作为明显的教师短缺领域,包括南达科他州、爱荷华州、纽约州等。职业技术教师短缺削弱了职业技术教育的作用,甚至会影响经济发展。

学者科内里(Connely)2009年的论文《教师短缺破坏职业技术教育》指出,在过去的7年里,在职业技术教育上,美国约增加了600万名学生,但是许多现有的教师教育项目却被取消了。从1990年到2000年,职业技术教育教师项目的数量从432个下降到385个,减少了11%。另外,教师退休人数的增长也影响了职业技术教育教师的供给。② 2009年"国家教学和美国未来委员会"估计,到2013年,美国将有三分之一的职业技术教育教师退休。

为了解决这个问题,美国的很多州,包括俄勒冈、阿拉巴马、纽约和加利福尼亚,都采取了一些独特的方法。学者里斯(Reese)在2010年回顾了不

---

① Thomas Wilkin. *et al*. Career and Technical Education Teacher Shortage: A Successful Model for Recruitment and Retention[J]. *Journal of Stem Teacher Education*,2011(1):22-35.

② 同上。

同的州所采取的满足职业技术教育教师需求的方法后指出,如果传统的职业技术教育教师准备项目以及替代性的项目(即招聘企业有经验的人员)都招聘有经验的教师作为指导者,那么就能为未来准备好高素质的教师。

(二)SVA 项目:纽约市职业技术教育教师招聘的新模型

20 世纪 80 年代中期以来,纽约州以各种方式积极应对职业技术教育教师短缺问题。目前,在纽约州,有三个方法可以获得职业技术教育教师资格。

第一种方法要求候选人成功完成一个许可的职业技术教育教师准备项目。目前纽约州有三所公立大学有这样的许可项目:纽约市立大学纽约市技术学院、纽约州立大学奥斯威戈分校和纽约州立大学水牛城分校。

第二种方法是为职业变换者提供替代性资格证书,叫做过渡 A(Transitional A)。过渡 A 证书授权学区招聘教师时,除了满足最基本的教师资格证书的要求外,还要至少有四年的工作经验。最初的教师资格证书要求候选人必须在三年内完成一些内容,包括几门大学课程和资格考试。

第三种方法是通过评估来获得职业技术教师资格证书。以这种方法,职业技术教育教师候选人需满足最低资格证书要求,包括行业经验、大学课程和资格考试,提交他的最低资格证书到州教育厅来获得职业技术教育教师资格证书。另外,来自美国其他州的候选人如果拥有国家委员会的资格证书,也可以申请纽约州职业技术教育教师资格。不过,如果他们是来自与纽约州建立了州际互惠的州的话,没有国家委员会的资格证书也可以。

在招聘和留用职业技术教育教师方面,纽约市有一定的创新,发展了一个独特的项目——"通过学徒训练成功项目"(SVA),并获得成功。该项目在 1984 年由纽约市教育局、教师工会和纽约市立大学合作建立,起先被叫做"替代职业助理项目"(Substitute Vocational Assistant Program),目的是培养优秀职业技术教育的高中毕业生成为职业技术教育教师。该项目历时五年半,包括三个要素:带薪的教学实习、大学水平的学术研究以及企业的相关工作经验。该项目特别关注从少数人口群体中寻找候选人,包括年轻的妇女,她们在传统职业中份额较少,传统职业包括电器安装、汽车维修以及供暖、通风、空调的维护等。①

---

① Thomas Wilkin. Et al. Career and Technical Education Teacher Shortage: A Successful Model for Recruitment and Retention[J]. *Journal of Stem Teacher Education*, 2011(1): 22-35.

1. 参加者资格和挑选

SVA 项目潜在的参与者必须是最近的纽约市职业技术高中或综合性高中的毕业生。申请者必须由他们的任教老师推荐，并经职业技术学校的学校委员会挑选，委员会负责人是负责职业技术教育的副校长。优先考虑来自少数人口群体的学生，比如人种、种族或性别（追求非传统职业的男性或女性）。每个申请者必须有优秀的学习记录，并能被纽约市立大学录取，要么通过会考、学术能力测验（SAT），要么通过纽约市立大学在阅读、写作和数学上的基本技能测验。

招聘程序通常在初春开始，申请者的表格被送到职业技术教育学校，特别是那些特别需要教师的学科领域。每所学校由一个委员会进行挑选，委员会包括任课教师、宿舍管理员、教师工会代表等。被选中的申请者被要求申请纽约市立大学，如果他们没有在高中会考或 SAT 中获得满意分数，他们必须通过纽约市立大学在阅读、写作和数学上的基础技能测试。满足测试要求的申请者会被 SVA 项目管理者面试。在面试中，一个很重要的资格标准是申请者必须展示其有成为一个职业技术教育教师的兴趣。

2. 项目要素

SVA 项目是由教学带薪实习、企业工作经验和中学后学术学习所组成。教学带薪实习中，在项目期间的每一年，参与者在一所职业技术高中实习满 5 个月。在实习学校时，根据课程计划、课程准备、班级管理和学校师资，为参与者分配一个指导老师。从第一年开始，在指导教师的指导和监督下，实习生被给予充分的计划来规划和教授课程。在第三或第四年要完成州的学生教学要求，每一个实习生被要求在教师指导下任教一个学期。

在纽约州，职业技术教育学科教师要想获得起初的教师资格，最少必须有 4 年完全工作经验。为了满足这个要求，参加者被安置在与他们职业或任教领域相匹配的企业和行业的工作环境里。在过去的很多年，为了更好地安置参与者，项目管理者发展了企业、行业和政府部门雇主的人际网络，包括汽车服务店、电业承包店、电子产品和计算机服务公司、医院、博物馆以及许多其他行业。每个参加者在项目的每一年在他们的行业中完成 7 个月的工作经验。在职培训者监督参加者的工作，而且，项目管理者也会紧密监测，经常会定时参观工作地点来评估参与者的表现和进步。

在中学后学术研究上，参加者被录取到纽约市技术学院的教师教育课程。每个参与者要求在项目的5年半时间里完成44个学分的课程(州教师资格要求的是62个学分)。课程包括自由艺术和科学课程、职业技术教育的专业课程和学生教学等。

3. 项目的独特性

项目管理者的参与和每月的会见是项目的独特性之一。项目管理者参与候选人的招聘、面试以及在学校和工作地点的安置和监督。他们定期到学校和工作地点参观和评估所有参与者。另外,项目合作者、管理者和参与者会在每月的例会上见面。管理者提供关于项目组成要素的报告,包括学校地点、工作地点等。大学代表也报告影响参与者的一般学术事务。在每次会议上,选择一个参加者小组做他们感兴趣的主题陈述,并要求所有参与者都着职业装。

4. 项目成功的要素

纽约市立高中在招聘、准备和留住年轻的职业技术教师方面,SVA项目做的非常成功。这个项目的成功归属于四个关键要素:补偿、合同承诺、管理者的参与和高表现的期望。参与者毕业的高中在识别学生是否有兴趣和潜力成为一个合格职业技术教育教师方面起着重要作用。和职业技术教育学校合作,SVA项目管理者可以知道教师短缺的学科领域,从而可以确定潜在的教师。一旦被项目录取,参与者可以获得新教师90%的合同薪水(目前为每年4.5万美元)。这一薪水非常有竞争力。在某些情况下,远远超过刚毕业的大学生在某些工作上的收入。当然,也超过一个高中毕业生的收入。此外,项目参与者也能享受到教师工会合同所提供的正式教师的许多福利,包括养老、医疗、牙科保险以及年假等。如果成功完成项目,意味着他们在最初的全职工作中能获得更高的薪水。

SVA项目为参与者支付他们修读纽约州初始教师资格课程的大学学杂费。许多参与者利用这次教育机会,在参与SVA项目的5年内完成科学教育的学士学位。

为了回报参与SVA项目的所有福利,每个参与者被要求签署一份承诺,承诺会在纽约市立高中作为职业技术教师任教5年。如果一个参与者成功地完成了项目,但没有遵守纽约市的合同规定,教育局有权要求参与者偿还支付给参与者的所有学杂费。

SVA项目对三个要素的表现和行为都有非常高的标准。参与者必须被学校的指导者、大学的监督者、工作地的监督者评估为优秀来保持他们的位置,并成功地完成该项目。比如,在大学部分,参与者和其他在教师准备项目中寻求学位的学生一样,需要完成同样的学术标准。在大学课程里,他们的年级分数必须保持平均 2.50 以上,否则就有可能被该项目开除。参与者如果收到这三方中任何一方的低评估分数,将接受人事委员会的询问。该委员会由项目管理者和教师工会代表组成,主要负责处理纪律问题。假如参与者被发现有不符合项目标准的表现或行为,他们有一个缓冲期,给予他们机会在一个学期内来改善。假如一个学期后仍旧没有改善,参与者将被从该项目中开除。

最近的数据表明,该项目是较为成功的。在最近的 5 年,有 36 个 SVA 项目实习生从该项目毕业。有 34 个(94.4%)被提供和接受教师职位。在 34 个接受教师职位的人中,有 33 个(94%)目前正在从事教学工作。

5. SVA 项目的缺陷

尽管该项目有许多明显的好处,但也确实存在着一些局限性。最明显的局限是该项目的运行成本。从整体考虑,该项目的整体工资和员工的福利成本十分巨大,相关的行政费用也不少。该项目的另外一个主要限制是教师数量。由于成本约束,完成该项目的教师数量相对较少。

(三)结语

一些成功的措施,比如 SVA 项目,能对目前和未来的高质量职业技术教育教师的招聘和留用有积极的影响。在未来,在考虑和项目相关的成本问题的前提下,企业和教育的合作措施能产生积极的结果。这能用来鼓励学生追求职业技师教育教师行业。此外,可以通过为教师资格课程提供学费支持来吸引具有副学士学位的学生追求职业技术教育教师岗位,而且,纽约州可以积极招聘追求技术副学士学位的学生,并为他们提供就读教师资格课程的全部或部分学费支持。

同时,可以简化职业技术教育教师资格证书的程序。目前,在企业和军队有很多尚未开发的技术人才。假如职业技术教育教师资格证书的程序是简化的,有可能会招聘到很多优秀的职业技术教育教师。

第三节 职业培训体系

为了更好地培养更多适应社会需求的技术人才,纽约市在职业培训体系和体制方面做了有益探索,明确了毕业生在21世纪应具有的核心能力,并在职业技术教育方面做出了一些改变来开发学生的职业能力。

一、21世纪的核心能力

为了使学生为就业做好充分准备,有能力来满足不断增长的技术和全球经济的挑战。纽约市明确了所有毕业生在21世纪都应具有的核心能力,具体包括以下几点:有足够好的数学操作技能,运用计算操作以及逻辑和符号来解决问题;流利阅读并理解复杂的材料,在写作和口头上能有效地交流;熟悉和使用现代技术来检索信息,分析数据;能快速地做出正确判断;组织他们自己的学习;在教育或工作中有良好规划;以合作的态度在团队中有效地工作;显示领导力技能;即兴创作或表演;综合和分析信息来设计问题解决和行动计划;对他们自己有高期望;对他们行动的道德涵义负责。①

当毕业生进入工作或进一步学习时,除了具有额外的经验和成熟度外,他们应准备扩展和强化这些核心能力。今天的毕业生要想象到,在他们的职业生涯中,他们将需要变换几次工作,入门水平的工作也将变化,未来工作需要更多的挑战,会有更多的要求。因此,核心能力也只是学生能追求工作、获得进一步教育或培训机会的基础。

为了第一份工作的成功或者达到中学后机构导论水平课程的要求,所有的毕业生必须做好准备。他们需要掌握的特殊技能和知识根据工作和中学后教育选择、工作类型和中学后机构类型的不同而有所不同。学生对他们的路径必须做出选择。

纽约市教育局通过调整课程来反映可能的下一步的特定需求。在一定程度上,对毕业生的要求应有所不同,必须确保所有毕业生有特定类型的能力,能适应他们毕业后的打算,这也是和学生在未来的自我意识相关。

二、开发学生职业能力

20世纪80年代以来,纽约市的经济发展正在发生一场变革,制造业日益不景气,而服务业则发展迅猛。为此,纽约市的职业技术学校正在努力根据职业市场上发生的变化培养合适的就业人员,出现许多适应银行业、电子

---

① Mayoral Task Force on Career and Technical Education Innovation. *Next-Generation Career and Technical Education in New York City* [R/OL]. http://schools.nyc.gov/NR/rdonlyres/91B215BF-21F8-4E11-9676-8AFCFBB170E0/0/NYC_CTE_728_lowres.pdf, 2008-07-01.

业需要的新课程和新学校。

1989年,纽约州教育委员会实施了一项职业技术教育政策:通过州政府与联邦政府的拨款,开展将职业技能与课程学习整合起来的职业技术教育项目,帮助学生从学校学习顺利过渡到社会就业。该职业技术教育项目分为九大类:农业、商业、健康、家政、销售、技艺、贸易、技术、表演,并且每一类又包括多种专门技能。例如,技艺类包括驾驶、电子、纺织等;技术类包括设计、绘画、工程建筑、通信等。为了培养学生的这些职业技能,学校利用各种机会培训学生,例如,在销售领域中,学生在广告、不动产等不同产业中受到培训;在贸易领域中,其培训项目包括装订、锻造、法律援助等。

20世纪90年代以来,经济学家指出,美国的经济重心已从依靠为数众多的蓝领工人的制造行业向重视信息处理的服务性行业过渡,而服务性行业的技术程度日益增高。计算机与机器人接替了往日许多像银行出纳或邮件传递等人工工作。

当然,服务性行业的技术更新要有一个过程,但是置身于这种工作岗位的年轻人日益意识到这些岗位不再使他们获得任何晋升的机会。运用先进技术的公司也不再对拥有一大批缺乏技能的雇员感兴趣,秘书、邮件处理人员、接线生之类的工作就业率今后将大大下降。

相应地,职业市场人员需求的改变使人们对传统职业学校的作用产生疑问。传统的职业学校建在某些特定的工业区附近,职业课程内容也相对稳定。批评者指责传统的职业学校不重视学生选择职业的主观愿望,经常教授过时陈旧的职业技能而忽视对语言、数学以及公共技能基础课的教学,而这些学科在工作中已日益显示出其重要作用。企业界普遍对传统的职业学校信心不足:学校设备陈旧,校方对利用设备对学生进行广泛的职业训练不够重视,而学生却对职业培训有较强烈的要求。

可以说,对纽约市的职业技术教育,学者们提出很多批评意见,大致有以下几点:第一,企业与学校联合的规模尚小,不足以培训大量的就业人员。第二,学生的生活经历与服务性行业的工作特点差别较大,学生们对此种行业缺乏想象力。第三,在教育方面也必须尽量社会化,如使未来的办公室职员接受包括衣着、举止等方面的训练。第四,大多数教育家与协会团体的负责人认为,在目前经济结构发生激烈变化的情况下,学生必须具有坚实的通信、计算及思维技能,必须有一个完整的教学大纲和一套理想的教科书。第五,很多学者指出,如果以城市为基地的工业企业想在21世纪避免缺乏训练有素的技术劳动力,学校就必须提高教育质量,大面积减少辍学现象。如果学生的基础文化水平低下,那么职业技术教育也是无能为力的。

为了填补学校职业技术教育中的技术空白,纽约市商业界人士积极参与学校的教学工作,与学校紧密挂勾。他们在学生选择职业时替他们当顾问、安排他们在暑假参加对口劳动、帮助撰写与修改一些学校的教材。企业与学校挂勾,帮助许多学生学习和掌握新的职业技能,使他们在走向社会之前有了一个良好的开端。

除了纽约市商业界人士的努力,20世纪90年代以来,纽约市政府也开展了较有特色的相衔接的联合培训体制。所谓联合培训,是指向学生提供工作本位的学习机会,把学校、教师、社会专业人员、父母等联合起来,整合学校本位学习与工作本位学习,整合学术性学习与职业性学习。

21世纪以来,在职业技术教育方面,纽约市政府和教育局做出了一些改变来开发学生的职业能力,具体包括以下几个方面。

1. 课程结构中职业性课程比重加大

纽约市强调职业技术教育课程设置应适应学生"应知、应会"的要求,除了开设综合课程之外,还开设技术性课程,并且技术性课程比例不断上升。基础课与技术课之比达到38∶62,理论课与实验课之比在53∶47,课程教学内容从职业需要出发来安排,不同专业之间在课程设置、周学时、讲授内容都有差别。基础理论课教学宽而浅,强调实用,突出职业性。

2. 教学过程突出实践性

职业技术教育教学过程必须面向岗位工作的需要,针对岗位职业的实际,在做中学、在学中做,边做边学,教、学、做合一,手、口、脑并用,加强实践性。纽约市重视职业技术教育教学面向生产建设实际,促进生产发展。纽约市特别强调上课、实验、校外实习的比重,校外实习强调顶班劳动和实际操作,强调真刀真枪地解决实际问题。由于纽约市重视把教学与实践融为一体,使学生的理论知识、实践活动融会贯通,极大地提高了毕业生上岗的适应能力。

3. 办学方式面向社会

21世纪以来,现代教育与职业的沟通、学校与社会的融合已是不可抗拒的历史潮流,教育社会化成为发达国家职教发展的一大趋势。纽约市也积极地使职业技术教育的办学方式面向社会,主要有以下形式:一是企业出资帮助学校建实验室,送新产品到学校测试,为学校推荐毕业生设计题目,推荐工程师担任学校的兼职教师,为学生提供实习场所;二是培养学生的教学计划请企业的工程师参与研究制订;三是教师经常到工厂去熟悉生产第一线的情况,承担应用型研究课题,并把取得的成果应用于生产实际;四是企业从学校选择毕业生补充自己的技术骨干;五是请企业领导担任学校咨询委员会委员;六是企业直接购买培训,即给予经费补偿或特定培训项目,公司与学校根据合同提供培训,并按协议收付费用。这样,不但有利于教师与企业结合、与实践结合,也有利于学生进行技术训练和企业在职人员的继续教育。职业技术学校面向企业办学,能直接有效地为社会生产服务。

第八章 纽约终身学习社会构建

未来社会是个终身学习社会,在这样的社会中,人人都有终身学习、随时学习的场所、时间和空间。纽约市在这方面走在了世界前列。

第一节 终身学习的理论和政府支持

纽约市在开展终身学习的过程中,理论研究和市政府的支持对推动终身学习的进展有不可替代的作用。

一、终身学习社会研究的进展

20世纪60年代对西方国家来说是一个特殊的时代:科技发展引起社会变化加快,人们的闲暇时间逐渐增多,社会失范导致传统文明被严重破坏而新的社会秩序未能很好地重建。正是在这样的背景下,法国教育家朗格朗(Paul Legrand)提出了终身教育的思想。美国学者赫钦斯(Robert M. Hutchins)在吸收终身教育思想的过程中,认为永恒主义为社会失范提供了思路,由此提出了学习型社会。

赫钦斯于1968年在他的著作《学习型社会》(The Learning Society)中首先提出了"学习型社会"这一概念,将其界定为:"除了能够为每个人在其成年以后的每个阶段提供部分时间制的成人教育外,还成功地实现了价值转换的社会。成功的价值转换即指学习、自我实现和成为真正意义上的人已经变成了社会目标,并且所有的社会制度均以这个目标为指向。"① 他认为

---

① Robert M. Hutchins. *The Learning Society*[M]. New York: Frederick A. Praeger Publishers, 1986: 134.

学习型社会成为必需,是因为教育系统不再能及时回应社会需求,而在学习型社会中,必须把学习作为变化的中心,这是因为"有两个必要的要素——闲暇时间的增多和变化的加快。后者要求提供继续教育,而前者提供了可能"。

随着世界各国对学习型社会的重视,以及联合国教科文组织的倡导和推动,美国政府和学界也开始逐渐重视学习型社会研究并有力地推动了美国学习型社会的发展。1973年,美国卡内基高等教育委员会(The Carnegie Commission on Higher Education)出版了《迈向学习型社会》(Towards a Learning Society)一书。该书继承赫钦斯学习型社会的理论观点,提出了构建学习型社会的具体构想,但它所主张的学习型社会的理念并不是一般的教育理念,而是包括回归教育、远程教育、开放大学、社区学院等,以期通过丰富的学习活动来保障国民的学习机会,消除因年龄问题带来的教育障碍,主张以此为中心追求广泛的知识和学问,通过教育提高人们适应快速变化生活的能力,借助学习来适应现代社会的变化。基于此,该委员会认为,学习型社会不仅包括一般的教养教育,还包括技术训练教育、学术教育计划以及所谓的非学术教育计划等。① 这种学习型社会的理念把赫钦斯的单纯学习范围扩展到包括职业和生活中的各种学习机会,突破了围绕教育制度本身描绘学习型社会的界限。

1978年,美国大学入学考试委员会为研究和推动学习型社会而设立了一个专门机构——未来学习型社会委员会(Future Direction for a Learning Society)。该委员会认为美国学习型社会的主体包括以下五个部分:① 资源的供给者,包括联邦政府、州和地方政府、企业和财团、教会和宗教团体、成人学习者及其家族。② 协调者,包括联邦政府诸机构、州政府诸机构、专门的职业团体、劳动工会以及政治的利益集团。③ 竞争者,由两大阵营组成,一是正规的教育机构,包括研究生院、大学、短期大学、专门学校以及其他各类学校。二是非正规教育机构,包括社团、军队、企业、教会、政府各机构、图书馆、博物馆、劳动工会、政治团体、宣传媒体、专门职业与营利学校。④ 中介者,包括宣传媒介、学习顾问机构、出版业者与考试机构。⑤ 需要者,即成人学习需求者,也称非传统学生。② 总之,经由学习资金的提供—学习机会的协调—办学资格的竞争—学习信息的中介,最后落实到学习者,从而

---

① Carnegie Commission on Higher Education. Towards a Learning Society: Alternative Channel to Life, Work, and Service[M]. Mcgraw-Hill Book Company, 1973:13.
② 吴遵民. 现代国际终身教育论[M]. 上海:上海教育出版社,1999:125.

构成了一个良性的动态循环系统,也构成了一个充满"学习市场"色彩的美国学习型社会。

20世纪80年代以来,美国学界对学习型社会中高等教育作用和使命的研究获得了一定进展。1988年美国威斯康星大学麦迪逊分校教授阿皮斯(Jerold W. Apps)出版了《学习型社会的高等教育》(*Higher Education in a Learning Society*)一书。在归纳有关学习型社会的各种说法后,他指出学习型社会的四种含义:① 它是一种实用的理念:终身学习是人类生存于快速变迁社会中的必要条件;② 它是一种学习态度:学习不仅因实用的理由而发生,更可为学习而学习;③ 它是一种统整的态度和策略:它统合了日益多样化的社会的凝聚力;④ 它是一种教育的隐喻:它对21世纪的"教育"与"学习"的关系作了新的界定,并对超越了各种传统教育机构的学习潜力进行了再认识。①

1996年美国学者奎尼(Donna S. Queeney)等人为美国州立学院和赠地大学协会(National Association of State College and Land Grant Universities)提供了一份白皮书,他们认为高等教育必须采取行动来领导国家形成学习型社会。为了领导国家发展和扩大学习型社会,高等教育应该重新定义它的作用、职责和使命,并考虑以下五个问题:① 高等教育的作用;② 公共政策的作用;③ 如何管理资源和智力财富;④ 如何产生和保持一个学习型社区;⑤ 如何产生组织变化的策略。白皮书列举了16种策略作为高校变革的催化剂。白皮书最后呼吁,高等教育有责任和力量马上采取行动投身于已出现和正在发展的学习型社会中。②

1999年9月由凯洛格基金会(W. K. Kellogg Foundation)资助的凯洛格州立和赠地大学未来委员会(Kellogg Commission on the Future of State and Land-Grant Universities)发布了一个报告《回到根本:一个学习型社会》(*Returning to Our Roots: A Learning Society*)。该报告影响深远,指导了美国州立和赠地院校如何应对学习型社会的需求。该委员会试图给"学习型社会"这个术语增加一些新东西。它指出,一个真正的学习型社会应该是

---

① Jerold W. Apps. *Higher Education in a Learning Society: Meeting New Demands for Education and Training*[M]. San Francisco: Jossey-Bass Publisher, 1988: 19.

② Donna S. Queeney. *A Learning Society: Creating an American that Encourages Learning throughout Life* [EB/OL]. http://eric. ed. gov/ERICDocs/data/ericdocs2/content _ storage _ 01/0000000b/80/23/b9/5e. pdf, 2007-11-16.

这样的一个社会：接纳所有成员，包括儿童、青年、中年人、老人、雇员和失业人员，正常人和残疾人；对社会和个人来说，所有学生都必须受教育，从而达到他们所能达到的高度；每一个人都能学习，但不是每一个人都以同样的方式学习。

该委员会还归纳出了学习型社会的一些核心要素：第一，它重视和培养终身学习的习惯，并确保具有能满足所有学生需求的学习项目和学习网络。第二，它是全纳的，确保所有的成员成为它的学习社区的一部分。第三，它意识到早期儿童发展作为终身学习部分的重要性，并发展一些组织方式来提高所有儿童的发展。第四，它把信息技术，包括新的交互式多媒体技术，作为扩大学习的工具。第五，它通过研究和其他方式刺激了新知识的产生，并应用这些知识来为社会谋利。第六，它重视地区和全球的互相联系以及不同文化之间的联系。第七，它形成确保学习、信息和信息技术公平的公共政策，并意识到教育投资有利于提高国家经济和社会安全的竞争力。[1]

在这些研究和理念的影响和指导下，终身教育、学习型社会开始在美国逐渐深入人心，终身学习也成为美国各教育机构争夺的市场。市场竞争理念的引入、人力资源的开发也成为美国（包括纽约市在内）开展终身学习的显著特征。

二、终身学习中的政府支持

政府扶持是纽约市终身学习的一个显著特点。纽约市通过制定法律和政策，提供充足的经费等来促进终身学习的进展。

（一）制定相关的法律和政策

1974年，美国制定了《社区学校发展法》。1976年，美国又颁布了《终身学习法》。这是美国首部以"终身学习"命名的法律，确立了终身学习的法律地位。1994年，克林顿政府发布了《目标2000：美国教育法案》，"社区合作计划"是该法案的重点内容。21世纪以来，随着学习型社会、终身学习等理念在全球的不断推广，美国颁布的有关教育政策也逐渐在强化终身学习的转换与发展。

以纽约市为例，纽约州教育厅的中小学和继续教育部门以及纽约市教

---

[1] Kollogg Commission on the Future of State and Land-Grant Universityies. *Returning to Our Roots：A Learning Society*[EB/OL]. http://www.nasulgc.org/publications/Kellogg/Kellogg1999_LearnSociety.pdf，2007-11-18.

育局下属的公众和社区事务办公室等机构全面负责推进终身教育和终身学习的发展。纽约市在高中阶段便融入了最基本的职业技术教育,并通过学分制的方式提供各种基础和选修课程。另外,纽约市政府鼓励和倡导本地区的高等院校作为继续教育基地,面向社会开设职业培训班或与企业联合办学,促进学校与社区的合作。

成人和职业技术教育作为终身学习的重要部分,成为纽约市教育发展的典型。为了加强职工的岗位培训,纽约市还制定了如《工作培训合作法》等一系列相关法案。该法涉及的主要对象是失业人员和青年,通过实施稳定的就业政策,并为此提供法律保障,来促进失业人员和青年的就业。

(二) 提供充足的教育经费

纽约市的终身教育经费投入比较充足,人均教育经费较高,教育经费来源的渠道很多,如有来自联邦政府的拨款、企业的捐赠、地方财政的税收等,但在这些教育经费的来源中,政府的投入一直占有较大比重。一般而言,州政府和市政府是纽约市中小学教育经费的主要提供者,政府拨给中小学教育的经费约占86%以上,其他收入则占14%。此外,为了稳定经费来源,纽约市还指定一种体育彩票的税收为专用资金,以保障基础教育经费的落实。纽约市高等教育的财政投入也十分充足,政府拨款用于学生助学金的投资额居全美50个州之首。

纽约市政府也加大了职业技术教育的经费投入,设立了劳动力培训专项拨款、再就业培训专项拨款、就业保障专项拨款等制度,以便资助企业和学校的职业技术教育培训工作的开展。

为给纽约市提供更高质量、更高效率的青年和家庭发展项目计划,纽约市于1996年创立了"青年和社区发展局"(The Department of Youth and Community Development),其主要任务是向立足社区的各类机构提供市、州及联邦经费并通过合理管理使其最大限度地满足居民所需。以2006年为例,青年和社区发展局共收入29 613万美元,其中纽约市政府提供经费17 658万美元,占总额的59.6%;联邦政府提供经费10 337万美元,占34.9%;州政府提供经费1 618万美元,占5.5%。而其所资助的项目包括全国最大的市级"校外基金"(Out-of-School Time)项目、"出走和无家可归青年扩展"(Runaway and Homeless Youth Outreah)项目、"青年人力资源发展"(Youth Workforce Development)项目等。①

(三)实施民主的社区管理

纽约市社区管理所体现出的高度民主也在一定程度上对教育,尤其是以居民自主学习为导向的终身学习在基层社区的开展有所助益。

根据纽约市的《城市宪章》,社区的行政机构有下述特点:"首先,参与社区工作的政府各级部门机构健全,人员职责分明,有效地避免了部门之间的推诿、扯皮现象。其次,社区工作的实际权力掌握在社区董事会手中,且社区董事会的成员都是不拿薪水的义务工作者。他们是本社区中有威信的居民代表或是在某一方面有特长的人,他们能够对社区的发展建设提供专业意见,且保证社区工作的公正与公平,也节省了社区经费开支。再次,社区董事会是社区最高权力组织,且广泛代表民意。社区董事会聘任社区主任,社区主任不是上级行政部门派遣的代表,他只对社区董事会负责。社区董事会可以根据社区主任的工作表现随时罢免他。最后,社区董事会和社区顾问团的成员组成合理,既代表社区民意,又有上级职能部门的参与,保证了社区董事会所做决定的贯彻执行。另外,也为动员社区各方面的力量和居民的共同参与创造了条件。"②

这种行政组织体系保证了各项社区决议的上通下达,既"取之于民",更"用之于民",有利于服务于整个社区的全方位发展,其中也包括教育这一重要层面。

第二节 终身学习与纽约市各级教育的发展

很多人单纯地把成人教育或成人学习等同于终身教育或终身学习,其实各个阶段的教育都与终身学习有着密切的联系。

一、成人教育:开展终身学习的重点

一直以来,成人教育被看作终身学习的重要组成部分。在美国,成人教育的对象是指16岁以上、没有获得大学学历即参加工作的人和虽取得大学以上学历但仍继续提高学历和水平的人。美国成人教育的教学理念是:为

---

① 张媛.国际大都市开展终身学习的策略研究[D].华东师范大学教科院硕士学位论文,2008:29.

② 谢芳.美国社区[M].北京:中国社会出版社,2004:65-66.

了适应科学技术的迅速发展,通过工作外的业余学习来提高每个纽约人的科学文化素质。其主要任务又包括如下四项:① 帮助那些学历层次低下的普通劳动者获得基本的读、写、算能力;② 帮助那些中途辍学的高中生完成高中教育,并通过考试取得高中文凭;③ 帮助移民或少数族裔的外来者学习英语,以使其顺利通过语言进行交流;④ 开展职业技术教育,提高就业者的就业能力。①

纽约州教育厅通过建立"成人职业和继续教育服务中心",关注纽约州成人公民的教育和就业需要。该中心的工作主要涉及四个领域:职业康复(Vocational Rehabilitation,包括独立生活管理)、成人教育(Adult Education)、普通教育水平(GED)测试和专有学校监督部(Bureau of Proprietary School Supervision),内容包括成人基础教育、普通教育水平(GED)准备、英语获得、家庭素养、职业技术教育、工作素养和劳动力准备项目。纽约州教育厅也负责管理《劳动力投资法案》中 Title II 下的资金,该资金主要投向成人教育和家庭素养项目。

在纽约市,目前成人教育系统主要由全日制的各级学校系统兼任,同时政府、企业、劳工组织、社会团体、广播电视、图书馆、博物馆均参与组织成人教育。纽约市和地方学区设有成人教育协会,由市政府负责成人教育的实施管理。纽约市在开展终身学习的活动过程中,首先以发展成人教育为切入口,由此以点带面全面铺开。

纽约市"成人和继续教育办公室"是纽约州最大的成人教育服务提供者。该办公室隶属于纽约市教育局公平和入学司,使命是使成人成为父母、家庭成员、工人和社区成员的角色。该办公室通过在成人基础教育、高中、职业技术教育、英语学习者等方面提供持续服务,来促进成人终身学习和问题解决技能的发展。

该办公室为 21 岁及以上人群提供超过 900 个班级,并有 4 个位于布鲁克林、曼哈顿、布朗克斯、皇后区的成人教育中心。在所有 5 个行政区有超过 175 个站点,包括公立学校、社区中心和宗教组织,为成人提供从周一到周六的白天和晚上的课程。不管学生居住在哪个区,都可以在任何一个站点参加课程。所有的课程都由经过认证的教师授课,并免学费。②

---

① 崔文霞. 国际大都市纽约的城市教育研究[D]. 华东师范大学教科院硕士学位论文,2004:27-28.
② NYC Department of Education. *About the Office of Adult and Continuing Education*[EB/OL]. http://schools.nyc.gov/ChoicesEnrollment/AdultEd/default.htm,2015-06-05.

二、各级教育的相互衔接：开展终身学习的补充

从整体上看，纽约市的教育体制已经趋向终身化，也就是说，从人出生开始至老年为止，纽约市已为全体市民制订了良好的教育计划。

纽约市的学前教育十分发达，其教学内容与教学方法均旨在从小培养与开发孩子的各种潜能，尤其是孩子人格的独立性及自我意识的探索性。纽约市政府还针对学前教育实施了一些项目，比如著名的"学前教育普及计划""从头脑激活计划""开端计划"等。

纽约市高等教育的成功直接归功于它的学前教育和基础教育，这些教育中的各种训练项目对学生的健康成长都起了关键性的作用。在严格的学习标准和毕业要求的基础上，所有的学生还都可以接受优质的从学前到高中教育，从而为他们今后接受高等教育做准备。

纽约市几乎 80% 以上的高等院校与中小学合作，通过各种各样的教育计划与策略帮助学生顺利毕业。也就是说，年轻人无论是成为一名劳动力为社会服务，还是进入高校继续接受高等教育，他们都有机会在成长的各个阶段接受适合自身的优质教育。尤其是在高等教育领域，其除了培养德才兼备的人才之外，它的另一重任是通过科学研究来促进城市经济的飞速发展。而纽约市经济的高速增长，某种程度上亦得益于高等教育的科研创新。

值得一提的是，纽约市高校与城市社区互动紧密。纽约市高等教育的专业与课程设置十分具体，其目的是为了让学生所学能与现实生活紧密联系，尤其是与实践应用密切结合。有些学科甚至让学生直接通过社会实践的方式来锻炼，有些学科则通过核心课程的深入钻研使学生的视野更加宽广。

纽约市的成人与职业技术教育重在向普通教育渗透，其在高中阶段即注意培养学生的就业技能与就业意识。

此外，纽约市还借助电子网络的力量来推动终身学习。美国电子大学网络（Electronic University Network）就是通过电脑网络来进行学习，纽约市的"社会研究新学院"（New York's New School for Social Research）就是借助新泽西州的"科技电子信息交流系统"（New Jersey Institute of Technology's Electronic Information Exchange System）来提供硕士和学士学位的课程。

由此可见，纽约市各级教育所取得的优异成果为其开展终身学习、创建

学习城市打下了较为坚实的发展基础。

第三节 开展终身学习的各类设施机构

作为美国第一大都市，纽约市不仅是美国的经济和金融中心，还是美国文化、艺术、音乐和出版中心之一，有众多的高校、社区学校、博物馆、美术馆、图书馆、科研机构和艺术中心。这些社会机构是开展终身学习的重要公共资源。凭借着分布广泛、贴近居民、活动丰富、人性服务等特征，这些机构在满足不同群体多样化学习需求、促进居民的文化熏陶、开展终身教育方面发挥了重要作用。

一、社区学院

美国南北战争后，北方的胜利为资本主义的发展开辟了良好的国内环境。随着中等教育的扩大和赠地学院运动开展的深入，高中毕业生人数日渐增加。同时，由于受到德国大学专门化的影响，如何实现高等教育的机会均等和精英培养这两者间的平衡成为政府和学者们关注的主要问题之一。前芝加哥大学校长哈柏把芝加哥大学一、二年级和三、四年级分开，分别成立"初级学院"和"高级学院"，并对初级学院的毕业生授予副学士学位，社区学院的发展由此起步。

1947年，美国总统高等教育委员会的报告提议将"社区学院"作为公立初级学院的名称，并提出社区学院应以多种功能和计划、最低的价格和最简单的录取方法为整个社区提供教育服务。[①] 20世纪50—60年代，社区学院得到迅猛发展，一方面是因为二战后的人口高峰，另一方面，更重要的原因则在于二战后美国经济的快速发展对于高等技术人员的需求增多，正规四年制高等教育机构已经无法满足此方面的发展需求，这些都赋予社区学院更广阔的发展空间。

据美国教育部统计，2000年美国高等学校总量为4 096所，其中大学2 320所，占总校数的57%；社区学院1 776所，占43%。美国在校大学生共1 450万人，其中890万人为大学生，其余560万人为社区学院的学生，占总

---

① 王英杰. 美国高等教育的发展与改革[M]. 北京：人民教育出版社，2002：262.

数的 39%。① 社区学院已成为美国高等教育的重要组成部分。

以下以纽约州杰弗逊社区学院（Jefferson Community College）为例来阐述社区学院在终身学习中的作用。杰弗逊社区学院位于纽约市水中城，隶属于纽约州立大学，于 1963 年正式招收全日制和部分时间制学生。该校的教育宗旨是"通过优质教育、创新服务以及社区合作来提升学生和整个社区的生活质量。"

为了使学生更好地贡献社会，杰弗逊社区学院确立了如下目标：提供艺术、科学和其他专业领域的副学士学位课程，并可转学后继续学习；提供职业领域副学士学位和证书课程，从而为学生在各领域就职做好准备；提供终身学习机会并结合证书培训、研讨会、社区服务课程等进行专门业务培训；为社区服务提供师资、设备、课程等各种资源；通过与地区企业、学院、中小学校和社区其他组织建立伙伴关系扩大受教育机会；促进多元文化的理解和共赏等。②

可以看出，杰弗逊社区学院不仅注重对学生进行理论及实用知识的培养，更注重学校学习文化氛围的创设，注重提高学生的精神追求与自主学习意识的养成。不仅如此，该学院关注整个社区的发展，为社区居民开设各种服务、心理及就职咨询课程。同时，学院组织的各种文化节目、研讨会、艺术展乃至图书馆等教育设施均对社区居民开放。

另外，随着经济市场化和商业化的发展，社区学院的转学教育职能逐渐淡去，随之而来的是一种新的职业主义的兴起，"新经济技能""任职能力""应用技能"的培养成为社会摆在社区学院面前的新挑战。一种新的模式，即社区学院与企业通过签订合同开展培训项目，逐渐兴盛以来。

"合同培训"主要是按照合同方的要求安排培训内容，确定接受培训的人员，并由其最终对培训进行评价。从企业方面来说，生产技术的提高和退休人员的增多使得成熟的技术人才出现短缺，而社区学院的职业培训既节省了企业单独组织培训的费用，也保障了企业雇员取得相应的技能证书；从学院方面而言，学校既服务了社区，又取得了较为可观的财政收入。当然，合同培训模式的不同课程内容和教学方式对于教师有着不同的要求，同时，

---

① 张媛. 国际大都市开展终身学习的策略研究[D]. 华东师范大学教科院硕士学位论文，2008：30.

② Jefferson Community College. *General Information-College Objectives*[EB/OL]. http://www.sunyjefferson.edu/GeneralInfo/aboutthe.html，2006-5-16.

还应注意防止社区学院教育职能的过度功利化。[1]

二、公共图书馆

无论是迫于生存压力、职业危机而引起的对知识更新的学习需求,还是由于闲暇时间增多,受到自我提升观念推动而产生的学习兴趣,自我发展已普遍成为居民的共同追求。由此,公共图书馆不仅要成为市区的信息中心,为居民提供各种信息咨询服务,还要成为居民提升修养,提高精神生活质量的必然途径。可以说,学习型社区建设的公共资源主要依靠社区图书馆。

在纽约市,公共图书馆在普通纽约人生活中的作用不容小觑,其分馆遍布纽约市的5个区,尽管有些小的街区的图书馆面积很小,但却配备完善,可为不同年龄层次的居民提供多种服务。图书馆设立"职业介绍信息专栏",为成人提供就业信息,扩大居民就业途径,并为成人顺利实现就业而举办各种求职培训。针对青少年群体,图书馆设立青少年服务部。孩子们可以在此查阅论文资料,在舒适的环境中完成作业。当然,也有很多有趣的儿童读物可供孩子们阅读。同时,图书馆还举办各种喜闻乐见的活动以丰富儿童的课余生活。对于老人而言,分馆设有"老人阅读角",针对老龄人视力下降、活动不便等特殊情况,提供专门的阅读资料和其他服务。[2]

具体来说,纽约市主要有以下著名公共图书馆。

(1)布鲁克林公共图书馆。

布鲁克林公共图书馆是美国第5大图书馆系统,有60个附属馆,为布鲁克林区250万居民服务。除了它的借书资源,它也为每个年龄阶段的人提供免费项目和服务,包括工作搜寻帮助、素养项目、公共计算机和布鲁克林区最大的WIFI网络。它还有丰富的E资源,比如,Ebooks、Evideos和目录信息,顾客24小时都能在网上获得这些资源。该图书馆的使命是"确保社会知识、历史和文化的保存和传递,为布鲁克林区的人提供免费和开放的教育、娱乐和参考信息"。该图书馆期望成为图书馆服务的领导者,成为使所有人都能24小时获得知识的重要知识中心,并能反映布鲁克林区人热爱学习的精神。

(2)纽约市公共图书馆。

---

[1] 张旺.世纪之交美国社区学院的发展动向[J].比较教育研究,2003(3).
[2] 谢芳.纽约市的公立图书馆[J].社区,2002(7).

纽约市公共图书馆共有 88 个分馆，以及分布在布鲁克林、曼哈顿和斯塔滕岛的 4 个研究图书馆，每年为 1 800 多万参观者服务，还有 2 900 多万个人通过它的网站获得信息和服务。除了具有休闲阅读和研究的功能外，该图书馆经常为纽约市市民获得社会服务和工作岗位提供帮助。对纽约市里最需要的人群来说，包括来自低收入家庭的孩子和成人、移民、未就业者、残疾人和老年人，该图书馆是一个可以信任的资源。纽约市公共图书馆服务了 47% 的纽约市家庭收入低于 2.5 万美元的家庭。随着对图书馆免费资源的要求越来越多，现在纽约市公共图书馆也在做出改变，鼓励终身学习，促进知识传播到社区。

（3）皇后区公共图书馆。

皇后区图书馆的使命是"通过图书和其他一系列形式，提供高质量服务、资源和终身学习机会，满足多元群体的信息、教育、文化和娱乐需要与兴趣"。该图书馆是个包容所有观点的论坛，坚持"美国图书馆协会"制定的"人权图书馆法案"中所制定的自由原则。[①]

皇后区图书馆由 1 个总馆和 68 个分馆组成。总体而言，该馆的经费以政府拨款为主，企业赞助为辅；同时，该馆的各类专职人员和志愿者的工作分工明确，各司其职。该图书馆部门齐全，包括活动项目部、商业科技部、社会科学部、儿童服务部、青少年服务部、咨询中心等，其中活动项目部负责策划组织各类活动以满足社区居民的文化需求，该部主要包括成人教育中心、就业信息中心、儿童及青少年服务中心、国际信息中心、移民服务中心等。[②]

皇后区图书馆的"成人学习者项目"（Adult Learner Program），拥有 6 个成人学习中心，为成年文盲和非英语母语者提供教育服务。前者主要着眼于发展其阅读和写作技能以改善就业和生活的机会；后者旨在培养英语语言技巧以使之有机会发展为成功的新美国人。

可以看出，以皇后区图书馆为代表的纽约市公共图书馆的服务对象极其广泛，全面考虑了不同年龄阶段、不同职业、不同文化背景乃至不同种族的民众的需求。因此，随着终身教育、终身学习的理念日趋深入人心并引导着人们的自主学习行动，在顺应时代和教育转型的过程中，个体学习将无时

---

① New York Government. *One System for One City: The State of the New York City Workforce System Fiscal Year* 2011[R/OL]. http://www.nyc.gov/html/hra/downloads/pdf/resources/NYC_Workforce_System_Report_FY_2011.pdf，2015-08-21.

② 何蓉，崔晓文. 美国纽约皇后区图书馆的公众服务体系[J]. 四川图书馆学报，2005(1).

不在、无处不有,而纽约市公共图书馆在推进学习型社会建设中所做的努力和贡献也应引起我国学者的进一步思考和研究。

三、博物馆

美国人对博物馆可发挥的教育功能认识已久,1880年美国学者詹金斯在《博物馆之功能》中便指出博物馆应成为普通人的教育场所。1906年美国博馆协会成立时即提倡"博物馆应成为民众的大学"。1990年,美国博物馆协会解释博物馆的定义时,将"教育"与"为公众服务"同视为博物馆的核心要素。美国博物馆协会的首席执行官爱德华·埃博(Edward H. Able)认为"博物馆第一重要的是教育,事实上教育已经成为博物馆服务的基石"[①]。

纽约市拥有名目众多的各类大小博物馆,其中,可与法国卢浮宫和大英博物馆相媲美的纽约市大都会艺术博物馆最为著名。该馆汇聚着来自世界各国的珍贵艺术展品,拥有丰富的馆藏资源。大都会博物馆的建馆宗旨是"收藏、保存、研究、展示共同代表人类最广泛及最高水平成就的艺术品,鼓励人们鉴赏艺术品和提高人们对艺术品的认识水平,并在各方面以最高的专业标准服务于公众"[②]。

就教育活动而言,大都会博物馆面向所有人。具体而言,既有面向1—3岁的幼儿、小学生、初中生、高中生、成人、女性、残疾人、老人等的各种常规活动,又有专门针对低收入者、少数族裔的项目,还专门到残疾学校、劳教所等特殊场所举办展览或讲座,而对不能来馆参观的病人、瘫痪者、高龄老人等,博物馆还提供用电话为其讲解博物馆现有展览或藏品的服务。

针对学生这一教育活动的重要群体,大都会博物馆编印了"希腊艺术""韩国艺术""东南亚艺术"等系列专题材料(包括文字资料、幻灯片、CD-ROM等),并向纽约市的每所公立学校赠送。除此之外,博物馆面向学生开发组织了多项活动,学生可利用课后或周末参加大都会的免费课程。初中和高中的学生有机会与博物馆工作人员一起研究博物馆的艺术珍品,博物馆开设的诸多课程均希望学生能在欣赏、理解艺术品的过程中成为积极的参与者,在展览馆的讨论乃至艺术作品的自我创造中有所感悟[③]。

[①] 段勇. 美国博物馆的公共教育与公共服务[J]. 中国博物馆,2004(2).
[②] 同上.
[③] The Metropolitan Museum of Art. *Event & Programs-Student Programs* [EB/OL]. http://www.metmuseum.org/events/ev student.asp,2007-9-2.

除大都会博物馆之外,纽约市其他各类博物馆也基于自身特色在教育方面有所创新,如纽约城市博物馆是一座专门介绍纽约城市发展历史的博物馆。该馆的教育项目十分丰富,几乎每天都有来自纽约市各学校的学生来此学习有关纽约城市历史、建筑的课程。该馆的教育工作者给学生们准备了许多关于纽约城市建设方面有趣的课程资料和教学用具。学生通过在博物馆的学习,不仅可以了解纽约城市建设的历史沿革,也可以听闻许多有关纽约市居民生活变化的故事。①

此外,各个博物馆平时会利用馆内资源举办各种专题讲座或研讨会,以期为各领域、各层次的研究者、学习者打造良好的交流平台。

需要特别强调指出的是,美国博物馆的门票制度大多分为免票、建议门票和强制门票三种,而所谓的建议门票是指支付1美元到建议数额之间的门票均可进馆参观。此外,很多博物馆对学生和儿童都有优惠,如大都会博物馆成人票25美元,学生票12美元(其中哥伦比亚大学学生免费),有成人带领的12岁以下的儿童免费。大学博物馆则基本上不收费。此种较为合理的收费制度使得大多数普通民众和学生较易于获得接近艺术、享受艺术的机会并促进自我艺术修养的提升。笔者在纽约市哥伦比亚大学教师学院做访问学者期间,就曾多次免费到大都会博物馆参观游览,一定程度上提高了自己的艺术修养。

综上所述,在理论研究和市政府的支持下,纽约市各级各类教育,尤其是成人和职业技术教育的稳步推进,以及纽约市的社区学院、图书馆、博物馆等,为纽约市终身学习的开展打下良好基础,推动了该市终身学习的顺利发展。但由于美国文化的个性主义、实用主义特征,纽约市教育在地方自主管理之下,更倾向于市场主导,教育的作用更多体现为人力资源的一种投资,即保障就业、高薪、晋职。②

① 何琳,杨兰亭. 走进美国的博物馆[J]. 中国校外教育(美术),2007(6).
② 张媛. 国际大都市开展终身学习的策略研究[D]. 华东师范大学教科院硕士学位论文,2008:32.

第九章 纽约教育的国际化发展

纽约州教育的国际化程度堪称世界一流,它吸引了大量的移民学生和国际学生,也培养了大批国际复合型人才。纽约市更是举世闻名的的国际大都市,各项活动(包括教育)都在国际化的背景下进行。为了应对全球经济和知识经济的挑战,推动纽约州和纽约市的经济、政治与文化发展,教育国际化势在必行,21世纪以来,纽约州和纽约市在这方面做了更大的尝试。

第一节 教育国际化的背景

21世纪以来,美国联邦政府、美国政策研究机构、纽约州政府都非常重视教育国际化,纷纷出台政策和报告,促使和推动纽约州在教育国际化方面取得了优秀成绩。

一、联邦政府将国际教育提升至国家战略高度

早在2000年,克林顿总统签署的《关于美国国际教育政策的备忘录》(以下简称《备忘录》)中就明确指出,支持国际教育发展是联邦政府的既定政策,承诺美国国际教育政策的目标是:鼓励来自其他国家的学生在美国留学;促进美国学生赴国外留学;支持社会各个层次的教师、学者和公民开展交流;加强美国大学机构中旨在建立国际合作关系及发展有关专门知识的项目;发展高质量的外语教学,增加美国人民对其他文化的深入了解;帮助和支持教师努力向他们的学生讲解其他国家和文化;发展新技术以帮助将

知识传播给整个世界。①

同时,《备忘录》中也强调联邦政府不可能单独实现这些目标。教育机构、州和地方政府、非政府组织和企业界都必须对此做出贡献。《备忘录》中详细列出了十大行动方案:① 国务卿和教育部长要支持各级学校的努力,以增加学生到国外学习和实习的数量和类型,鼓励学生选择非传统的赴国外留学地点,帮助名额不足的美国学校向其学生提供和开拓出国留学的机会,通过这些努力来增加获取高质量国际教育经验的渠道。② 国务卿和教育部长要和其他政府及非政府组织合作,制定措施以吸引合格的大学水平以上的外国学生到美国来,包括如何更好地发放有关在美国受教育机会的准确资料。③ 各部门及政府机构首脑,包括国务卿、教育部长及其他有关负责人,应评估学生和学者的国际交流以及美国政府所采取行动的效果,并采取措施处理那些不必要的障碍,包括那些涉及签证和税收的规定、办事手续和政策。④ 国务卿和教育部长要支持州和地方政府以及教育机构的努力,在教室和校园内增强国际交往的意识和能力。这一类努力包括:加强所有层次的外语教学(包括达到双语读写能力);帮助教师了解并有能力向学生讲解其他国家和文化;增加教师、管理人员及学生对外交流的机会;帮助其他国家的教育机构加强英语教学。⑤ 国务卿、教育部长以及其他政府机构首脑应采取措施以确保所有国际教育交流项目(包括富布赖特项目)均通过"国际交流和培训计划跨部门工作小组"统一协调,这样可以避免重复交叉,以便最大限度地利用现有的资源,同时也可以保证交流项目能够得到所需要的支持以实现其增进互相了解的使命。⑥ 教育部长应与其他机构合作,继续支持改进美国教育的努力,办法是推动教育效果和教育实践的评估。要比较和积累对比资料,包括评估的基准。教育部长还应与其他国家交流美国在教育方面的经验和知识。⑦ 国务卿和教育部长要加强和拓展国际交流的模式,以便在具有共同兴趣及互补性目标的教育机构之间建立持久的跨国合作关系。⑧ 教育部长和其他机构的首脑应与各州政府、学术机构、企业界合作,加强那些能提高美国院校国际问题知识水平的计划,其目标是使国际问题教育成为美国大学本科教学中不可缺少的一个部分,同时,通过研究生教学、专业培训及研究使整个国家在国际问题及外语方面培养高级人

---

① U.S. Department of State and Educaion. *International Education Week*[EB/OL]. http://exchanges.state.gov/iep, 2000-09-26.

才的能力得以增强。⑨ 国务卿和教育部长应与其他政府机构、学术界、私立部门合作，推进先进技术在国际教育交流中的合理使用，考察"无疆界教育"的含义和效果。各政府机构首脑应采取措施保证使用技术手段来增加国际教育机会。⑩ 国务卿和教育部长要和其他政府机构一起确保按本《备忘录》采取的行动能完全纳入"政府行为及效果考核法"的框架，亦即要有具体目标、阶段性成果，以及可以衡量的结果。

二、研究机构为国际教育政策实施提供智力支持

2007年，美国国际教育研究院（Institute of International Education, IIE）通过一系列调查和讨论，发起了一个关于"出国能力问题"的政策研究行动，以满足大量增加的美国学生出国留学的需要，并确保美国的大学有为这些想出国留学的学生做准备并送他们出去的资源和机构。作为这次研究行动的组成部分，美国国际教育研究院发布了一系列关于扩大出国留学的参与性和能力的白皮书。①

2007年5月，美国国际教育研究院颁布了《迎接美国的全球教育挑战》（Meeting America's Global Education Challenge）白皮书，成为"扩大美国学生出国学习的能力和多样性"系列白皮书中的第一个。白皮书开篇指出："为了在全球经济和相互联系的世界中成功和繁荣兴旺，美国的学生需要国际知识、跨文化交流的技巧和全球视野。"这份白皮书对美国当前学生出国的动向以及新的出国资助的举措和项目模式进行了分析研究，说明了资源分配如何影响出国参与者的多样性、出国目的地国家、学习的领域和学习期限等。②

2008年5月美国国际教育研究院颁布的《迎接美国的全球教育挑战：探索留学目的地国家对日益增加的美国出国留学的接收能力》，是第二份白皮书，它分析了500多家海外留学机构及其在接收日益增多的美国留学生方面所做的努力，它们在向国际化方向努力的动机和战略规划，这些机构所

---

① Institute of International Education. *Study Abroad Capacity*[EB/OL]. http://www.iie.org/Template.cfm? Section=Study_abroad_white_papers, 2007-03-20.

② Institute of International Education. *Meeting America's Global Education Challenge*[EB/OL]. http://www.iie.org/Content/NavigationMenu/Research_and_Evaluation/Study_Abroad_Capacity/StudyAbroad_WhitePaper1.pdf, 2007-05-01.

面临的挑战。①

2008年9月,美国国际教育研究院颁布了《迎接美国的全球教育挑战》的第三份白皮书——《扩大美国社区学院的国际教育》,指出了社区学院的留学教育区别于四年制大学的留学教育的几个关键特征,这些特征说明扩大社区学院学生出国留学需要完全不同的方式。这份文件提出了扩大社区学院出国留学的独特的挑战,并对相关机构的改革提出了建议。②

此外,为了使美国学生适应21世纪经济全球化和教育国际化的世界趋势,美国国际教育研究院积极创造条件,专门建设了出国留学资助网站,提供多种资助项目,鼓励本国的青年学生出国留学。③

三、纽约州在教育国际化上取得明显成绩

在经济和社会文化等因素的推动下,在美国政府积极的国际教育政策取向下,纽约州的国际教育得到蓬勃发展。根据2008年11月17日美国国际教育研究院的《开放门户》(Open Doors)发布的"2008年国际留学生数据表"显示,纽约州现有外国留学生总数为69 844人,占全国的6%,排在加利福尼亚州之后,位居全国第二。外国留学生在纽约州的花费约为19.53亿美元,在全国50个州中也位居第二位。④ 纽约大学2007—2008学年的国际留学生数量为6 404人,仅次于南加利福尼亚大学(7 189人),居全国第二。⑤

在纽约州教育国际化过程中,高等院校在其中发挥了重要作用(见表9-1)。

---

① Institute of International Education. *Meeting America's Global Education Challenge* [EB/OL]. http://www.iie.org/Content/NavigationMenu/Research_and_Evaluation/Study_Abroad_Capacity/StudyAbroad_WhitePaper2.pdf,2007-05-01.

② Institute of International Education. *Meeting America's Global Education Challenge* [EB/OL]. http://www.iie.org/Content/NavigationMenu/Research_and_Evaluation/Study_Abroad_White_Papers/StudyAbroad_WhitePaper3.pdf,2008-09-01.

③ Institute of International Education. *Study Abroad Funding* [EB/OL]. http://www.studyabroadfunding.org/,2008-12-20.

④ Institute of International Education. *Open Doors 2008 U.S. State Fact Sheets-New York* [EB/OL]. http://www.opendoors.iienetwork.org/page/131585/,2008-12-26.

⑤ Institute of International Education. *Open Doors 2008 U.S. State Fact Sheets-New York* [EB/OL]. http://www.opendoors.iienetwork.org/?p=131590,2008-12-26.

表 9-1　纽约州外国留学生人数最多的 5 所院所（2008 年）

机构	所在城市	留学生总数
纽约大学	纽约	6 404
哥伦比亚大学	纽约	6 297
纽约州立大学布法罗分校	布法罗	4 363
康奈尔大学	伊萨卡	3 928
纽约州立大学石溪分校	石溪	2 626

资料来源：Institute of International Education. *Open Doors* 2008 U. S. *State Fact Sheets-New York*[EB/OL]. http://www.opendoors.iienetwork.org/page/131585/，2008-12-26.

纽约州外国留学生来自世界各地，其中主要来自以下 5 个国家（见表 9-2）。

表 9-2　纽约州外国留学生的 5 个主要来源国（2008 年）

生源地	百分比（%）	总数
韩国	14.8	7 961
印度	13.4	7 234
中国	12.0	6 455
加拿大	11.4	6 150
日本	5.3	2 870

资料来源：Institute of International Education. *Open Doors* 2008 U. S. *State Fact Sheets-New York*[EB/OL]. http://www.opendoors.iienetwork.org/page/131585/，2008-12-26.

此外，纽约州的美国学生出国数量也有所增长。在 2005—2006 学年和 2006—2007 学年，通过纽约州的机构登记出国的美国学生总数量分别是 18 563 人和 19 178 人，增长率为 3.3%。纽约州共有 28 个机构和学院资助美国学生出国留学的项目。[1]

第二节　国际理解教育与移民教育

纽约市是一个国际大都市，有众多的移民。移民不仅为纽约市带来了经济效益，也促进了纽约市的文化融合。因此，培养本地学生的国际理解教育，使他们成为国际复合型人才，并对移民学生进行良好的教育，对纽约市的教育和城市发展有重要作用。

一、国际理解教育

因为纽约市教育局的管理权限只限于全市的公立中小学，所以市教育

---

[1] Institute of International Education. *Funding For US Study. State Location：New York*[EB/OL]. http://www.fundingusstudy.org/SearchResult.asp? state=NY，2008-12-26.

局主要通过中小学的各门学科,尤其是社会学科培养和提高全市中小学生的国际意识,培养在新时期能够适应国际化和全球化的新公民。

纽约市的社会学科以纽约州社会学科核心课程为根据进行设计,通过对历史、地理、经济、政府和公民的探索学习,学生学习对当今世界形成有重大影响的古今人物、地方、历史时代和重大事件。在学前班到二年级,学生培养关于自我、家庭和邻里的意识;三到五年级,学生学习世界社会的多样性、纽约州的历史发展以及美洲和加勒比海地区各个国家的异同;中学生六年级学习欧洲、非洲、亚洲和澳洲各国的复杂性;七年级和八年级增加美国历史的知识;高中生则对美国历史、全世界历史和政府进行更深入的学习。[①]

纽约市教育局颁布了《社会学科范围和顺序》和核心课程规划,2008—2009学年开始生效,首先在四年级和七年级实施,其余年级则在下一年全部施行。该文件旨在向学生提供成为在地区、国家以及全球范围内积极主动的参与者所必需的知识和技能。[②]

二、移民教育

纽约市是一个典型的移民城市。20世纪80年代以来,纽约市的移民规模迅速扩大。1980—1990年的10年间,大约有100万来自160多个国家的移民涌入纽约市。1992年,纽约市的移民人口占城市总人口的比例超过1/3。

为了获取联邦政府和州政府的资助,纽约市教育局进行了移民教育普查。在1995—1996学年,移民教育普查发现将近有13.5万名移民学生,这个数字是5年前统计的4倍。这些学生只是纽约市各级各类学校中移民学生总数的一部分。实际上,按照1990年美国人口普查资料统计,1995—1996学年,约有32万名移民学生在纽约市的各级各类学校中学习。

许多移民学生的英语学习与交流存在障碍,直接影响他们的阅读理解能力和考试分数。例如,1992年,仅有13%的移民学生通过"英语理解能力考试标准",而非移民学生的通过率达到56%。1994年美国统计局研究发

---

① NYC Department of Education. Social Studies[EB/OL]. http://schools.nyc.gov/Academics/SocialStudies/default.htm,2015-05-20.

② NYC Department of Education. New York City Social Studies Core Curriculum[EB/OL]. http://schools.nyc.gov/Academics/SocialStudies/StandardsCurriculum/New＋York＋City＋Social＋Studies＋Core＋Curriculum.htm,2015-05-20.

现,西班牙移民学生中有49%的辍学学生是由于英语学习困难,而英语学习没有困难的学生辍学率仅占12%。到1994年,纽约市学习英语困难的学生数量增加到18万人。纽约市教育局通过"语言评价成套测验"识别英语学习困难学生,这些测验是检测学生的英语听说读写能力。被识别出来的学生要参加英语二外项目。另外,同一年级在同一语言上学习困难的学生数量一旦超过20人,就要实施双语教育项目,不仅包括英语二外项目,而且实行母语教学。

除了英语能力以外,移民学生学业失败的另一个原因是他们的社会经济地位非常低下,这影响着学生学业成绩的支持因素,比如家庭经济条件与父母受教育水平。研究证明,学业成绩良好的学生一般都拥有自己的百科全书与个人电脑等学习辅助用品,而且他们的父母大多受教育程度较高,可以帮助他们学习,并是他们获得良好学业成就的榜样。相对来说,移民学生中有大量的贫困学生。而且,一般情况下,拥有最多移民学生的学校也是最贫困的学校,教师经验不足,教师工资较低,教师转岗率较高,师资力量比较薄弱,学校的辍学率和学业失败率也较高。1998—1999学年,7.6%的西班牙移民初中生没有获得毕业证,而非移民学生没有获得毕业证的比例只占2.3%。①

21世纪以来,纽约市的移民规模还在稳步增加。为了提高移民学生的学业成绩,纽约市采取了以下政策与方案来帮助移民学生适应纽约市的学校生活。

(1) 公共支持。

纽约州政府和联邦政府针对移民学生的教育投资十分有限,主要以法案支持为主。比如,《紧急移民教育法案》规定,移民可以从州政府和联邦政府针对英语学习困难学生或者家庭贫困学生资助项目中受益。《义务教育法案》第一号文件规定资助家庭贫困学生,《义务教育法案》第二号文件规定拨款资助英语学习困难学生开展有效的学习项目。通过第一号文件,纽约市公立学校系统在1995年获得3.76亿美元,其中大部分资金用于移民学生的双语教育和普通教育服务。纽约市与地方教育机构也开展了一些教育项目来支持移民学生,例如,利用法律的形式规定不允许对英语学习困难的学生产生歧视,允许移民学生充分参与学校各项教学活动等。

---

① 崔文霞. 国际大都市纽约的城市教育研究[D]. 华东师范大学教科院硕士学位论文,2004:16.

另外，纽约市教育局针对移民学生中英语学习者的需求，成立了专门的"英语学习困难学生办公室"，负责向此类学生及其家庭提供接受优质教育的公平机会和途径。

（2）学校项目。

很多接受语言特殊服务的学生被作为英语学习困难学生分离开来，被贴上"英语学习困难"的标签，不能拥有平等的机会参与各项教育活动，从而失去获得良好教育的机会。此外，这些学生得不到经常的语言指导与测试，慢慢地他们失去了学习兴趣。

很多学校有针对移民学生的双语教育项目，并取得了较好效果，未来纽约市需要从根本上进行变革，使双语教育项目发挥更大作用。

（3）新移民学校。

纽约市成立了专门的移民学校，按照严格的程序招收英语学习困难的移民学生，并严格按照主流课程教学，帮助这些学生尽快适应正规课堂。最近几年，纽约市已经有7所移民学校，并且计划继续增加新的移民学校。

同时，纽约市还在部分学校提供双语课程，这些课程在发展学生的母语能力、促进知识学习、提高英语能力和学习成绩等方面发挥了积极的影响，使移民学生获得了很好的学习和发展机会。一些学校还提供以英语作为第二语言的课程，使用英语学习与母语支持相结合的方法进行教学。

（4）双语型教师。

纽约市严重缺少合格的双语型教师，一方面是因为招收的英语学习困难移民学生太多，迫切需要更多的双语型教师；另一方面是因为在一些市区学校里，教师们往往面对来自40多个不同国家的学生，这些学生的语言各不相同，教师们需要开展有效的教学项目，教师的压力非常大。因此，纽约市需要培训和选拔更多的双语型教师以满足学生的需要。

第三节　高等教育国际化的案例

纽约州的高等教育国际化是整个纽约州国际教育的重要推动力量。为了培养大学生的全球意识，纽约州教育厅规定，所有大学在设置课程时应考虑国际化背景，外国文化和世界历史等课程更是大学生核心课程体系必须具备的课程门类。此外，随着纽约州高等教育中留学生比例的逐渐升高，多种外语教学在纽约州各高校成为必然趋势。《中国教育报》2008年做的一次留学调查地统计显示,纽约州成为高校留学生钟爱的留学目的地之首。作为纽约州的两所著名大学,纽约州立大学和纽约大学是纽约州重视高等教育国际化的典范。

一、纽约州立大学:谋划"中国战略"

2010年2月,纽约州立大学校长辛佛(Nancy L. Zimpher)大声疾呼,建议大学领导人将校园国际化付诸行动。辛佛校长在"国际教育行政人员协会"的年会上发表演说,强调国际化不能只是口号和标语,一定要有周全的行动方案,实际运作,才能发挥其应有的效能。①

2010年4月,纽约州立大学出台"2010新战略规划",并在随后公布了具体行动计划。该战略规划的主要内容包括:推动教育产业化发展;保证整个教育系统的顺利运行和资源共享;创建纽约州独立的公共卫生医疗体系;研发新能源;大力发展人力资源;打造国际战略。这一战略规划的制定对纽约州立大学未来5年的工作提出了具体目标,并试图把纽约州立大学打造成未来10年振兴纽约州经济的重要力量。可以看到,"新战略规划"单独把"打造国际战略"作为一个重要部分提炼出来。

根据"新战略规划",中国作为纽约州立大学重要的合作伙伴,日益受到校方核心层成员的重视,正在谋划的"中国战略"已成为纽约州立大学国际战略最为重要的、也是首要发展的核心内容。

以2008年"纽约州立大学——中国150"项目和2009年"200名纽约州立大学学生访华"项目的良好合作为基础,纽约州立大学将未来"中国战略"的重点放在进一步扩大在华招收本科生规模、扩大派遣纽约州立大学学生赴华学习规模等为主要形式的项目合作上。

目前,纽约州立大学正在着力开展孔子学院建设和汉语推广工作,试图带动整个纽约州和周边地区的汉语推广工作。此外,纽约州立大学还在北京设立纽约州立大学办事处,其主要职能着眼于发布中美双方教育服务合作项目、了解中国教育市场需求信息、开发新的合作项目、帮助纽约州立大学各大学协调在华事宜等。②

---

① 吴迪珣. 纽约州立大学推动校园国际化行动[EB/OL]. http://epaper.edu.tw/e9617_epaper/windows.aspx?windows_sn=5238,2010-02-18.

② 中国驻纽约总领馆教育组. 美国纽约州立大学出台2010年国际战略规划[J]. 世界教育信息,2010(5).

二、纽约大学：建设一个全球的网络大学

纽约大学是一所位于美国纽约市的研究型私立大学，该校于1831年成立，历年来在各类大学排名中名列前茅。2031年，纽约大学将举行200周年校庆。因此，纽约大学制定了《纽约大学2031愿景》，为纽约大学的发展提出了新的发展规划和方向。建立一个全球的网络大学也是重要愿景之一。①

（一）高等教育国际化的背景

该愿景提出，纽约大学的全球策略是许多本科生有可能在国际文化下学习某些特定的主题。纽约大学的本科生应该有更多机会熟悉和学习他们先前没有经历过的文化。纽约大学的教师应有更多机会扩大国际合作、交流、研究和访学。因此，纽约大学需要加强力量，扩大本科生国际项目，增加学生的兴趣；利用全球网络，为教师提供新的机会。

这些因素导致纽约大学成为世界研究型大学和全球网络大学：纽约大学的主校园位于纽约市，但大学的全球中心和分校遍布世界各地，每一个分校都有它自己的使命和特征，面向的都是优秀的学生，提供的都是优秀的教育课程和研究项目。纽约大学的教师和学生，不管他们在哪里学习和研究，都将是整个网络的成员，能通过网络进行结构性的流动。纽约大学的教师和学生在生活、学习、教学和研究方面所获得的国际性机会将促使教师和学生成为世界主义者。对纽约大学的毕业生来说，增加他们的全球竞争力，有利于他们在国际市场中的竞争。

（二）纽约大学新的全球项目

目前，美国本科生要面对不同的文化、人种和观念，发展一种智力和心理自我意识。这对全球化背景下的每一个人来说，都是不可缺少的。因此，纽约大学投入了大量资源来使学生发展这些能力，以适应21世纪复杂的社会。

最近，纽约大学计划开设另外一些全球项目，从互换项目、暑期项目、国外学期学习一直到开办分校、授予纽约大学学位，并由纽约大学最好的学者去授课。比如，纽约大学艺术系通过网络与世界各地最好的研究中心合作，向本科生提供全球教育。在前两年，艺术系的学生可以在世界各地的20多

---

① NYU. Framework 2031［EB/OL］. http://www.nyu.edu/content/dam/shared/documents/NYU.Framework 2031.Final.pdf，2008-6-24.

个研究中心挑选一个申请学习。

此外,为了扩大研究生和专业教育的国际性,纽约大学实施了两个新的国际项目。第一个是2007年建立的在新加坡的研究生项目。纽约大学法学院和新加坡国立大学合作,授予毕业生纽约大学和新加坡国立大学的双学位。第二个是通过和其他国家的研究型大学合作建立新的纽约大学研究生项目,比如纽约大学艺术和科学研究院和北京大学在人文和科学方面进行合作。

这些措施促进了纽约大学研究生教育的发展。在将来,硕士学位就是新的学士学位,纽约大学开始通过特殊的途径来发展研究生教育。艺术和科学研究院是纽约大学研究生项目国际化的典型代表。在艺术和科学研究院中,国际学生已经占到40%。

21世纪以来,纽约大学和阿联酋的阿布扎比合作建立了纽约大学阿布扎比分校。学生来自世界各地,毕业后获得纽约大学学士学位。这对纽约大学提出了挑战,也提供了机会。首先,纽约大学可以在没有消耗和占用纽约市资源的前提下得到扩展。其次,该校园成为纽约大学扩大在中东地区影响力的中心。纽约大学高级副教务长多尔顿·康利(Dalton Conley)教授认为,通过高等教育,纽约大学可以有更多机会与中东地区的民众和政府进行交流。纽约大学希望这种影响不仅仅局限于有幸被纽约大学阿布扎比分校录取的少数学生。除了在中东,纽约大学还希望在纽约大学欧洲分校(佛罗伦萨)、亚洲分校(上海)及纽约大学本部校园的周围地区产生更大的影响,让尽可能多的人能够分享纽约大学的教育资源。

2003—2008年,纽约大学有过国外经历的学生增加了一倍,学生对国际项目越来越有兴趣。目前,纽约大学和世界四个洲的大学都建立了联系,而在5年前,仅仅只有欧洲。纽约大学各个院系的海外项目都能给学生提供更多选择。现在,纽约大学几乎40%的毕业生在四年本科生涯中将至少有一个学期在海外学习,在美国大学中比例是最高的,纽约大学期望2012年这一比例达到至少50%。通过纽约大学的全球校园,斯特恩商学院允许一些本科生学习集中的网络课程。在"世界学习"课程中,学生在伦敦、上海和拉美学习。从2009年秋季开始,商业和政治经济专业的学生必须在欧洲、亚洲和拉丁美洲这三个洲进行国外学习,时间是3个学期。

(三)开展全球网络课程

目前,纽约大学正致力于建成全球网络大学——一个可以延伸至全球范围的网络校园,而其中全球网络课程是重要一环。正如多尔顿·康利教授所说:"在这种模式下,每年秋天我不再需要站在200个学生面前讲授'社会学导论'这门课。这个新项目使我能够在纽约大学位于佛罗伦萨的海外校园待上一周的时间,参与那里的研讨会,接着去位于阿布扎比的校园,也许再去上海纽约大学参加第三个研讨会,然后再回到纽约。学生从我的在线交互课程中获得的信息和从我面对面讲授这门课程的过程中获得的信息量是一样的。学生可以通过班级网页和电子邮件与我联系,当地的教师助理每周都会组织讨论课。在讨论课上,学生可以与我面对面地交流,并从中受益。同时,学生也可以通过传统的学习小组或使用社交网络软件提供的在线论坛进行同伴学习。在这些论坛上,学生可以交流与当地相关的学习内容以及他们关于课程主题的不同见解,这对于社会科学课程的学习是非常重要的。"

他还说:"更重要的是,他们可以得到更多与像我一样的研究人员面对面交流的机会。这些设想符合优秀教育实践的原则,也符合全球性研究型大学的办学理念。位于纽约、阿布扎比和佛罗伦萨校园的学生都可以根据我提供的视频学习'社会学导论'这门课程。我认为,一个学生通过开放课件资源学习课程基本内容的效果甚至会比在大课堂上直接听我讲'社会学导论'这门课还要好。我已经尝试过好多次了。我剪辑自己上课的视频直到满意为止;为了确保学生能够有时间阅读相关材料,有时间进行讨论,我们往往经过一段时间之后才发布新的课程视频。这样我就可以在纽约组织一个小型的讨论课,助教则在阿布扎比组织学生讨论,而且我也可以到佛罗伦萨或阿布扎比,与那里的学生进行面对面的交流。当然,这种方式不应该替代学生与教师之间面对面的交流。我们应该让学生有更多机会与教师进行面对面的交流而不是让学生把时间全部用于学习在线课程。"[①]

---

① 徐世猛,任有群. 开放教育资源与大学的国际化战略——访美国纽约大学高级副教务长多尔顿·康利教授[J]. 开放教育研究,2011(5).

第十章 纽约的教师教育发展

教师是教育改革的核心要素。为了增加胜任教职工作的师资,减少不胜任的教师,从而改善教育质量,提高学生的学业表现,纽约州和纽约市都非常重视教师教育改革,在教师准备、教师专业发展、教师评价等方面进行了积极的探索,做了一些改变。

第一节 教师准备

教师准备是培养优秀教师、改善教学质量的第一步。因此,纽约州在教师资格标准、教师招聘方面做出了一些规定和改变。

一、教师标准

纽约州重视教师资格标准的制定,试图通过制定教师资格标准、完善教师资格证书对教师的准入资格做出规定。

(一)纽约州教师资格标准

纽约州在2011年9月制定了新的教师资格标准,要求教师在教师资格标准的指导下进行教育培养和专业提升。该标准主要有以下内容[①]:标准一:了解学生。教师了解每个学生,并掌握能促进学生发展和学习的知识,以促进所有学生的成功。标准二:知识内容和教学计划。教师知道他们负责教学的内容,并规划教学,以确保所有学生的成长和成功。标准三:教学实践。教师实施教学,使所有的学生达到或超过学习标准。标准四:学习环

---

① NYSED. The New York State Teaching Standards[EB/OL]. http://www.highered.nysed.gov/tcert/pdf/teachingstandards9122011.pdf,2015-05-12.

境。教师与学生一起创造一个充满活力的学习环境,支持学生的成功和成长。标准五:评估学生学习。教师使用多种措施评估和记录学生的成长,评估其教学成效,并修改教学计划、内容和方法。标准六:专业责任和协作。教师展示职业责任,并让利益相关者参与,以最大限度地促进学生的成长、发展和学习。标准七:专业成长。教师设置明确的目标,并为持续的专业发展而努力。

(二)纽约州教师资格证书

美国自19世纪初就启动了教师资格考试制度,其考试体系日臻完善。纽约州教师要获得教学、助教、管理等资格,必须通过纽约州教师资格考试。

1. 教师资格证书分类

纽约州教师资格证书的种类多种多样,我们可以将这些证书分为常规证书(正式证书)和特殊证书(非正式证书)。无论是常规证书还是特殊证书,都规定了持证者所教科目和年级。

(1)常规证书(正式证书)。

常规证书主要包括以下两个:① 初始证书。2004年2月2日之后,纽约州从事一线教学的新教师必须持有初始证书。初始证书的有效期是5年。5年之后,教师就要参加考试以获得专业证书。初始证书规定了教师任教的科目和年级。

纽约州没有规定中小学教师必须统一进修的课程,更没有要求他们要到专门的教师教育院校进修统一开设的培训课程,但是纽约州的教师资格证书只有5年有效期限,要保证它继续有效,5年内必须完成175小时的进修学习,平均每年35小时。另外,纽约州还规定,新教师头5年必须参加由各大学提供的各种教师专业发展项目。这种项目完成学分后,可以取得教育专业或学科教育专业硕士学位。这些规定体现了对教师专业发展的硬性要求。

② 专业证书。专业证书是比初始证书高一级的证书。专业证书只适用于一线教学的教师,它规定了教师任教的科目和年级。同初始证书一样,教师也需要保证一定的专业发展水平才能让证书持续生效。

(2)特殊证书(非正式证书)。

为了应对各种各样的特殊情况,纽约州教育厅还设置了十几种特殊的教师资格证书。特殊证书的有效期一般比常规证书短。特殊证书多种多样,能够灵活地满足教育教学的各种需要。比如,在获得常规证书之前,可以先获得助教证书、实习证书,持证者可以凭借这类证书在学校里实习或见习,做一些教学辅助工作。有的特殊证书不能独立使用,必须依附于常规证书才有效,比如补充证书和扩展证书。①

2. 教师资格证书考试科目分类

要获得纽约州教师资格证书,必须根据具体情况参加一些不同的考试科目。

(1)助教考试。2004年2月2日之后,个人想获得各等级助教证书,都需要通过助教技能考试。在晋升助教等级时,教师无须重新参加助教技能考试。助教考试的题型全部是选择题。

(2)任课教师考试。任课教师考试主要是用来测试应试者的文理科知识技能、教授理论与实践操作的知识技能以及应试者专业领域的知识技能。任课教师考试的科目如表10-1所示。

表10-1 纽约州任课教师考试科目一览表

考试科目	题型及考试内容
文理科考试	包括选择题和笔答题。测试应试者的概念掌握、分析技能以及对多元文化的了解。试题涵盖了科学、数学、科技、历史、社会科学、艺术和人文科学、交流和研究技能、合作与分析
初级教学技能考试	包括多选题和笔答题。考查应试者对幼儿期(出生—2年级)和儿童期(1—6年级)学生进行教学所需要的教育教学专业知识
中级教学技能考试	包括选择题和笔答题。考查应试者对童年期(5—9年级)和青春期(7—12年级)学生进行教学所需要的教育教学专业知识
专业内容考试	考查形式多样。考查教师对所教学科领域知识技能的掌握水平,包括农业、生物、舞蹈、自然科学、健康教育、戏剧等30多种
双语教学考试	包括选择题和笔答题。要求应试者用英语进行听说测试,并用另一种语言进行听说读写项目的测试
交流和定量技巧考试	全是选择题,是获得职业生涯中A类过渡证书的必要条件
教学技能评估——表现性评价	需要应试者递交一个20—30分钟的录像带。该录像带是应试者在课堂的教学案例,能展现教师常规的教学活动。这是教师获得永久证书的一个必要条件

资料来源:刘珠润. 纽约州教师资格证书考试体系及特征[J]. 世界教育信息,2007(2).

2004年2月2日之后,要获得初始证书的申请人,必须通过文理科考

---

① 刘珠润. 纽约州教师资格证书考试体系及特征[J]. 世界教育信息,2007(2).

试、所教学科的专业内容考试、根据所教学年段不同选择初级教学技能考试或中级教学技能考试。

（3）教育管理者考试。教育管理者考试包括：学校管理者考试、学区管理者考试、学区财政管理者考试。这些考试着重考察应试者对纽约州教育法、教育委员会规则等内容的了解和掌握。

二、教师招聘

在美国，中小学教师并不是一个热门的职业。教师的年薪远远低于其他需要同等教育水平的职业，如律师、医生、工程师、电脑系统分析师、会计师等，因此需要采取有特色的项目来吸引优秀人才成为教师。

21世纪以来，为了解决大规模的教师短缺问题，纽约州教育厅制订了一些创新计划和措施，包括"明日教师"(Teachers of Tommorrow)项目、"纽约市助教项目"(New York City Teaching Fellow Program)等，吸引经验丰富的教师在城市公立学校任教。①

（一）"明日教师"项目

20世纪90年代以来，纽约州师资短缺问题日益严重，特别是在纽约、布法罗、罗切斯特、锡拉丘兹和杨克斯这五个城市学区。为了帮助大量低绩效学校和教师短缺的学区聘任和留住高质量的教师，2000年春天，纽约州实施了"明日教师"项目，并从法律和拨款上提供帮助，来招聘和留住教师。

纽约州希望通过该计划招聘数千名教师，以满足州日益增长的学龄人口的入学需求，并接替即将退休的教师。该计划试图提供各种奖励措施，鼓励准教师在那些教师短缺或学科领域教师短缺的学区从教，其中包括：向愿意到教师短缺地区、学科紧缺地区以及低绩效学校任教的教师每年提供3 400美元的津贴，为期4年。对于获得"美国专业教学标准委员会证书"并愿意到低绩效学校工作的教师，纽约州提供每年1万美元，为期3年的津贴。

1. 资格

具有低绩效学校的学区，或者那些教师短缺或学科教师短缺的学区有资格申请资金。

---

① Wikipedia. *New York City Department of Education*[EB/OL]. http://en.wikipedia.org/wiki/New_York_City_Department_of_Education，2015-02-20.

2. 资金类型

纽约州教育厅在以下五个领域提供资金：

第一，招聘激励。在教师短缺或学科短缺领域的学区，针对那些有初始证书、专业证书或永久性证书的教师，在他们第一次教学时，为他们提供年度资助。

第二，科学、数学和双语教育学费偿还计划。为低绩效学校科学、数学或双语教育教师参加满足过渡性证书的课程费用提供资金偿还。

第三，夏季市区实习。为五大城市学区提供在市区工作的暑期实习机会。

第四，教师招聘学费报销计划。在教师短缺或学科教师短缺学区任教的初始证书或临时认证的教师如果想要获得永久证书或职业资格认证，并参与相应的课程，纽约州将为他们偿还课程的费用。

第五，暑期教师培训计划。为纽约州首次聘用的教师培训成认证教师提供夏天培训课程的资助。

3. 影响

该计划为学区聘任和留任教师提供了大量资金，2000—2002 学年，该计划提供了 2 500 万美元；2003—2004 学年，提供了 2 000 万美元。2000—2010 年，该计划惠及纽约州教师和学科教师短缺学区的约 11.5 万名教师。2011 年，纽约州 32 个学区申请了约 2 130 万美元的资助。成功申请资助的学区接受了从 6 300 美元到 1 500 万美元不等的资助。[①]

(二)"纽约市助教项目"

2000 年 8 月，纽约市实施了一个名为"纽约市助教项目"的选择性教师证书计划，其目的是为了解决该市低绩效学校的教师短缺和质量低下问题，因为低绩效学校的很多教师都是不合格的。为了吸引外部人员参加"纽约市助教项目"并到低绩效学校任教，该计划承诺为他们的硕士学位教育支付费用。

2008 年，纽约市各个学校有 25% 的数学教师、20% 的特殊教育教师、28% 的西班牙双语和"母语非英语"教师通过"纽约市助教项目"进入学校。不过，也有研究表明，这个计划在吸引合格教师到低绩效学校工作方面并不

---

① NYSED. *Teachers of Tomorrow* [EB/OL]. http://www.highered.nysed.gov/tcert/resteachers/tot.html#one, 2011-05-23.

成功,它不能减少低绩效学校的教师流动或解决教师的短缺问题,因为90%的被调查教师表示已考虑到高绩效学校谋职甚至考虑离开教师职业。①

第二节 教师评价

教师评价是教师教育中的热点问题,纽约州和纽约市也非常重视教师评价,并在该领域采取了较多措施,试图使教师评价真正发挥作用,改善教学质量。

一、纽约州教师和校长评价制度的出台

2009年11月发布的"力争上游计划"(Race to the Top)曾许诺,如果州政府制订一个根据学生的考试分数来评估教师的计划,联邦政府将给予州政府7亿美元的资助。为争取该资助,纽约州通过立法建立了新的纽约州教师和校长评价制度。

纽约州评议委员会和纽约州教师工会参与了新的纽约州中小学教师和校长评价制度的草拟。2011年4月,纽约州评议委员会向州长提交了中小学教师和校长评价制度草案。该评价制度草案分为学生成绩测量和其他效率测量两大类。学生成绩测量包括州评估的进步状况(20分)、地方所作的评估(20分)以及其他效率测量(60分)。教师部分的主要依据是2011年制定的纽约州教学标准,该标准包括学生学习的知识内容、教学计划的知识、教学实务、学习环境、学生学习评估、专业职责与合作、专业成长七个部分。校长部分则采用"教育领导政策标准ISLLC 2008"。草案的绩效评估分为四个等级的计分标准:0—50分为无效(Ineffective)、51—75分为发展中(Developing)、76—90分为有效(Effective)、91—100分为高效(Highly Effective)。

2011年5月13日,纽约州州长致函州评议委员会,对评价制度草案及实施日程提出以下修正意见。(1)教师评价中的州学生成绩评估应占40%,而不是州学生成绩评估、地方学生成绩评估各占20%。(2)课堂观摩应从教师评价总分的30%增加至40%,并允许外来的第三方进行评价(课堂观

---

① Jennifer A. O'Day et al. *Education Reform in New York City: Ambitious Change in the Nation's Most Complex School Systems*[M]. Harvard Education Press, 2011: 166.

摩通常由校长或副校长承担)。(3)客观(如州测验)与主观(如课堂观摩)评价均得到正面评价,才能让教师得到总的正面评价。(4)从 2011 年 9 月起,对所有教师实施评估,而不必等到 2012 年。草案建议 2011—2012 学年先从四至八年级的数学和英语教师开始实施。

州评议委员会对州长的以上建议公开表示接受,并在 2011 年 5 月 17 日召集的会议中对草案进行了修正。①

二、纽约市对纽约州教师评价制度的回应

2012 年 2 月 16 日,纽约州州长与州教师工会达成协议,对纽约州公立学校教师进行全面考核。在纽约州教师和校长评价制度出台以后,纽约市不同的利益相关者对该制度有不同的回应和见解。

(一)支持方

时任纽约市市长布隆伯格支持纽约州推行教师评价制度改革。他说,"正如我们通过高标准来要求我们的学生,我们也需要通过高标准来要求我们的教师和校长","教育部门应该淘汰表现不好的教师"。他将全面改革教师被授予终身教职的标准,将对教师的考评和学生考试成绩联系起来。他还呼吁纽约市教师工会支持纽约州政府的相关计划。

为了回应新的纽约州教师和校长评价制度,纽约市教育局于 2012 年 2 月 24 日发布了教师数据报告,包含了纽约市 1.8 万名公立学校教师的表现排名。这个有教师和学校名字的报告,是以他们的学生在 2009—2010 学年之前 5 年在州数学和英语考试中获得的成绩为依据对教师进行的排名。该报告现在已经可以在"学校书籍"(school book)网页上获得,人们可以在该网页上搜索学校和教师的姓名。教育局官员说,在过去的两年或更多年,有 521 个教师总是位于底部 5%,有 696 个教师总是在顶部 5%。②

纽约州媒体认为,新的纽约州教师和校长评价制度是一个重大突破,必将导致纽约州的学校进行巨大的改善。媒体乐观地认为,纽约州的教师和校长将被精确评价,可以识别"差"教师并将他们开除,从而使学生在考试分

---

① 纽约州建立新的中小学教师和校长评价制度[EB/OL]. http://kyc.rqyz.com/article/sanwen/26.html, 2011-10-07.

② Diane Ravitch. *No Student Left Untested*[EB/OL]. http://www.nybooks.com/blogs/nyr-blog/2012/feb/21/no-student-left-untested/? utm_medium=email&utm_campaign=February+21+2012&, 2015-02-21.

数上有巨大的提升。而且,纽约州法院允许媒体出版纽约市的具有教师名字和排名的报告,即使这个排名是不正确的。因此,教师和学校不仅要被排名,而且他们的这些排名将被公众在网上和纸媒上看到。

(二)反对方

不过,对于新的纽约州教师和校长评价制度,纽约市学界有不同的回应,提出了一些质疑,主要的关注点有两个。

1. 增值方法的误用

20世纪90年代以来,"增值方法"(Value-added Approach)绩效评价越来越受到人们的欢迎。该评价方法最先由田纳西州大学的统计学家威廉·桑德斯(William Sanders)倡导,运用到教育领域后,主要是要求学校与自身以前的成就水平进行纵向比较,而不是与其他学校进行横向的比较。通过各个学校各自确立的成就基准,这种方法有可能兼顾到公平与优异两个方面。

纽约州已制定和实施了这种"增值方法"绩效评价制度。在教学评估方面,该评价制度对学生和教师采用的评估方法即增值评估法。

根据纽约州以前的评价制度,教学评价主要依据学生每年的阅读和数学考试分数,不同的考试分数对应不同的等级,从较低的"水平1"到较高的"水平4",如果分数低于"水平3",这意味着未能达到州设定的教育标准,即为不及格。而对学校的评估,也主要根据学生的标准化考试成绩,看学生成绩是否"每年都有进步"而定。

新的"增值方法"评价制度同样以学生的考试分数为基准,但要评估每个学生每学年和上一学年比较后的进步情况。同时,学生的进步还将与学生所在班级、学校、学区以及州的进步进行比较。对于教师教学工作的效果,新评价制度将依据学生进步速度的大小来定,无论学生的起点是高还是低。学校在出勤率方面的变化、在校园安全方面的变化以及以前需要单独的特殊教育而如今回到正常班级的学生数量等,都是新评价制度考查的内容。此外,该评价体系还包括根据家长调查得出的"顾客对学校的满意度"的评估。

可以说,新的"增值方法"绩效评价制度是一个涉及学校系统内外部所有相关人员和所有方面的综合性责任制标准体系,教学评估只是其中的一部分,另外一部分则是对学校运营绩效责任的评估。这个评估体系已成为全美绩效责任改革的一个样板。①

尽管"增值方法"看上去有一定的科学性,但是,大多数考试专家认为,教师考核排名的计算方法被误用了。设计增值模式的专家威廉·桑德斯也说,这个模式较新,还需要再摸索。一旦计算方法被误用,将导致许多好的教育者离开教师行业。一旦这些分数被公布,可以想象,如果孩子被分配给"差"教师,没有进入"好"教师的班级,他们的家长将反对,甚至上诉。校长也必须平衡各种关系,想法设法地把大多数孩子安排在高排名教师的班级里。这样的班级规模将是巨大的。

因此,虽然纽约州教育厅官员对考试分数十分入迷,想要发现和开除那些不能在两年内取得高分数的教师。但是大多数教育专家相信,计算教师在两年里取得高分数能力的"增值方法",是不准确、不可靠和不可信的。和那些班上残疾学生、学习英语困难和贫困学生多的教师相比,富裕地区的教师更可能得到高的增值分数。另外,很多时候,分数的上升或下降更多反映了教师不能控制的其他条件和因素,而和教师质量无关。第一年有效的教师或许在第二年是无效的,这取决于分配给他(她)的学生的质量。

因此,对于纽约市使用"增值方法"并发布教师数据报告,美国哥伦比亚大学教师学院的很多教师持有不同意见。教师学院院长苏珊·福尔曼(Susan H. Fuhrman)于 2012 年 2 月 28 日在《纽约时报》上发表反对文章。她指出,不能仅仅基于学生在标准化考试上的成绩来评估教师,发布教师年度排名更是不合适的。教师应该通过学生的进步和成绩被检验,但是,正如 2010 年的国家研究委员会和国家教育学院的研究所指出的,"增值方法"不能控制学生在标准化考试上表现的影响因素。比如,假如行政管理者要想分配那些表现较差的学生给优秀教师(正如大家所希望的)或者没有经验的教师(很多时候是这种情况),得到这些学生的教师的成绩和其他老师相比,是没有优势的。此外,"增值方法"也不能抓住或考虑其他影响学生表现的因素,比如教师先前对学生考试成绩的影响,或从一个年级到下一个年级许多考试的内容不同。因此,她呼吁,纽约市可以有更好的方法来对教师的工作进行评估。仅仅依靠标准化考试来评估教师效率的政策是糟糕的,特别

---

① 李敏. 美国教育政策问题研究:以 20 世纪 80 年代以来基础教育政策为例[D]. 华东师范大学教科院博士论文,2006:170.

是当个人的声誉和生活如此清楚地被曝光。①

2012年3月8日,哥伦比亚大学教师学院的60多名教师联合签名反对纽约市基于学生考试分数的教师评估。他们认为,纽约市的教师质量不能通过目前纽约市所采用的"增值方法"和程序准确地评估。纽约州偏重标准化的考试不能用来测量不同时间和不同年级的学习。而且,这些考试仅仅在阅读和数学上评估学生成绩。这样有限而不可靠的教师质量评估既不能识别优秀教师,也不能帮助需要改善的教师。公开发布具有教师名字的不可靠且无效的数据,对学生、教师和教师专业的伤害或许是无法避免的,教师的招聘和留用更将受到很大伤害。因此,他们认为,纽约市需要的教师评估程序应是健全、有效和人性化的。②

2. 过分重视考试教学

学者阿鲁姆·拉维奇(Alum Diane Ravitch)指出,新的教师评价制度表面上看起来平衡,但实际上不是。对教师的评分介于1—100分之间,被分为"无效、发展、有效、高效"四个等级。其中40%的分数基于学生考试分数的上升或下降,其他60%将基于其他方法,比如校长的课堂观察、独立评估者和同事的评价,再加上学生和家长的反馈。

但是,评价制度强调,一个没有提高学生考试分数的教师将被认为整体无效,无论他们在剩下的60%中表现得多好。也就是说,和学生成绩相关的40%的分数实际上代表着教师100%的分数。一个教师如果连续两年成为无效教师,将被开除。

因此,拉维奇认为,这些政策的结果不会是完美的。纽约州在下赌注,它认为被开除的威胁和公众的羞辱对表现不好的教师将产生积极作用,可以帮他们提高分数。由于纽约州大多数教师不是在考试学科任教(在3—8年级的阅读和数学),州要求各地区为每一门学科制定评估方法。因此,在新制度下,每一学科都要被评估,包括艺术和体育。没有人知道那些评估是什么样的。每一个学科都将被测量,目的不是帮助学生,而是评估教师。

---

① Columbia University Teachers College. *Excerpts From a Letter Submitted by President Fuhrman to the New York Times*[EB/OL]. http://www.tc.columbia.edu/news.htm?ArticleID=8411, 2015-02-28.

② Columbia University Teachers College. *A Group of TC Faculty Condemns the Release of Teacher Evaluations Based on Student Test Scores*[EB/OL]. http://www.tc.columbia.edu/news.htm?ArticleID=8423, 2015-03-08.

该评价制度也将导致对应试教学的过分关注。当教师们意识到他们失去了自己的专业自治时，将会受到沉重的打击。此外，纽约州的新教师评价制度要求州的学区招聘许多独立评估者，这也为校长带来许多额外的工作，早已经紧张的学校财政也被进一步压缩以满足这些要求。

奥巴马总统曾呼吁说，教师应停止为考试而教学，但是他自己的"力争上游计划"是纽约州教师评估制度的来源。根据"力争上游计划"，为了竞争联邦资金，州被要求以学生考试分数作为重点来评估教师。当纽约州获得"力争上游计划"的7亿美元时，它必须做到这一点。因此，奥巴马的呼吁和他自身的政策是互相矛盾的。

其他教育表现较好的国家都没有完全将学生的考试分数作为重点来评估教师，这些国家也没有省市或地区有这种类型的项目。田纳西州和达拉斯城曾使用过一些类似的基于考试分数的教师评估，但是没有作为教育模型而知名。在全国，为了回应"力争上游计划"，很多州正在尝试以学生考试分数来评估教师的做法，但是没有州真正实施。

依靠标准化考试作为教育的最终方法，是不科学的。考试在测量基础技能和知识学习方面有一些作用，但是它的误用将毁坏教育。标准化考试不可能准确地测量教育质量。学生能被教会猜测正确的答案，但是学习这种技能不等同于获得了复杂的推理和分析能力。很有可能的结果是，成绩更高，教育更坏。分数不能告诉我们，学生能思考得多深入，能多深地理解历史、科学、文学或哲学，能多热爱绘画、跳舞或唱歌，或能为成为社会公民做好准备。

当然，教师应被评估。但是，他们应被有经验的校长和同事评估。有竞争力的教师应被允许留在课堂上，那些不能教和不能改善的教师应被开除。

拉维奇提出，2002年小布什政府颁布了一部叫做《不让一个孩子掉队法》的法律，要求所有的美国公立学校在阅读和数学上对三年级到八年级的每一个学生进行考试。现在，奥巴马政府给各州施加压力，要求在每个年级和每个学科上进行考试："不让一个学生未被考试"（No Student Will Be Left Untested），每个教师将通过学生分数被判断为"好"或"差"。这样的话，作弊丑闻将剧增；许多教师将被开除；许多人将离开教师行业，因为丢失了他们的专业自治权利。那么，谁来代替他们？该怎么打破人们对数据的依赖?这些都是未来政策制定者应该考虑的问题。①

第三节　21世纪以来教师教育的政策改革

21世纪以来,特别是2002年纽约市市长布隆伯格和纽约市教育局局长克莱恩就任以来,提高学生成绩成为纽约市教育改革的主要目标。要想提高学生成绩,必须提高教师质量。2000年之前,纽约市的教师质量和教师环境都较为严峻。为了改善教师质量,21世纪以来,纽约市政府和教育局出台了很多教师教育新政策,关注教育局自身的角色定位、教师招聘、教师留用、教师发展和教师评估等方面的变革。这在一定程度上为改善教师质量,进而提高教学质量创造了环境、动力和氛围。

本节描述了21世纪以来纽约市教育局教师教育改革的背景,介绍了纽约市教育局试图改善教师质量的政策,并得出结论。

一、背景

2000年之前,纽约市教师质量和教师环境都比较严峻,这表现在以下方面。

第一,从1995—1996学年到2001—2002学年间,纽约市几乎一半的新教师是暂时许可的教师(即属于无证教师)。② 纽约市无证教师的比例比纽约州的其他地区都大,也比美国全国范围内的大多数地区大。

第二,纽约市教师质量的其他方面也很薄弱。比如,在1999—2000学年,25%的新教师在第一次参加考试时没有通过纽约州的资格考试,26%的新教师参加了无竞争性的本科院校考试,新教师在数学和英语口语上的SAT分数平均在466分到477分之间。③ 这些数据并不能说明这些新教师不是优秀教师,因为教师背景和教师有效性之间的联系十分微弱。但是,这也说明纽约市需要吸引和招聘更高质量的教师。

---

① Diane Ravitch. *No Student Left Untested* [EB/OL]. http://www.nybooks.com/blogs/nyrblog/2012/feb/21/no-student-left-untested/? utm_medium=email&utm_campaign=February+21+2012&, 2015-02-21.

② Donald Boyd et al. *How Changes in Entry Requirements Alter the Teacher Workfoce and Affect Student Achievement* [J]. Education Finance and Policy, 2006(2): 176-216.

③ Jennifer A. O'Day et al. *Education Reform in New York City: Ambitious Change in the Nation's Most Complex School Systems* [M]. Harvard Education Press, 2011: 159.

第三,不同学校的教师质量和教师留用存在很大差异。教师质量和教师留用对教学有重要意义,特别对有较多贫困、非白人和低成绩学生的学校来说。在教师质量方面,在纽约市的学区,教师薪水都处于平均水平,教师待遇取决于学校的工作条件。因此,具有较多贫困、非白人和低成绩学生的学校很难吸引优秀教师。一般认为,富裕学校的教师平均质量比那些具有更多贫困学生学校的教师要更好。比如,在10%的具有最少贫困学生的小学里,只有4%的教师是无证的。相反,贫困学生较多的学校则有超过10%的教师是无证的。[①] 同样的差异也存在于其他方面,有研究描述了2000年在纽约市小学中有证教师和获得免费午餐学生人数相关的分布情况(见表10-2)。

表10-2 纽约市学生有资格获得免费午餐的学校中有证教师的分布情况(2000年)

教师分布	最低的10%的学校	10%—25%之间的学校	20%—50%之间的学校	50%—75%之间的学校	75%—90%之间的学校	最高的10%的学校
少于在纽约市三年教学经验的比例	14.7%	18.6%	20.8%	22.9%	25.1%	25.4%
在自由艺术和科学考试上失败的比例	12.2%	16.8%	23.5%	29.6%	35.3%	34.2%
参加最少竞争性本科院校的比例	23.5%	22.9%	23.5%	25.3%	27.5%	27.4%
SAT的口语分数	506	487	481	472	465	461
SAT的数学分数	490	477	468	461	451	447
生均费用	8 002	8 335	8 338	8 738	9 093	9 479
有资格获得免费午餐的比例	21.6%	50.4%	67.6%	81.6%	90.5%	96.3%

(资料来源:Donald Boyd et al. The Narrowing Gap in New York City Teacher Qualifications and Its Implications for Student Achievement in High Poverty Schools[J]. Journal of Policy Analysis and Management, 2008(4):793-818.)

在教师留用方面,纽约市的不同学校也有较大的差异。比如,1996年到2002年之间,在资格考试的前1/4教师中,仅仅只有20%的新教师在第一年之后离开高绩效学校,但是低绩效学校的教师有34%在一年之后离开。相反,在资格考试最低端的1/4的教师中,有14%的教师在一年之后离开高

[①] Jennifer A. O'Day et al. Education Reform in New York City: Ambitious Change in the Nation's Most Complex School Systems[M]. Harvard Education Press, 2011:159.

绩效学校,而有17%的教师在一年之后离开低绩效学校。① 因此,许多纽约市的好学校通常拥有大量优秀教师,而很多"差"学校缺乏优秀教师。

第四,教师薪水较低。在20世纪90年代,纽约市教师的薪水相对稳定。2000年,具有学士学位新教师的薪水是33 186美元(调整到2008年的通货膨胀则是40 303美元),该起始薪水几乎比纽约州郊区的学区低20%。有经验教师的差异甚至更大。另外,20世纪90年代以来,不管是新教师还是老教师,纽约市和郊区教师薪水的差异都在逐步增加。② 因此,2002年前,纽约市教师薪水远远落后于纽约州郊区的教师同行。

二、变革

为了提高教师质量,改善教师待遇和环境,21世纪以来,特别是2002年以来,纽约市政府和纽约市教育局在教育局定位、教师招聘、教师环境、教师补偿、教师评价和教师发展等方面做出了一些政策变化,一定程度上取得了积极效果。

(一)纽约市教育局的定位

21世纪以来,纽约市教育局制定了一些政策来改变规则和实践,招聘和留用了优秀教师,提高了教师质量,特别是在那些贫困、非白人和低成绩学生较多的学校里。

纽约市教育局认为自己的责任是:第一,通过替代性的资格证书来确保高质量教师的候选库,提供更高的教师薪水和其他财政帮助,更好地关注有潜力的教师候选人;第二,培养大量有意愿挑选、发展、评估和管理教师的学校领导者;第三,向这些领导者提供所需要的有效人力资源管理工具,包括教师流动规则、在线需求信息发布和申请的软件、对新老教师的支持等;第四,通过再分配资源来改善学校工作条件,为学校提供重要支持;关闭大量的被证明是低效的学校,开设超过400所的小型学校;第五,在学生成绩提高方面,对学校领导者实行问责制。③

从2007—2008学年开始,纽约市教育局不再强制要求公立学校校长按

---

① Donald Boyd et al. Explaining the Short Careers of High-achieving Teachers in Schools with Low-performing Students[J]. *American Economic Review Proceedings*,2005(2):166-171.

② Hamilton Lankford et al. Teacher Sorting and the Plight of Urban Schools:A Descriptive Analysis[J]. *Educational Evaluation and Policy Analysis*,2002(1):38-62.

③ Jennifer A. O'Day et al. *Education Reform in New York City:Ambitious Change in the Nation's Most Complex School Systems*[M]. Harvard Education Press,2011:163.

照自上而下的指令实行"一刀切"的管理模式,而是赋予校长权力,让他们自主选择对学生学业进步最有效的方法管理学校。此后,教育局行使的权力有:运用教育总监和社区学监的权力,聘用和解雇校长;确定课程和问责制标准;明确学校应承担的责任并在适当时机予以干预;提供不属于教学范围的服务,例如交通、预算和法律服务;根据学生人数向学校划拨资源。而学校可自主实施的权力有:确定学校的教工配备;确定教育安排和计划;管理学校预算;聘用和解雇教职人员;采用最有可能提高学生成绩的方法教育学生。

(二)教师招聘

21世纪以来,纽约市教育局采取了以下措施来改善它的教师招聘政策和实践。

1. 实施"纽约市助教项目",培养更多合格教师

1998年,纽约州评议委员会通过一个规定:截止到2003年9月1日,取消为没有资格证书教师而准备的临时证书。2000年,纽约州评议委员会产生了一个替代性的资格证书规则,允许学区招聘教师时,教师候选人可以参加许可的替代性准备项目,只要他们能通过州要求的教师资格考试。为了对这些变化做出回应,2000年纽约市教育局和新教师项目合作(the New Teacher Project),实施了"纽约市助教项目"。该项目是高度选择性的,吸引了不少求职者。2008年,该项目吸引了1.9万名申请者,其中1/3进入面试,15%被选中参加该项目。[①]

在正式任教前的夏季,助教人员须参加一个为期7个星期的集中职前培训项目,包括修读大学和教育局一起开发的课程以及在纽约市暑期学校进行试教。根据助教人员的学校位置和他们的学科领域,他们需要获得就近的纽约市几所高校的硕士学位。纽约市教育局为他们的硕士学位支付约60%的学费。在秋季,助教人员首先进入高度需要学校(主要在布鲁克斯和布鲁克林中部)和高度需要学科领域(包括数学、科学、双语教育、西班牙语和特殊教育等)来获得教职。

"助教项目"实施后,纽约市的新雇教师发生了巨大变化。在1999—2000学年,超过50%的新教师是没有资格证书的,35%的教师来自于传统

---

① Jennifer A. O'Day et al. *Education Reform in New York City: Ambitious Change in the Nation's Most Complex School Systems*[M]. Harvard Education Press, 2011: 166

的教师准备项目,在那时还没有产生"助教项目"。2003—2004学年,只有不到5%的教师没有有效的教师资格证书,44%的人参加了传统的教师准备项目,34%是"助教项目"成员,约5%是"为美国教学项目"(Teach for America Program)成员。在2008年,纽约市学校有25%的数学教师、20%的特殊教育教师、28%的西班牙双语和"母语为非英语"的教师通过"助教项目"进入了学校。此外,"助教项目"下的"教育局设计数学浸入项目"(DOE-designed Math Immersion Program)帮助求职者满足了纽约州在数学教育上的资格要求,并提供了约50%的纽约市初高中新任数学教师。①

2. 改变招聘程序和时间,为新教师提供方便

和许多大都市区一样,纽约市失去了大量优秀教师候选人,因为直到每年的8月底他们仍旧没有得到教师岗位的确定回复,也仍旧不确定他们的学校安排。21世纪以来,纽约市教育局改变了招聘程序和时间,为新教师提供方便。

在招聘程序上,纽约市教育局使用了一系列招聘工具来为新教师和学校匹配提供方便。比如,建立了一个在线的搜寻系统——新教师发现者(New Teacher Finder)②,该在线系统允许校长寻找合适的教师简历。教师视角网络(Teacher Insight Internet)则通过视频项目检查潜在教师,并为教师候选人和学校举办招聘会。

此外,纽约市教育局"教师招聘和质量办公室"(Office of Teacher Recruitment and Quality)的招聘人员审查教师岗位申请者,检验能使得他们成为优秀教师的背景、技能和态度,从而寻找合适的候选人。招聘人员特别关注短缺领域(包括数学、科学、特殊教育、西班牙语、"母语为非英语"和双语教育)的合格教师或者愿意到城市偏远地区教学的教师,随后由"地区挑选小组"决定最有资格的申请者进入面试。2009年之前,假如他们被认为有较强潜力成为优秀教师,候选人被给予"中心承诺"(central commitments),即有工作优先权并被保护工作。此外,"助教项目""为美国教学项目"的成员也在纽约市学校系统中享有"工作保护权"。

2009年,纽约市发生了财政危机。因此,从2009年开始,教育局不再给

---

① Donald Boyd et al. *Recruiting Effective Math Teachers:How Do Math Immersion Teachers Compare? Evidence From New York City*[R]. NBER Working Paper w16017,2009.
② 新教师发现者是一个满足了基本挑选标准的合格教师候选人的搜索数据库,校长招聘新教师时,或许会从中挑选。

予"中心承诺"。但是,"教师招聘和质量办公室"会选择一小部分教师,在纽约市"新教师发现者"数据库中为他们提供方便。这与"中心承诺"类似。因为搜索能找出许多候选人的名字,系统自动把"教师招聘和质量办公室"选择的教师、"助教项目"成员和"为美国教学项目"成员放在名单的最前面。

在招聘时间上,纽约市教育局也做出了几个改变来解决由于年底招聘而导致的有天赋的新教师流失的问题。第一,在春季就建立财政预算,使得学校能决定在随后的学年中他们能提供多少新职位。第二,聘用新教师不再推迟到流动教师被安置以后。纽约市教育局规定,流动教师寻找工作的时间一般为4月到8月。同时,学校在这段时间也能招聘新教师。第三,如前所述,各地区在春季为短缺领域的教师或者那些愿意在困难地区任教的教师做出了"中心承诺",为这些教师候选人提供保护。第四,新教师被学校直接招聘,这样当学校开学的时候,候选人可以知道他们的具体岗位。①

(三) 教师留用

很多研究表明,不管是在寻找工作还是工作留用上,教师关注更多的是工作条件而不是薪水。一般来说,教师工作条件有三个重要要素:学生的素质、学校的领导力和学校对教师的支持。对纽约市来说,第一,教师的薪水一般是固定的,但是学校的学生群体是明显不同的。大多数教师都更愿意执教成绩较高的学生,这样拥有更多低成绩学生的学校就明显处于劣势。第二,在高成绩学生较多的学校,高质量的学校领导者也较多。由于学校领导力的质量影响教师的工作决定,因此低成绩学生较多的学校在吸引和留住教师上又处于劣势。第三,教育资源不是平等分布的。由于不同学校的不同资源分配,低成绩学生较多的学校对教师的支持相对也较少,因此它们对教师的吸引力较为有限。

提高学生学业表现的最佳方法之一是增加胜任教职工作的教师,并减少不合格教师。纽约市教育局实施了几个试图提高学校工作条件和教师留用的措施。这些措施的目的在于改善学校领导力、教师指导以及改变教师流动政策。

1. 改善学校领导力

有很多研究表明,学校领导对教师留用十分重要。比如,伯德(Boyd)等

---

① Jennifer A. O'Day et al. *Education Reform in New York City: Ambitious Change in the Nation's Most Complex School Systems*[M]. Harvard Education Press, 2011: 170.

人的报告表明,第二年考虑离开的纽约市教师,和第一年考虑离开的教师一样,认为在他们的决定中,学校领导为教师提供支持是最重要的因素。他也发现,教师对学校行政的看法和教师流动甚至流失紧密相连。①

纽约市教育局认为,优秀校长将有更多的权力和资金来创造良好氛围、对教师增加吸引力、提供帮助他们成功的支持等,从而招聘、留用和发展优秀师资。"孩子第一"改革推行后,校长拥有授予教师终身教职的权力,可以为那些已经证明能够帮助学生获得学业成功的教师授予终身教职。同时,校长将采用严格的标准来评估教师,只有合格教师才能留用。不过,纽约市教育局在增加学校自主权的同时,实施了结果问责制。校长在教师招聘、教师专业发展和财政预算方面拥有了较多权力,但对学生成绩的改善也负有更多责任。

对纽约市教育局来说,要提高学校的工作条件,改善学校领导力被认为是一个重要的举措。为了提高学校领导者的能力,改善学校领导力,纽约市教育局在英语、艺术、数学、教育政策等方面开设了一些通用课程来提高学校领导者和职员的能力。另外,"领导力学院"(Leadership Academy)的建立也是该策略的重要部分。成立于2003年的领导力学院是独立、非营利的组织,目的在于为纽约市中小学校提供更多的优秀校长,特别是在低绩效学校。尽管"领导力学院"开始时由私人基金会所建立,但现在主要被纽约市教育局所资助。它的"拟任校长项目"(Aspiring Principals Programs)所培训的在低绩效小学和初中工作的新校长,目前占到了教育局任命校长的13%。②

2. 改善教师指导

2004年,纽约州评议委员会修改了教师认证规则,要求所有少于一年教学经验的教师在获得认证之前获得一个"高质量的师徒经验"。为了满足这个要求,纽约市在"教师师徒项目"上投入3 600万美元,试图"增加教师留用,改善课堂教学,提高学生成绩"。纽约市以前就有为没有认证的或替代性认证教师提供导师的传统,该项目则更进一步,为所有新任教师在他们的第一年提供一个全职导师。每一个导师会和约17个新任教师一起工作。

---

① Donald Boyd et al. The Influence of School Administrators on Teacher Rentention Decisions[J]. *American Education Research Journal*,2011(4):303-333.
② New York City Education Department. *Aspiring Principals Program Overview*[EB/OL]. http://www.nycleadershipacademy.org/aspiringprincipals/app_overview,2015-04-18.

纽约市教育局和教师统一联盟（the United Federation of Teachers）、学校督学和管理委员会（Council of School Supervisors and Administration）以及纽约市大学合作发展了师徒项目，其中教育局和教师统一联盟主要负责师徒项目的规划和实施。该师徒项目有四个主要特点：第一，严格的导师遴选程序；第二，导师的全职工作指导；第三，密集的专业发展指导；第四，由地区而不是以学校来分配。[①]

在2007—2008学年，教育局在教师指导上投入更多资金，使得校长把教师指导和教学表现联系起来。每一个学校被要求形成一个由行政人员、教师（委员会主体）和工会代表组成的"新教师指导委员会"。该委员会试图支持教师发展，包括"教师师徒项目"的发展。尽管每一个学校都制定了自己的指导项目，教育局仍然期望在所有学校，有经验的教师将和新教师一起定期工作，观察课堂，提供反馈和指导，帮助改善教学实践。学校支持组织还产生了一个新的教师级别——引领教学导师（Lead Instructional Mentor），来帮助学校提高规划指导和校本指导的能力。一个"引领教学导师"被分配到每个学校支持组织的网络团队中，在"新教师中心"（New Teacher Center）的指导下接受培训。[②]

纽约市教育局还为教师指导发展了两个支持项目：一个是在线跟踪系统——"新教师教学指导系统"（New Teacher Induction Mentoring Systems），另一个是"质量评估项目"（Quality Reviews），评价各个学校指导项目的成功程度。

3. 改变教师流动政策

除了旨在增加纽约市学校教师岗位的吸引力的措施外，纽约市教育局还在招聘上增加了学校的权力，让它们可以留用有潜力和有效的教师。同时，保证学校有权根据能力而不是资历来挑选他们想要的教师。

2005年，纽约市教育局实施了"给予优先"的教师流动政策，规定了优先流动的教师群体，纽约市教师流动随之增加。该政策适用于那些拥有资格证书的，有一定教学年数的教师；也适用于那些想回到教师岗位的失业教师（他们的职位被取消或许是由于以下因素：学校入学人数的下降、财政减少、

---

① New Teacher Center. *Understanding New York City's Groundbreaking Induction Initiative*[R]. Policy Paper，Santa Cruz，CA，2006.

② Jennifer A. O'Day et al. *Education Reform in New York City: Ambitious Change in the Nation's Most Complex School Systems*[M]. Harvard Education Press，2011：172.

项目变化或者学校关闭);还适用于那些流动到其他学校的年轻教师。

总之,在纽约市教师留用一直是个问题,特别是在低绩效学校。但是,研究表明,2008年,新任教师群体中教师流失有所下降,特别是在第一年后。在2001—2002学年进入学校任教的教师中,17%的教师在他们第一年后离开,2007—2008学年,这一数字则下降到大约11%。① 这一改善由很多因素引起,其中一些是教育局政策之外的(比如国家经济形势)。然而,这个改善至少与布隆伯格和克莱恩所实施的一系列政策目标是一致的。

(四) 教师待遇

为了提高教师的积极性,21世纪以来,纽约市在提高教师待遇方面也做出了一些努力。

1. 增加教师薪水

教师的招聘和留用与增加教师薪水联系密切。在纽约市,从2000年到2008年,具有学士学位但是没有教学经验的教师的薪水增加了35%。在2008年,新教师起始年薪达到了45 530美元。扣除通货膨胀因素后,增加了13%。② 这些扣除通货膨胀后的薪水增长使得纽约市在一定程度上增加了吸引教师人才,从而改善教育质量的竞争力。另外,为了吸引合格教师到市里39所最低绩效的学校,纽约市将这些教师的工资提高了15%。

2. 采用其他财政刺激

除了增加薪水,纽约市教育局还采取其他财政刺激手段来吸引新老教师在高度需要教师的学校和短缺学科领域工作,如数学、科学和特殊教育。这主要包括以下措施。第一,开始于2006年的"房屋支持项目"(Housing Support Program),为在纽约市之外招聘的有经验的数学、科学和特殊教育老师提供1.5万美元的房屋补助,如果他们同意在纽约市极度需要教师的学校至少任教3年。第二,2006年,纽约市教育局实施了"领先教师项目"(Lead Teacher Program),为被确认为优秀的教师提供1万美元来指导其他教师。"领先教师"的确定标准包括课堂教学的记录、学生成绩、和学生的合作、专业发展。第三,从2008年开始的"学校表现奖励项目"(School-wide Performance Bonus Program),为在极度需要教师的学校任教的、达到成绩

---

① Jennifer A. O'Day et al. *Education Reform in New York City: Ambitious Change in the Nation's Most Complex School Systems*[M]. Harvard Education Press, 2011: 175.
② 同上书,第164页。

目标或改善学生成绩的每一个全职教师提供3 000美元的奖金。第四,"补充教师资格证书的转换项目"(Conversion Program for Supplementary Classroom Teacher Certification),为那些纽约州的、在非短缺领域有资格证书的教师提供纽约市立大学学费水平的学费帮助,以便他们能获得短缺领域的学士证书,并在纽约市的学校任教。

此外,纽约市还实施了纽约州教育厅所管理的一些教师补助项目。比如,在2000年开始的"明日教师项目",为新招聘的有资格证书的教师提供机会来获得每一年的免税资助3 400美元(持续4年),如果他们在极度需要教师的学校任教,并得到满意评价。①

(五)教师评估

从1998—1999学年起,纽约市增加了学校报告卡制度。2000年,纽约州委员会采取了一个问责制度,基于学生在小学、初中和高中考试中的分数,建立了学校表现标准。不符合标准的学校要根据"指令性规划程序"加以改进;第二年仍未能符合标准则被认定为"需要改善的学校",进入"登记审查下的学校名单"(School Unider Registration Review,SURR);如果这些学校持续表现低下,则可能会被关闭。看起来这个问责制是严厉的,但是,和其他学区不一样,纽约市对校长或教师没有直接管理权,而且仅仅是表现最差的学校受到SURR的审查。因此,该问责制对学校的影响较为一般。②

在该问责制下,只有不到2%的教师被解聘。把不称职教师调走是非常费时和耗费精力的,这也使得许多校长不愿这么做。2002年以来,布隆伯格和克莱恩开始关注学校制度对学生成绩的影响,加大了问责力度,实施了严格评估。校长有权对教师年度表现进行评价,并决定是否给予教师终身教职。

2008年以来,纽约市教育局采取了一些措施,使得教师评估程序更为严格。校长被鼓励和那些需要提高的教师一起工作,一般在教师工作的第三年(这一年是决定教师终身教职的关键一年)来评估这些教师是否能获得终身教职。在2005—2006学年和2007—2008学年之间,没有获得终身教职的教师数量从25人增加到164人。在同时期,"增加试用期"的教师数量从30

---

① Jennifer A. O'Day et al. *Education Reform in New York City: Ambitious Change in the Nation's Most Complex School Systems*[M]. Harvard Education Press,2011:165.
② 同上书,第166页。

人增加到 246 人。[①]

三、结语

2000 年之前,纽约市教师质量较为低下,而且在那些贫困、非白人和低成绩学生较多的学校中,低质量教师更多。如果不采取措施的话,这种情况将长期存在,并对纽约市教育发展造成很大的消极影响。

前纽约市教育局局长克莱恩看到了这一点。他提出:"要减少巨大的成绩差异,没有改革是比在薄弱学校培养教师更有效的。""贫困和少数族裔学生如果不能获得公平的教育机会,将导致他们未来生活的不成功,除非政府部门领导者把变革重点放在教师招聘、奖励和保留上。"[②]因此,2002 年以来,在纽约市政府的帮助下,克莱恩领导纽约市教育局出台了很多政策,以改善教师招聘、教师留用、教师待遇和教师评估等,试图提高纽约市教师的整体质量,确保所有学生都有可能获得成功。

尽管还没有证据表明纽约市教育局所采取的很多措施是有效的,但是这些改革措施在一定程度上提高了行政人员和教师改善教学质量的能力,特别是在低绩效学校,并且还影响了纽约市的教师招聘、教师留用、教师待遇和教师评估制度。尽管纽约市的教师质量整体上得到一定提高,但是,随着克莱恩于 2010 年 11 月辞职,纽约市教师教育改革政策的持续性和效果还有待观察。

---

① Jennifer A. O'Day et al. *Education Reform in New York City: Ambitious Change in the Nation's Most Complex School Systems*[M]. Harvard Education Press, 2011: 176.

② 同上书,第 157 页。

第十一章　纽约城市教育发展的特色、经验及启示

20世纪90年代以来,城市教育作为一个新兴的教育研究领域,得到社会和学界越来越多的关注。1997年我国召开了城市教育会议,城市教育研究得到一定程度的发展,主要研究成果涉及:如何战略性调整城市教育结构,确定各级各类教育的发展规模和专业设置,以适应经济社会发展的需要;如何改变城市教育办学体制,形成公办学校和民办学校共同发展的格局;如何重组城市教育资源,发挥市场对人力资源的配置作用;如何统筹教育经费,建立教育投入的保障体制等。

而在国外,城市教育的研究涉及面更加广泛,除了上述问题,还包括移民教育、种族问题、多元文化融合问题等。可以说,所有与城市发展有关的教育问题均在国外城市教育研究范围之中。

目前,国内外城市教育一般都面临四个大的挑战:第一,为市民提供多样化的教育,扩大他们的选择机会;第二,吸引来自世界各国的学生,促进教育国际化;第三,为低端人群提供合适的教育和培训服务,从而为城市发展提供更多的人力资源;第四,为高端人群提供服务,增加他们的辐射能力。如何面对并克服这些挑战,是很多大都市政府要思考并解决的问题。

纽约州和纽约市发展城市教育的一系列改革,具有一定的特色,积累了一定的经验,我国国际大都市的教育发展可以借鉴和参考其经验。

第一节　教育发展特色

2002年布隆伯格就任纽约市市长以来,纽约市进行了轰轰烈烈的教育改革。在改革的过程中,纽约市在不同教育阶段都形成了一定的教育特色,

在整个美国具有一定的影响。

一、具有特色的教育行政架构

纽约州和纽约市在经济发展的过程中,教育也经历了较大的发展。在教育发展过程中,形成了较有特色的教育行政架构。

纽约市教育局是纽约市政府管理城市公立学校系统的行政机构。纽约市公立学校系统是美国最大的学校系统,有1 700多所学校,超过110万学生。由于其规模巨大,该公立学校系统可以说在美国是最有影响力的。

纽约州教育厅是纽约州大学的一个组成部分。纽约州大学是一个宽泛的、包括纽约州提供教育的所有机构(包括公立和私立)的专门用语,是美国教育服务中最完整的相互联系的系统。它包括纽约州里所有的初级、中级和高级教育机构,也包括图书馆、博物馆和其他学习机构。[①] 纽约州教育厅包括中小学和继续教育部门、高等教育部门、文化教育部门、创新办公室、运行和管理服务办公室、职业办公室、残疾人职业和教育服务部等部门。纽约州评议会是唯一的州教育委员会,有权管理所有层次的所有教育活动,包括私立和公立、非营利和营利机构。评议会通过它的执行委员会开展工作。

二、重视教育在人力资源开发中的作用

人力资本理论认为,教育是人力资源开发的重要工具,对经济发展具有重要作用。在人力资本理论指导下,纽约市非常重视教育在人力资源方面的作用,做出了积极的尝试,试图以教育来培养更多人力资源,从而促进城市经济社会发展。

纽约市政府高度重视劳动力服务项目。纽约市的政策决定者认为,在目前就业困难的情况下,那些最有可能获得工作的人,要么是通过社会或专业网络,要么是通过成功的劳动力服务项目。因此,劳动力服务项目至关重要。与此相对应,《一个城市,一个系统:纽约市劳动力系统的现状》年度报告应运而生。时任纽约市市长布隆伯格指出,通过收集劳动力项目的信息,该年度报告在为纽约市公众获得有效培训以及吸引新兴企业等方面提供了

---

① New York State Education Department. *New York State Board of Regents*[EB/OL]. http://www.regents.nysed.gov/,2015-09-13.

此外,纽约市政府既强调采取短期措施来最大限度地帮助市民就业,也关注长期的人力资本发展,持续进行公立学校系统的教育改革,以确保最大可能地实现长期劳动力市场的成功。也就是说,纽约市提供的劳动力服务项目,试图把短期和长期措施联系起来。因此,纽约市从基础教育改革入手,试图培养未来的适应就业需要的劳动力。在《一个城市,一个系统:纽约市劳动力系统的现状》年度报告中,纽约市政府提出,在就业服务中,教育部门要发挥积极作用,并积极开展教育改革。

时任纽约市教育局局长沃尔科特(Dennis Walcott)2010年指出,在竞争经济中,纽约市有责任为青年提供工作机会。在过去的几年中,纽约市为青年提供了大量工作岗位,但是纽约市能做得更好,特别是可以采取措施使得公立学校学生能更好地为高校和职业的成功做好准备。[②] 而对教育部门来说,除了积极实施自身的劳动力服务项目和措施以外,还必须和其他部门相互合作,在当中发挥自己的作用。

因此,纽约市教育局、纽约市立大学、纽约市成人教育办公室都积极地发挥了各自的作用,并和其他一些部门实施了合作项目。此外,职业和技术教育、成人教育在人力资源开发中也起着重要作用。

三、以企业管理的方式来治理教育

就任纽约市市长之前,布隆伯格是个企业家,在管理企业方面较为成功。自就任市长以来,他认为纽约市公立中小学系统管理效率低下,因此,他采用自己擅长的企业管理的方法来治理教育,尝试用企业管理的模式来解决纽约市公立中小学系统中的问题。其中最主要的一个措施是任命企业界优秀高级管理人员出任纽约市教育局的局长或董事。比如,任命曾任美国司法部官员和通信公司高管的克莱恩为纽约市教育局局长。

布隆伯格提倡公共部门在提供公共产品和公共服务的过程中,实现资源的最优配置。因此,他将"公司文化"带入市政管理,重新分配教育权力,

---

① New York Government. *One System for One City:The State of the New York City Workforce System Fiscal Year 2011*[R/OL]. http://www.nyc.gov/html/hra/downloads/pdf/resources/NYC_Workforce_System_Report_FY_2011.pdf, 2015-09-13.

② YCDOE. *Deputy Mayors Gibbs and Steel and Chancellor Walcott Announce New Citywide Initiative to Improve Workforce Programs*[EB/OL]. http://schools.nyc.gov/Offices/mediarelations/NewsandSpeeches/2010—2011/workforceprogramrelease52411.htm, 2015-09-15.

重新建构教育管理机制和结构,整合政府、企业、社会组织的资源,共同承担责任,从而完成政府的公共使命。纽约市将公共部门、非营利机构和私营部门的力量合并起来,共同建设一种新的城市公立学校系统。改革的实践也证明,重构学校管理体系,打破公立学校的垄断权,对纽约市的教育改革起到了积极的推动作用。

此外,为了提高学校教育质量,纽约市积极引入企业资源,让企业参与学校的教育和课程改革等活动。在美国,企业参与这些活动主要通过六种群体和机构:第一,大型独立基金会,如福特基金会、斯宾塞基金会等;第二,企业领导人员,作为国家特派人员代表,指导学校进行系统改革;第三,企业中层人员,为企业领导人员设计教育改革方案做一些具体的日常事务;第四,企业职工,自愿成为学校的指导者和协助者,与教师、教辅人员一起参与课堂教学;第五,作为教育决策者的企业领导,一般由联邦教育部、州与地方教育管理部门选拔或任命出色的个别企业领导,拥有教育决策权力。第六,营利性机构,出售比公立学校更加低廉和高效的优质教育。

但是,布隆伯格以企业管理的方式来治理教育,引起了较大争议。很多人质疑他的企业管理经验在公立教育系统中的可行性。尽管纽约市议会授予布隆伯格种种管理权,但是议员们并未真正相信他能够解决纽约市公立中小学中的所有问题。不过,效果如何暂且不论,以企业管理的方式来治理教育也是纽约市的教育特色之一。

四、扩大"普及学前项目"

为了回应20世纪90年代以来席卷美国的教育改革,1997年纽约市实施了"普及学前项目"。该项目为推动纽约市学前教育发展起了积极作用。

"普及学前项目"是公立教育系统延伸一年的新措施,不属于义务教育范围,所以纽约市教育行政部门并没有采取强制入学的规定,而是提供学校经费,由学校根据实际教学力量,配合学区中的家长需要进行办理。该项目试图为孩子提供优质的教育项目,要求特定的师生比例与教室规模,通过共同看护与教育这一纽带把学校与社区紧密联系起来。由于提供幼儿团体生活经验,能够减轻父母教养负担,因此"普及学前项目"受到家长的普遍欢迎,得到纽约市各界人士的认可。

此外,为了使所有孩子成功,2011年1月,纽约州教育厅出台了"纽约州学前教育普通核心基础"(New York State Prekindergarten Foundation for the Common Core)。它提出,幼儿园标准的首要目的是确保所有学生,包括残疾学生、英语水平有限学生和英语学习者有丰富的早期学习经验,能为他们在学校成功做好准备,为大学和职业准备打好基础。纽约市也采用了"纽约州学前教育普通核心基础"。

五、力抓基础教育改革

纽约市非常重视基础教育改革,实施了一些旨在提高教育公平和质量的政策和举措。

2003年,在布隆伯格和克莱恩的领导下,纽约市开始了大规模的全市公立中小学改革,是美国进行如此综合性改革的第一个城市学区。这次改革被称为"孩子第一"(Children First)项目。

该项目的一个关注点就是学生的成功,其目标就是把学校所做的一切聚焦在学生的成功上,使学生高中毕业时做好承担大学、工作和生活挑战的准备。达到这一目标就意味着把学生们的需要放在第一位。为此,纽约市构建了新的高效率的管理结构,重新设定了学术标准,实施了阅读和数学的核心课程,在每所学校中都增设家长协调员,并且使教育系统中的每一个人都为教育结果负责任。

"孩子第一"项目取得了积极的效果:学生的学业成绩得到提高,学生的毕业率更高,学校更安全,有了更多的可供选择的高质量的学校,教师的薪酬更高,行政机构变小,来自私人的支持大大增加等。

为了推进"孩子第一"项目的顺利进行,纽约市试图遴选出有才能和有责任心的中小学校长。为此,纽约市专门成立了一个机构——领导力学院,为培训候选校长、新任校长以及新型高中校长提供服务。纽约市领导力学院主要运用类似医生培养的方法,有针对性地对候选校长、新任校长等提供专业培训,旨在通过提高中小学校长的实际领导能力和管理才能,最终促进学生的学业进步。

可以说,基础教育是布隆伯格和克莱恩改革的重中之重。他们以"孩子第一"项目为切入点,实施了大规模的基础教育改革,包括"进步报告""高中入学制度改革"等,试图提高纽约市基础教育的公平与质量。这些改革也取得了一些成效。

六、加强高校和社会及企业的互动

纽约市高等教育发达,有多所著名研究型大学。同时,它也有很多一般的中学后教育机构,可以为大多数高中毕业生提供入学机会,因此,学生可以选择的余地较大。除重视入学机会之外,纽约市政府也比较重视高等教育质量,并采取措施大力提高高等教育质量。这是纽约市高等教育立于不败之地的基础。

此外,纽约州和纽约市政府重视高校为经济社会发展服务,提倡高校和社会及企业积极互动。2009年5月13日,纽约州时任州长皮特森签署19号行政令成立"专门小组委员会",并发布了《通过校企合作使纽约州经济多样化》(Task Force on Diversifying the New York State Economy through Industry-Higher Education Partnerships)的报告。报告中提出,政府、大学和企业应各自发挥自己的作用,并建立一个创新生态系统来更有效地统一纽约州的大学、企业和城市三者之间的关系。在这一报告的指导下,纽约市也重视高校和社会及企业的互动,积极推动和鼓励高校服务社会和企业,并取得了一定成就。

首先,纽约市高等教育的科研创新成为纽约市经济增长的新基点,促进了纽约市经济社会的快速发展。一些著名的高等院校,比如哥伦比亚大学、纽约大学、纽约市立大学等承担了纽约市大部分重要科研课题,为纽约市的经济、政治和文化提供了优质服务。

其次,纽约市高校与纽约市社区服务紧密相连。纽约市高等教育的专业与课程设置比较具体,与现实生活联系紧密,尤其是与实践应用密不可分,有的高校要求学生通过社会实践的方式来学习一些学科和专业的课程。

七、改革职业技术教育

职业技术教育作为城市经济发展的重要推动力,在产业结构调整中具有重要作用。

2008年1月,布隆伯格试图对纽约市职业技术教育进行革新,进而改善职业技术学校学生的成绩。他组建了"职业技术教育革新市长专门小组",并责成市长专门小组开展调研,提出改善职业技术教育的建议。2008年7月,专门小组提交了《纽约市下一代的职业技术教育》(Next-Generation Career and Technical Education in New York City)的最终报告,提出了一系列改善职业技术教育的建议。①

此外,纽约市教育局、教师工会和纽约市立大学一起合作开发并实施了一个新的职业技术教育教师的招聘模型——"通过学徒训练成功项目"(Success Via Apprenticeship Program,SVA),取得了一定效果,一定程度上解决了职业教育师资缺乏问题。

八、推进终身学习

现代社会是个终身学习社会,国际大都市是一个终身学习的城市,也应成为学习型城市的典范。纽约市具有终身学习的教育系统,这也是它的一大教育特色。

纽约市的教育体制实现了终身化,纽约市市民从出生开始,就可以接受良好的教育。纽约市学前教育的教学内容与教学方法能够从小培养与开发孩子的各种生存潜能,尤其是孩子的独立性、自我服务技能与探索精神。纽约市政府投资学前教育的方式有很多,比如著名的"普及学前项目""开端计划"等。

纽约市高等教育的成功直接归功于它所实施的小学、初中和高中的各种项目对学生的培育。所有的学生都可以接受优质的从学前到十二年级的教育,从而为他们今后接受高等教育做准备。纽约市大部分高等院校与中小学合作,通过各种各样的计划与策略帮助学生顺利毕业,使他们要么进入社会工作,要么进入高校继续接受高等教育。这样不论是中小学教育,还是高等教育都能培养高素质的一流人才。

纽约市成人与职业教育渗透在普通教育中,在高中阶段开始培养学生的就业技能与就业意识。纽约市要求学生在高中毕业前必须拥有一项求职技能,为就业做好充分准备。同时,成人与职业教育的教学内容和教学形式多样化,适合成人的兴趣和需要。

此外,纽约市具有开展终身学习的重要社会机构,纽约市的社区学院、博物馆和图书馆在推进终身学习中都发挥了积极的作用。

---

① Mayoral Task Force on Career and Technical Education Innovation. *Next-Generation Career and Technical Education in New York City*[R/OL]. http://schools.nyc.gov/NR/rdonlyres/91B215BF-21F8-4E11-9676-8AFCFBB170E0/0/NYC_CTE_728_lowres.pdf,2015-09-18.

九、关注教育国际化

作为一个国际大都市,纽约市的各项活动都在国际化的背景下进行。同样,教育国际化也是纽约市建设国际大都市的重要组成部分。纽约市积极促进教育国际化,在国际理解教育、移民教育、高等教育国际化方面都形成了自己的特色。

纽约市的国际理解教育使学生能站在国际化的角度来看待世界,使他们具有同理心(Empathy)。纽约市教育局主要通过中小学的各门学科,尤其是社会学科培养和提高全市中小学生的国际意识,培养在新时期能够适应国际化和全球化的新公民。

纽约市的移民教育政策显示出它对世界公民的亲近与包容。纽约市政府为移民学生增加投入,加强双语教育和普通教育服务,并开展一些教育项目来帮助移民学生。大量的移民学生不仅为纽约市带来经济利益,而且促进了纽约市的文化融合。

纽约市高等教育的国际化程度堪称世界一流,不仅为纽约市和美国培养了大批国际复合型人才,也吸引了大批国际人才进入纽约市就读或工作,不断地推动纽约市的经济、政治与文化继续朝着国际化的方向发展。

十、实施教师教育改革

教师教育作为教育改革的重要部分,应引起足够的重视。在教师教育上,特别在教师评价方面,纽约市的改革力度很大。

21世纪以来,特别是从2002年以来,提高学生成绩成为纽约市教育改革的主要目标。要想提高学生成绩,必须提高教师质量。在21世纪之前,纽约市的教师质量和教师环境都较为严峻。为了改善教师质量,21世纪以来,纽约市政府和教育局出台了很多教师教育新政策,关注教师招聘、教师留用、教师发展和教师评估等方面的改革。这在一定程度上为改善教师质量,进而提高教学质量产生了环境、动力和氛围。

需要特别指出的是,纽约市重视教师资格标准的制定,试图通过制定教师资格标准、完善教师资格证书来对教师的准入资格做出规定。此外,作为教师教育中的热点问题,纽约市非常重视教师评价,在该领域采取了较多措施,试图使教师评价真正发挥作用,改善教学质量。尽管新发布的教师评价制度,包括以学生成绩来评价教师、在网上公布具有教师评价排名的报告等,在学界引起了较大的争议,不过,这也间接证明纽约市试图在教师评价上做出改革,改善教学质量的努力。同时,这也是纽约市教育改革的特色之一。

第二节 教育发展经验

21世纪以来,经过大力改革,纽约市的教育获得了一定程度的发展,也取得了一些可以借鉴的经验。

一、树立领导人权威,形成改革领导群体

德国社会学家马克斯·韦伯(Max Weber)将权威分为三种类型:第一,传统型,比如古代社会的长子继承制。第二,法理型,指现代社会中根据一定的选举程序而确定的权威。第三,卡里斯玛型,也称个人魅力型,指的是依靠个人的非凡魅力而获得权威。卡里斯玛是韦伯从早期基督教观念中引入政治社会学的一个概念。韦伯认为卡里斯玛是这样一类人的人格特征:他们具有超人的力量或品质,具有把一些人吸引在其周围成为追随者、信徒的能力,后者以忠诚的态度看待这些领袖人物。

前纽约市市长布隆伯格属于具有法理型和卡里斯玛型权威的领导者。在教育上,纽约市是"市长控制"的典型代表。尽管"市长控制"教育在美国很多城市都有,但是纽约市是比较明显的。布隆伯格在纽约市的教育改革中雷厉风行、说一不二。2004年,布隆伯格为了推行成绩不合格学生的留级计划,一次解除了两名持不同意见者的督学之职,完全是一种"什么都是我说了算"的做事风格,以至于反对者在立法会上呼吁,"我们很难界定'市长控制'与'布隆伯格控制'的区别,纽约人必须在法案上约束布隆伯格,市长的权力必须受到牵制"[①]。

尽管面临着很多非议,但是布隆伯格一如既往地强硬。作为一个强势领导人,在布隆伯格的周围聚集着一群追随者。比如非教育出身的克莱恩作为布隆伯格的得力助手,他认为,对布隆伯格持批评意见的人无力阻止改

---

① 曾晓洁."市长控制":美国城市公立学校治理新模式——以纽约市为例[J].比较教育研究,2010(12):42-47.

革是件好事。城市学校需要"大胆、坚强的领导"[①]。相应的,克莱恩自己周围也有一群得力干将,紧紧跟随。在他们的强力推动下,在跟随者的努力实践下,纽约市大规模的教育改革才能顺利进行。因此,城市教育改革和其他改革一样,在适当时候需要有一个公认权威的强力推动,才能深入。

当然,在"市长控制"的教育治理改革中,如何在制度上限制市长权力的过度膨胀,如何保证自上而下的权力授予与自下而上的民意表达对等,从而实现市长权力与义务的平衡,可能是美国城市教育改革中必须正视和解决的一个关键问题。

二、发挥政府主导作用,提高政府能力

政府作用是指政府的功能和效用,其实质是在政府与社会、政府与政党、政府与市场、政府与公民等的相互关系中,政府可以在多大程度上影响经济、社会的发展。1997年的世界银行发展报告指出:"在世界各地,政府正成为人们注目的中心。我们必须再次思考关于政府的一些基本问题:它的作用应该是什么,它能做什么和不能做什么,以及如何做好这些事情。"[②]政府应该做什么是政府职能问题,政府能够做什么和不能够做什么是政府能力的问题,政府如何做好事情则是政府作用的问题。

从理论上讲,任何作为公共权力执行机关的政府,都要致力于本国或本地区经济社会的发展,这是由政府的基本属性决定的,也是政府得以产生和能够存续下去的"合理"理由。但是,并不是每一个国家的政府都有能力致力于本国经济社会的发展。有时候政府做了自己力不能及的事情,有时候政府又没有做力所能及的事情,而有时候政府有能力做好某事,也把事情做好了,但引起了其他未曾预料的后果,这就是我们通常所说的"政府失灵"。[③]因此,只有在不断提高政府能力的基础上,才能使各国或者各地政府在现代社会中承担得起越来越多的政府职能,发挥更大的政府作用。

同样,在教育改革中,政府能否发挥作用至关重要。而要政府正确地发挥作用,就必须提高政府能力。纽约市改革教育行政部门架构,重构学校管

---

① Education in New York. Teach us, Mr. Mayor[EB/OL]. http://www.engcorner.net/html/translation/2972.html, 2015-09-20.
② 世界银行. 世界发展报告:变革世界中的政府[R]. 北京:中国财政经济出版社,1997:1.
③ 王文友. 缺失与重构:现代化进程中的政府能力研究[D]. 华中师范大学政治学研究院博士学位论文,2006:4.

理体系，在教育公共治理结构改革与完善中实现传统管理方式的创新，从而提高了公共管理效率和政府能力，使得纽约市教育行政部门在教育改革中发挥着主导作用。

三、积极推动制度变革，使之满足社会需求

制度是一系列规范社会中人和组织的正式或非正式的行为准则或规则。正式的行为准则或规则，是指国家、政府或社会某些团体制定的用于约束社会中人或组织行为的有关法律、法令、法规等，它们可被视为强制性的行为准则或规则；而非正式的行为准则或规则，是指能够约束社会中人或组织行为的风俗习惯、伦理道德、传统文化、意识形态等，这些可被认为是非强制性的行为准则或规则。

在新制度主义（Neo-institutionalism）看来，制度是一种稀缺性资源，不同时期有不同的制度需求，因而每个时期都存在着一定程度的制度短缺。政府作为一种具有垄断权的制度安排，在许多方面不同于一些竞争性的制度安排（如市场、企业等）。一般说来，一国的正式制度大多由政府提供。政府最重要也是最困难的任务是建立一系列的政策，并将之付诸实施，以鼓励全民充满活力地加入到经济社会的活动中来。

随着社会的发展和变化，教育也应不断地进行改革，推动制度变革，使之适应社会需求。为了满足时代和社会需求，促进教育改革，纽约市政府和纽约市教育局运用自己的强势地位，制定和出台了相关制度（包括各种报告、改革等）来实现对教育资源的再分配。此外，制度一旦形成，就必须付诸实施，否则制度就不能发挥作用。一个国家的制度是否有效，主要看这个国家的制度实施机制是否健全。如果没有实施机制或实施机制不健全，任何制度都形同虚设。因此，政府在制定教育改革的制度后，必须采取相关政策和措施来实施这些制度。

在纽约市教育改革和发展中，在布隆伯格的强力推动下，纽约市政府和纽约市教育局等教育行政部门积极制定制度，并使之顺利实施。比如，2007年，布隆伯格和克莱恩宣布成立学校支持组织，为学校提供支持服务。这些学校支持组织包括授权支持组织、学习支持组织、合作支持组织三种。[①] 后

---

① Wikipedia. *New York City Department of Education*[EB/OL]. http://en.wikipedia.org/wiki/New_York_City_Department_of_Education，2015-09-22.

来,纽约市又形成10个学校群(Clusters)来代替12个学校支持组织,每个群有10个"孩子第一"网络。这些改革一定程度上推动了"孩子第一"改革的进展。

四、根据产业调整教育结构,使教育服务于经济社会

要促进国际大都市的经济社会发展,需要实现产业结构及时升级和转型,提升城市核心竞争力,这就要求高校学科专业设置与城市的支柱产业和朝阳产业相匹配。

作为世界经济金融中心的纽约市,20世纪90年代以来,其产业结构和就业结构便有所变化:金融、保险、房地产以及服务业尤其是商务服务业,引领了纽约市的经济增长;金融业和商务服务中以专业服务为主导的现代服务业在纽约市集聚,构筑了国际性的商务服务网络;就业岗位大量向服务业尤其是商务服务业转移。[①]

在纽约市经济社会转型中,纽约市高校十分重视学科专业结构的调整,来适应产业结构的调整。根据对1989年、2005年纽约市不同学科领域学士或以上学位授予数的对比发现:变化最大的是教育专业,2005年比1989年学位授予数增加了143%;第二位是视觉与表演艺术专业,学位授予数相应增加了130%;第三位是传播与通信技术专业,相应增加了83%;第四位是外语与文学、语言学专业,相应增加了73%。而工程及与工程相关技术专业授予学位数则下降了13%。[②] 可以看出,纽约市高校学科结构的调整更有利于经济社会发展的转型,符合国际大都市经济社会发展的需求,对纽约市的经济增长起到重要作用。

此外,健康护理和生命科学、能源、纳米技术和服务业已成为纽约市的重点发展领域和学科,这些领域和学科不仅在创造财富和就业方面有着巨大的潜力,而且和城市的发展以及市民的需要密切相关。纽约市非常重视这些领域和学科,给这些领域和学科投入了不少资助,高校也进行了很多相关研究并通过和企业的合作,把相关研究应用于实践中。

因此,我国的大城市政府必须在产业结构和就业结构上有所调整;在产

---

① 周冯琦. 世界城市纽约对上海新一轮发展的启示[J]. 世界经济研究,2003(7).
② Atlanta Regional Council for Higher Education. *Higher Education in America's Metropolitan Area: a Statistical Profile* [R/OL]. http://www.atlantahighered.org/Portals/12/ArcheImages/Reports/Docs/MSA_National.pdf, 2008-12-26.

业结构上,中心城区积极发展金融、保险、房地产以及以专业服务和辅助服务为主的商务服务业,构筑外向型的现代服务业网络;中心城区以外的地域积极发展现代制造业。在就业结构上,制造业就业继续向第三产业转移;传统服务业就业增长空间有限,积极拓展现代服务业就业空间;中心城区就业向中心商务区集中。

为了适应产业和就业结构的变化,我国大城市政府应鼓励新增就业岗位,新增投资和技术创新。同时,加大对上述重要领域和学科的投入,积极发展这些战略领域和学科,设计这些领域和学科的教育和培训项目,重视这些领域和学科的创新能力,招聘这些领域和学科的人才,争取建设成为世界一流领域和学科,还要关注这些领域和学科的商业化,重点在于使研究成果转化为实践产品。

五、教育有其自身的规律,不能纯粹以企业管理的方式来治理

布隆伯格以企业管理的方式来治理教育,引起了极大的争议,而且他的"市长控制"教育也被人指责为太强势和专制。尽管有人为"市长控制"辩护,认为市长的任期制就是一种对市长权力的制衡。但也有美国一些研究者指出:"这种说法有一个根本的缺陷,即大多数市民其实并不是根据市长对学校系统的管理是否强势来选举市长的。"①

而且,在"市长控制"教育中,还出现了一种副产品——对教育人士专业自主权的侵害,即越来越多的非教育人士成为教育领域重要的管理人员。例如,在过去的几年中,很多前政府官员、商界领袖和军事将领被选为西雅图、丹佛、纽约、圣地亚哥、洛杉矶等重要城市的教育主管人员。这种侵权也大大地损伤了教师的改革积极性。

另外,市长对学区教育委员会委员的任命也大大动摇了美国传统的地方教育民主。传统上,美国的地方学区教育委员会成员是通过学区的民众选举产生的。这种基于选举的民主机制也被美国人视为一种自豪。他们认为,正是这种根植于学区的民意代表才使公立学校在社区生活中发挥了积极的作用。更为重要的是,也正是通过公立学校的这种运行机制与模式,才使学生更好地理解了美国的民主,帮助他们将来能够更好地参与社会和国

---

① 曾晓洁."市长控制":美国城市公立学校治理新模式——以纽约市为例[J].比较教育研究,2010(12).

家事务。民选的教育委员通常代表着社区、街道成员的利益,也更容易了解民众的需求和各个学校所面临的问题。而市长任命的教育委员却不能反映这种民意,他们更像是代表城市,遵从的是市长的政策意图。

因此,2007年曼哈顿区区长斯科特·斯特林格(Scott Stringer)任命的"教育政策咨询小组"成员帕特里克·沙利文(Patrick Sullivan)建议改组咨询小组成员,市长应只能任命6名成员,并且任命应有固定期限。① 目前咨询小组成员共有13人,市长可以任命8名成员,其他5位成员由各区区长任命。如果真的这样改革,那么市长任命的成员就不能占到多数,可以一定程度上限制市长的权力。

可以说,尽管纽约市的教育改革取得了一定成效,但是争议不小。布隆伯格对这些争议采取了置之不理的方式,但是这些争议毕竟还是影响了教育改革的效果和进度。所以,教育政策制定者还是要考虑各个利益团体和教育规律,不能纯粹以经济规律来对教育进行改革,以管理企业的方式来治理教育。

总之,教育要积极地进行改革,但是教育有自身的规律,不能违背教育规律进行教育改革,因此,在教育改革时,必须处理好推进教育改革和遵循教育规律的关系。

六、对教育改革进行回顾和评估,使之继续进行或得到改进

在2009年冬,"美国研究中心"(American Institutes for Research)接受资助来对21世纪以来的纽约市教育改革进行回顾。该项目的目的是分析和回顾纽约市教育改革的主要政策,探索教育改革的实施模式和面临的挑战,为地方和国家利益相关者提供参考。

为了进行该项工作,项目主任詹妮弗·A.欧黛(Jennifer A. O'Day)联系了一些对纽约市教育较有研究的专家,组成了一个写作专家组,并收集了大量资料。经过一年多的努力,于2011年完成了项目研究,并出版了《纽约市教育改革:在美国最复杂学校系统中的雄心变化》(*Education Reform in New York City: Ambitious Change in the Nation's Most Complex School Systems*)一书作为项目成果。该书专门介绍了纽约市近10年的基础教育

---

① Wikipedia. *New York City Department of Education*[EB/OL]. http://en.wikipedia.org/wiki/New_York_City_Department_of_Education,2015-09-28.

改革,包括"治理和管理""教学和学习""高中改革""学生成绩""主题和评论"这五个部分,探讨了纽约市治理的变化、教学改革、高中改革和学生成绩等方面。① 这些改革是纽约市教育的宝贵财富,需要加以回顾、分析和综合。

因此,在教育改革进行到一定阶段后,如果有专门的研究对改革进行回顾,评估其投入和产出,那么就会增加改革的成效,了解下一步的改进方向,更好地推进改革或对改革方向做出调整。

第三节 对上海教育改革与发展的启示

一个城市的前途命运和发展潜能与该城市的教育息息相关,因为教育能够改变和决定一个人甚至一个国家的命运,同样也能改变和决定一个城市的未来发展。1994年,上海提出了"一流城市,一流教育"的口号。21世纪以来,在建设国际大都市的新形势下,在立足于教育本土化的基础上,上海有必要了解纽约州和纽约市的城市教育,借鉴纽约州和纽约市的教育发展特色和教育发展经验,推动上海城市教育的创新,为上海建设国际大都市提供强大的人才支持。②

一、发挥政府作用,引领教育发展

国内外研究都指出,城市教育对城市经济社会发展具有重要作用。而要使城市教育更好地发挥作用,政府起着不可替代的作用,在加大投入、重视教育均衡发展方面都应有所体现。

(一)加大投入

纽约州的教育经费投入比较充足,不论是学前教育和义务教育,还是高等教育,生均教育经费都很高。教育经费的来源也很多,有政府拨款、企业捐赠、地方财产税,等等。尽管教育经费来源很多,但还是以政府投入为主。一般来说,纽约州义务教育的教育经费,州和地方政府是主要的提供者,政府拨给的教育经费收入大约占86%以上,其他收入约占14%。纽约州义务

---

① Jennifer A. O'Day et al. *Education Reform in New York City: Ambitious Change in the Nation's Most Complex School Systems*[M]. Harvard Education Press,2011:1.

② 本部分以纽约州和上海市为比较研究对象。上海中心城区的发展以纽约市为参照系,上海中心城区是指包括黄浦区、徐汇区、长宁区、静安区、普陀区、虹口区在内的中心区和浦东新区等。上海的发展以纽约州为参照系,除了中心城区以外,还包括闵行区、宝山区、嘉定区、金山区、松江区、青浦区、奉贤区、崇明县。

教育经费的来源比较多,同时为了稳定教育经费收入,指定一种体育彩票的税收为专用资金,这有利于义务教育的经费随时到位,大大摆脱了教育经费不足的限制。

2002年,时任纽约市市长布隆伯格提出,市政府必须把每年预算的30%用于支付纽约市义务教育的大部分经费。自2002年开始,纽约州政府和纽约市政府均加大了对教育的投入力度。与2002年相比,截至2008年5月30日,纽约市义务教育经费投入增加79%,纽约州义务教育经费投入增加55%。

不仅如此,纽约市教育局一直在采取多种措施解决公立中小学校不断增加的经费需要。2007年,纽约市教育局削减行政经费共计3.5亿美元,用于弥补教育经费不足。2009年,尽管受全球经济形势恶化的影响,财政困难,纽约州与纽约市义务教育经费投入仍然在上一年的基础上增加6.64亿美元,其中州政府增加5.35亿美元,纽约市政府增加1.29亿美元。但新增加的投入与学校新增加的需求相比,还有近3亿美元的差距,纽约市教育局继续通过削减其他领域经费或挪借的方式弥补。

此外,纽约州高等教育的财政投入十分充足,政府拨款用于学生助学金的投资额居全美50个州中第1位。同时,生均高等教育经费也很高。纽约州高等教育的科研创收也大大增加了财政收入,这是纽约州高等教育的一个特色。

与纽约州和纽约市的教育经费投入相比,不论是上海的学前教育和义务教育,还是高等教育与成人职业教育,都具有很大的差距。这正是上海城市教育发展的瓶颈问题。因此,上海要继续扩大教育投入,增加教育投资主体,使教育经费的来源多样化,还要继续鼓励高等教育科研创收。

可喜的是,现在上海已经意识到了这点,不断地增加教育投入。近年来,上海教育投入持续增长:2009年为343亿元,2010年增长为407亿元,2011年达到610亿元,2012年全市教育总投入超过700亿元。时任上海市教委主任薛明扬介绍,700亿元的教育投入来自市、区两级财政,其中市级财政约占1/3,区县财政约占2/3。在教育经费的投向方面,比例最大的是基础教育(包括学前教育),为473亿元,占67.6%;高等教育和终身教育共177亿元,占25.3%;另外占7.1%的约50亿元,用于鼓励企业开展职工的职业培训以及社会培训机构的发展。①

此外,上海市重视建设基础教育项目。上海市教委出台的《区县基础教育"十二五"基本建设规划》规定,2011年至2015年,上海拟建基础教育项目1 042个,增加建筑面积约1 142.61万平方米,投资估算约457亿元,规划重点加强教育资源相对薄弱地区的建设。②

(二)重视教育均衡发展

纽约州和纽约市在教育发展的过程中,较好地处理了教育公平和质量的关系,对移民学生、少数族裔学生、弱势群体子女教育都给予了较多关注,特别是在就业服务、成人教育、日常生活等方面。

随着上海的不断开放,目前上海市外来常住人口逾935万人,进城务工人员随迁子女超过50万人。如何让这些随迁子女接受合适的教育一直是一个难题。除了随迁子女以外,上海的非本地户籍人口为上海的经济社会发展做出了贡献,也应让他们享受到相应的教育和就业服务。

目前,进城务工人员随迁子女大部分在郊区学校就读,占郊区义务教育阶段学生总数的一半左右,一些郊区不堪重负。因此,上海基础教育基本建设规划项目的七成左右集中在浦东、闵行、宝山、松江和嘉定5个外来人口导入大区。③ 此外,上海市还将加大对财政相对困难区县的转移支付力度,保证财政相对困难地区的教育建设需要。

值得一提的是,2012年8月30日,国务院办公厅转发教育部、发展改革委、公安部、人力资源社会保障部等部门《关于做好进城务工人员随迁子女接受义务教育后在当地参加升学考试工作意见的通知》,对社会广泛关注的"异地高考"政策提出了明确规定,给各地明确了最晚时间线:各地有关随迁子女升学考试的方案,原则上应于2012年年底前出台;同时要求北京、上海等流动人口集中的地区防止"高考移民"。

时任教育部部长袁贵仁指出:"鼓励各省市结合实际,尽快推出异地高考方案,但异地高考也不意味着完全放开,而是存在'条件准入':一方面要考虑城市的承载能力,另一方面也需要家长满足在当地工作等条件。"④

---

① 董少校.上海科学用好700亿教育投入[N].中国教育报,2015-04-05.
② 董少校.上海"十二五"将投457亿建基础教育项目1 042个 八成以上建设项目集中在郊区[N].中国教育报,2015-05-01.
③ 同上。
④ 周逸梅."异地高考"政策获批 各地年底前出方案[EB/OL]. http://www.teachercn.com/EduNews/News_Zcfg/2012-10/6/2012100610304938699_2.html,2015-10-08.

目前,北京、上海等地都已出台各自的异地高考方案。

二、实施制度创新,推动教育改革

一个地方的教育改革和发展需要地方政府积极发挥政府作用,政府要支持和引领教育发展,实施制度创新,推动教育改革。同时,在制度创新和教育改革过程中,要兼顾国情和当地情况。

（一）制度创新

新制度主义认为,制度创新本质上是用一种更高效益的制度来替代另一种制度的过程,是一种新的制度安排。制度创新可以分为诱致性创新（自下而上）与强制性创新（自上而下）。① 以下以纽约市教育改革为例分别探讨这两种制度创新。

1. 诱致性制度创新

诱致性制度创新是指一个人或者一群人为响应获利机会,自发倡导、组织和实行新制度,引发原有制度发生良好变化的制度变迁过程。诱致性制度创新主要是一个自然的、自发的制度创新过程。

诱致性制度创新也有理论上的依据和支持。加拿大著名教育家迈克·富兰撰著的《变革的力量——透视教育改革》揭示了一个基本事实：世界各国自上而下强力推行的教育改革大多是失败的,往往轰轰烈烈地开展,最后无疾而终。教育改革是一个非线性的、不稳定的动态过程,是各种合力的结果,其本身具有不确定性。②

尽管纽约市政府采取了一些强制性变迁的手段,不过有些政策也表现出一定的诱致性,比如学生资助、财政拨款等。这些改革具有隐蔽性和间接性,诱致了教育的制度变迁。因此,尽管纽约市的诱致性制度创新较少,但我们也应关注诱致性制度变迁,因为民间的制度创新很多时候也能引起整个制度的创新。

2. 强制性制度创新

强制性制度创新是指由政府通过颁布命令和运用法律而强力推进的制度变迁。强制性制度创新是由人有目的、有计划地运用行政或法律手段,以新制度取代旧制度的过程。

---

① 林杰. 制度分析与高等教育研究［J］. 北京师范大学学报（社会科学版）,2004(6).
② ［加］迈克尔·富兰. 变革的力量——透视教育改革［M］. 北京：教育科学出版社,2004：5.

既然制度创新是用新制度取代旧制度的活动过程,必然存在有制度创新的主体。制度创新的主体是指用新制度取代旧制度活动的职责承担者和活动成本的负担者。戴维斯和诺斯指出,在现实世界中有三种不同层次的创新主体:个人、组织和政府。相应的,制度创新也就有三种层次:由个人独自推进然后大家效仿的制度创新、各种组织以自愿协议形式形成的制度创新、政府强制推行的制度创新。

不过,任何制度创新都需要支付成本,当一项制度创新需要支付巨大的创新成本时,个人或组织难以担当制度创新所需要的巨额费用,在此情况下,只有政府才能担当此任。不仅如此,政府还具有权力上的优势。由组织和团体进行制度创新,在制度创新之前必须在组织或团体内形成一致意见,然后才能进行创新。政府推行制度创新就无须这种条件,即便制度创新并不能为社会所有人认同和赞成,政府也可以借助于所拥有的行政或法律上的权力,排除各种阻力,强制推行某项制度创新。因此,由于政府较个人或组织而言具有权力和财力上的优势,政府是最主要的制度创新主体,主导着强制性制度创新。[①]

为了促进教育改革,政府需要积极推动制度创新,改变旧的阻碍教育的制度。纽约市政府发挥政府作用,积极进行并推动改革。布隆伯格就任以来的一些行动削弱了对克莱恩和学校领导者的一些限制,比如,用一个在教育政策上无权力的专家委员会代替学校委员会(2002 年);取消 32 个学区委员会,用 10 个行政地区来代替(2003 年);协商改革教师合同,允许校长在申请人中挑选,教师的薪水基于能力而不是资历(2005 年);基于学生表现分配拨给学校的资金,增加校长分配资金和控制校园建设的权力(2006 年)等。

可以说,在布隆伯格和克莱恩两人的领导下,纽约市制定了许多教育改革政策,并大规模地实施。这些政策和行动除了上述对学校系统的市长控制和基础重构外,还包括教与学、人力资本、高中改革、财政预算、教师招聘等方面的改革。纽约市的教育改革政策和行动也引起了全美国的关注。

这些制度创新推动了纽约市教育改革的进行,也取得了一定的成果。这包括:建立以考试分数为评审学校和学生的标准;提高公立学校的全国考试成绩;提高学生毕业率;关闭 91 所成绩不理想的学校,当中很多是有数千人的大型学校;开设 474 所规模较小的新学校,其中有 234 所中学,109 所特

[①] 卢现祥,朱巧玲. 新制度经济学[M]. 北京:北京大学出版社,2007:347.

许学校;停止校长、教师自动终身制度等。

尽管有些改革值得商榷,但是纽约市政府积极地推动了制度创新。纽约市在各个教育阶段都有一些经验值得我国和上海借鉴。因此,教育改革是必须的,并要得到政府的支持和引导,由强制性制度创新为主。

(二)通过制度创新推动教育改革

制度创新有强制性制度创新和诱致性制度创新两种。在教育上,除了发挥政府的主导主用外,还要鼓励各地各校紧密结合实际进行探索和创新,以形成自上而下和自下而上两种力量相结合的机制。

在当前我国的现实国情中,可以明确的改革动力包括以下一些方面:一是地方教育制度创新,通过地方政府和基础学校的自主创新,为整体性的变革提供经验和典范。二是对外开放促进教育创新,比如高等教育开放和留学潮对教育带来的压力和改变。三是企业促进教育创新,这在职业教育领域得到明显的体现。四是家长和家庭教育的转变,通过家长的参与和选择影响教育。

因此,对于教育改革,需要新的思维方式和工作机制。著名学者杨东平认为,应当更多地寄希望于自下而上的改革,而不是靠政府和专家的外在强迫和控制。他指出,学习型个人、学习型组织和学习型社会才是推动复杂变革的真正动力,正是它们"使变革成为一种生活方式"。新思想往往产生于多样性的文化和在团体边缘的人。[①]

对上海教育改革来说,需要同时关注强制性制度创新和诱致性制度创新。在强制性制度创新方面,上海可以以教育综合改革为抓手,突破上海科教发展的体制瓶颈,创造教育发展与改革新局面。上海教育综合改革有必要从两个方面加以推进:一方面,要在教育与科技、教育与人力资源、教育与全市经济和社会的关系方面,突破传统的和现有的各种体制障碍(如科教分割体制等),将上海的教育改革与发展问题放在全市的战略高度通盘规划,统筹协调。另一方面,要抓住教育中社会广泛关注并寄予厚望的关节点(如考试与招生制度等)进行重点突破,将教育的指挥棒和兴奋点引向素质教育和创新人才培养上来,引向注重学校办学质量和办学特色上来,引向教育科技引领上海实现科教兴市战略上来。

在诱致性制度创新方面,目前上海进入"第二期课程改革"阶段,中小学

[①] 杨东平.从2011年的教育变化看教育改革的动力机制[J].教育发展研究,2012(1).

的教育制度创新与课程创新初显雏形,但是上海中小学还要继续改革教学理念,加强教育基础设施,加强教师培训,提高中小学教育质量等。同时,吸引优秀教师为学生发挥引导者或专家作用,鼓励他们进行教学创新。此外,高校也要开展改革,在人才培养结构、培养机制、教学科研等方面进行创新。

需要特别指出的是,利益集团对制度的选择、变迁和创新起着重要作用。制度变迁和创新经常在不同群体中重新分配财富、权力和收入。如果变迁和创新中受损者得不到补偿,他们将明确地反对这一变迁和创新。比如,纽约市教师和教育界对新教师评价制度的强烈反对使得该评价制度的效果大打折扣。

三、开发人力资源,加强部门合作

众所周知,在知识经济和信息时代,人口素质和教育水平是体现一个城市经济发展水平和现代化程度的重要标志。对国际大都市而言,经济的迅速发展,越来越取决于劳动者素质的提高和大量高素质人才的培养。而劳动者素质的提高和高素质人才的培养很大程度上通过城市教育来实现。

(一)人力资本理论

20世纪60年代,美国经济学家舒尔茨和贝克尔创立的人力资本理论,开辟了人类关于人的生产能力分析的新思路,也为增加教育投入提供了理论依据。人力资本理论突破了传统理论中的资本只是物质资本的束缚,将资本划分为人力资本和物质资本。人力资本是指凝聚在劳动者身上的知识、技能及其所表现出来的能力。这种能力是生产增长的主要因素。它是具有经济价值的一种资本。

人力资本理论的观点主要包括:(1)人力资源是一切资源中最主要的资源,人力资本理论是经济学的核心问题。(2)经济增长中,人力资本的作用大于物质资本的作用。人力资本投资与国民收入成正比,比物质资源增长速度快。(3)人力资本的核心是提高人口质量,教育投资是人力投资的主要部分。不应当把人力资本的再生产仅仅视为一种消费,而应视同为一种投资,这种投资的经济效益远大于物质投资的经济效益。教育是提高人力资本最基本的手段,所以也可以把人力投资视为教育投资问题。生产力三要素之一的人力资源显然还可以进一步分解为具有不同技术知识程度的人力资源。高技术知识程度的人力带来的产出明显高于技术程度低的人力。

(4)教育投资应以市场供求关系为依据,以人力价格的浮动为衡量符号。①

总之,人力资本理论认为,教育对人力资源开发具有重要作用,教育投资是人力资本的核心。这也使得教育在20世纪六七十年代获得了世界各国的极大重视和发展。

(二)纽约的人力资源

一直以来,纽约州和纽约市非常重视人力资源开发,也重视教育在人力资源开发中的作用。

纽约州的高等教育大众化程度很高,大学录取率逐年升高。早在1990年,整个纽约州人口中拥有副学士及以上学位的人口比例(30%)、拥有学士及以上学位的人口比例(23%)、拥有研究生学位的人口比例(10%)都比美国各项平均值高三个百分点。2000年,纽约州的大学入学率在整个美国最高,达76.7%。可见,纽约州的高等教育在整个美国都首屈一指。

而在纽约市,根据2007年的统计,纽约市人口中,12%的人有研究生或更高学位,16%的人有学士学位,5%的人有副学士学位,15%的人接受过某种学院教育但没获得学位,24%的人中学毕业,28%的人没有中学文凭。②

2011年,纽约市约有劳动适龄人口665万。约有180万纽约人有四年制学士或以上学位,100万人有副学士学位,副学士学位以上的市民占劳动力群体的44%,250万纽约人(年龄在25岁或更大)有高中、普通教育水平或更低教育文凭。教育程度和就业结果有极大的联系。和教育程度较低的人相比,受过更好教育的纽约市居民在就业和收入方面要更好。③

尽管纽约市具有丰富的人力资源,但纽约市还是高度重视劳动力服务。纽约市认为,在就业困难时期,那些最可能获得工作的人,要么是通过社会或专业网络,要么是通过成功的劳动力服务项目。因此,劳动力服务项目至关重要。

因此,上海还要继续发展劳动力服务项目,收集劳动力项目的信息,为政策制定者和公众提供有效的工具来匹配高需求工作的培训。

---

① 张素峰.人力资本理论观点[N].学习时报,2003-08-01.
② New York City Government. *City Snapshot*:*New York City*,*Summer 2007*[EB/OL]. http://www.nyc.gov/html/sbs/wib/downloads/pdf/borough_snapshot_nyc.pdf,2015-10-10.
③ New York Government. *One System for One City*:*The State of the New York City Workforce System Fiscal Year 2011*[R/OL]. http://www.nyc.gov/html/hra/downloads/pdf/resources/NYC_Workforce_System_Report_FY_2011.pdf,2015-10-08.

(三) 上海的人才需求

上海在21世纪的城市发展目标定位是国际大都市,要成为与纽约、伦敦、巴黎、东京相提并论的世界级城市,成为世界瞩目的国际经济、金融、贸易和航运中心之一,这对上海提出了前所未有的挑战。因为这一切都需要高素质的一流人才作为支撑点。尽管近年来上海劳动力文化素质全面提高,但和国际大都市相比还有一些差距,还有提高的空间和潜力。

根据2010年"上海市劳动力资源与就业状况调查"报告,2010年上海市劳动力文化素质全面提高,但不同行业、不同户籍存在差异。劳动者从事社会经济活动的能力很大程度上取决于劳动者的文化素质。在全市在业人口中,大专及以上文化程度占在业总人数的28.3%,低于纽约市的44%。高中占21.5%,初中占40.2%,小学占9%,文盲半文盲占1%。与"五普"时相比较,大专以上文化程度者提高了14.5个百分点(见表11-1)。

从行业分布看,高学历劳动者占60%以上的行业是信息、金融、科学研究、教育等。而在农林牧渔、建筑、住宿餐饮、居民服务等劳动密集型行业中,初中及以下文化程度劳动者占了60%以上。①

表11-1 上海在业人口的文化构成 (%)

年份	总计	大专及以上	高中	初中	小学	文盲半文盲
1990	100.0	7.9	27.1	41.6	16.4	7.0
2000	100.0	13.8	26.8	42.4	13.8	3.3
2010	100.0	28.3	21.5	40.2	9.0	1.0

资料来源:上海市统计局.上海劳动力资源与就业状况——上海市第六次全国人口普查系列分析资料之九[EB/OL]. http://www.stats-sh.gov.cn/fxbg/201111/235037.html,2015-10-08.

此外,户籍在业人口文化素质高于外来在业人口。户籍高中以上学历在业人口多于外来在业人口,而外来在业人口在初中以下文化程度中的人数多于户籍在业人口(见表11-2)。

表11-2 2010年上海不同户籍在业人口的文化构成 (%)

年份	总计	研究生	大学本科	大学专科	高中	初中	小学	文盲半文盲
合计	100.0	2.6	13.1	12.6	21.5	40.2	9.0	1.0
户籍在业人口	47.4	2.1	9.4	8.9	12.3	12.0	2.5	0.2
外来在业人口	52.6	0.5	3.7	3.7	9.2	28.2	6.5	0.8

资料来源:上海市统计局.上海劳动力资源与就业状况——上海市第六次全国人口普查系列分析资料之九[EB/OL]. http://www.stats-sh.gov.cn/fxbg/201111/235037.html,2015-10-08.

---

① 上海市统计局.上海劳动力资源与就业状况——上海市第六次全国人口普查系列分析资料之九[EB/OL]. http://www.stats-sh.gov.cn/fxbg/201111/235037.html,2015-10-08.

高素质的一流人才除了引进、集聚以外,最终还是需要一流的教育培养来获得。面对全球化的经济竞争、人才竞争,上海必须走"教育兴市"之路,实行"科教兴市"战略,通过教育培养出更多适应经济社会发展的高素质人才。为此,上海可以从以下方面着手。

1. 培养国际人才

如今,上海建设国际大都市刚刚起步,遗憾的是,各行各业缺乏一批熟练运用外语直接工作的人才,同时也缺乏一大批高科技、复合型、通用型的国际化人才。因此,上海只有加快教育国际化进程,积极培养国际人才,方能在激烈的人才大战中立于不败之地,构筑国际大都市的梦想才不会落空。

值得一提的是,要实现教育国际化,关键是培养一批具有世界眼光、先进理念、扎实基础的双语型教师。因为高素质的国际人才最终还是离不开高素质的双语型教师的培养。

2. 开发长期人力资源

城市教育的发展对开发人力资源具有重要作用。纽约市重视长期的人力资源,从基础教育改革入手。纽约的教育改革与教育创新贯穿整个教育体系,在小学与中学阶段,纽约市政府提出,教育要培养积极进取、善于合作、勇敢创新的人,要培养能充分挖掘自身潜力、实现自我、贡献社会的人。学校要提供一种发展环境,让具有潜能的学生充分发展禀赋,在各个学科领域,用创新和跨学科的方法进行学习与研究。纽约市通过中小学教育提高整个纽约市市民的教育水平,并为高等教育输送优秀大学生,使得他们成为促进纽约市经济增长的人力资本,从而促进纽约市经济的飞速发展。

因此,上海还要继续推行"二期课程改革",鼓励各区各校进行特色改革,为开发长期人力资源、培养人才做好准备。

3. 重视低端人群的教育和培训

纽约市重视低端人群的教育和培训项目,为他们提供各种培训和服务项目,帮助他们就业。纽约市在2010年和2011年提供的劳动力服务帮助中,来寻求帮助的人的情况和处境不利群体的情况相吻合。这说明这些劳动力服务项目和措施确实在发挥作用。此外,在各个群体中,纽约市特别关注16—24岁群体,这是最大的一个需要就业服务的群体。时任纽约市副市长吉伯斯(Linda Gibbs)指出,纽约市采取的措施要使这批最需要就业服务的群体能更容易地获得就业和培训机会。一般说来,纽约市为低端人群提供的主要是扫盲教育,为他们寻找工作做好准备,其中16—24岁群体是很重要的一部分。

上海有大量外来务工人员,其中15岁至25岁打工者占很大比例。这部分人口继续接受正规教育和培训的愿望经常得不到满足。如果像纽约市那样,为一切需要培训的人提供恰当的教育与培训,就能够有效开发这些外来务工者的人力资本,使之实现就业并能为上海提供更多更好的人力资源,满足上海产业结构调整的需要。

4. 考虑高端人群的教育和培训

仅仅满足初等教育和中等教育的普及,以及失业失学人口的培训,对一个国际大都市的发展来说是远远不够的,只有优质高等教育的蓬勃发展以及大批高端人才的培养才会给城市的腾飞继续提供动力支持。

2011年,纽约市在专业、科学和技术服务,以及财政和保险部门的就业岗位有所增长,这些工作岗位的技术含量较高,能为高技能的求职者提供机会。在教育上,纽约市也适当地考虑了如何为这部分群体提供服务和培训。纽约市一些著名大学承担高端人群的教育和培训,也鼓励高端人群积极参与进修。纽约市希望以这部分高端人群为纽带,进行教育和就业的辐射。

目前上海也有一些高端人群有转移工作或进一步深造的意愿,因此,上海市高校和培训机构也应适当地考虑他们的意愿,为他们提供教育和培训服务,并发挥他们对所在单位甚至社会的辐射作用。

(四)加强部门合作

为了开发和培养上述人才,使他们更好地发挥作用,必须加强地方政府各个相关部门之间的合作。

纽约市非常重视加强劳动力就业各部门的合作。他们认为,各个劳动力相关部门之间的合作能提供更好的劳动力服务,使得劳动力服务项目更成功,更好地安置劳动力。2011年,纽约市劳动力服务项目由负责健康和人力服务的副市长吉伯斯、负责经济发展的副市长斯蒂尔(Robert Steel)以及教育局长沃尔科特共同领导,有利于减少部门之间的互相推诿。纽约市副市长斯蒂尔指出,更好的合作和分享使得纽约市能实现促进劳动力就业这一伟大目标。

为了促进劳动力开发,培养更多高素质人才,上海需要做到以下几点。

第一,思想上高度重视。要从上海发展的全局和长远需要出发,转变观念,进一步认识"科教兴市"战略中教育和人力资源的不可替代的作用,牢固确立教育优先发展和人力资源开发在上海城市发展中的战略地位。努力创造良好环境,使人力资源成为支撑上海未来20年乃至50年可持续发展的支柱。

第二,行动上真正落实。要抓好组织落实,需要全市各级政府和全社会共同行动。全市各级政府要真正落实"科教兴市"战略,抓投入、抓规划、抓管理,像抓城市基础设施建设那样抓好人力资源开发和教育优先发展的落实工作。

第三,部门协同合作。要落实"科教兴市"战略与教育优先发展和人力资源开发战略,迫切需要上海建立旨在领导、统筹、协调全市科技、教育和人力资源的新体制。而其中所涉及的众多部门(包括组织人事、劳动与社会保障、科技与教育、财政与经济、国内与国际合作交流等),都有必要确立全市性领导与组织机制,从根本上避免因部门分工可能导致的工作失误。

四、提倡校企合作,促进经济社会发展

20世纪90年代以来,特别是在知识经济和全球构建国家创新体系的框架下,作为知识生产机构的大学,其地位与功能发生了根本性改变,开始由社会的次要机构上升为与政府和企业同样重要的社会主要机构,大学与政府和企业三者之间开始以共同的利益需求为纽带紧密地凝聚在一起,形成了三股力量交叉影响且相互依存的组织间关系形态,共同推动着国家知识创新、制度创新、技术创新体系的形成。纽约州和纽约市政府在城市经济社会转型中,高等教育在其中起着重要作用,它们的高等教育在服务本地的经济社会中可以为上海提供一些经验和启示,我们可分别从政府、大学和企业三个方面来阐述。

(一)政府:发挥主导作用,和高校、企业合作共同推动经济转型和高等教育发展

政府是社会生产与生活的组织者和领导者,在政府、高校和企业三者关系中主要起宏观指导、政策导向以及组织协调与服务的作用。本书所指的政府不仅包括城市的相关政府行政部门,也包括教育主管行政部门。目前上海正在加快建设国际大都市和"知识城市"的步伐,校企合作的作用不容忽视。要想在校企合作中更好地发挥主导作用,上海市政府应在以下方面有所作为。

1. 重视创新

在知识经济和"知识城市"建设中,要想推动经济转型,创新是关键的核心要素。欧盟委员会于2010年3月公布了《欧盟2020年发展规划草案》,强调加强研究和创新,增加就业,推动"绿色经济"发展,以保持欧洲在当今世界上的地位。这说明欧盟等国家已经开始加大对创新的重视力度。而要使创新真正达到成功,政府对创新的支持、应用和普及是关键所在。高校与企业的有效合作是创新国家能够不断创新的普遍经验,而在这个过程中,政府鼓励和促进高校与企业合作的政策发挥了重要作用。因此,要想真正实现和不断推进创新,政府应该首先在促进高校与企业有效合作方面有所作为,应鼓励高校和企业建立积极的联系,同时企业向高校投资进行相关的研究,并明确分配高校和企业在商业化政策和项目中的权利和责任。美国纽约州"专门小组委员会"提出了一个校企合作的创新统一体框架,对上海有一定的参考意义。

2. 吸引高素质人才

纽约州不仅拥有大量受过良好教育的劳动力,而且也是美国移民汇聚、人才聚集的重要地区,其吸纳的高技术人才为纽约州的产业发展提供了强大的人才支持。上海可以以校企合作为中心,培养高素质的劳动力队伍。同时,尽快放宽对各类人才的准入条件,使上海首先成为培养和吸引创新人才和高素质人才的中心。只要培养和吸引到了这些人才,上海以其独特的区位优势条件,建设创新型城市将会水到渠成。

3. 完善相关配套措施

上海要想更好地促进校企合作,充分发挥高校在服务经济社会中的作用,还要完善相关的配套措施。

(1)建立市政府层面的促进高校与企业联系的协调机构。纽约州成立了专门的办公室——纽约州科学技术与研究办公室来支持技术开发和商业化,特别侧重于纽约州高校可向企业提供的技术援助,主要负责一流大学的研发和典型设施、高性能的模拟和仿真运算以及教师招聘,重点支持的学科领域包括先进材料和纳米技术、环境和能源系统、信息技术、生命科学、微电子学、影像和传感器等。上海也可以向纽约州学习,建立类似的机构。

(2)提供完善的政策环境和规划。纽约州政府积极制定区域高等教育发展规划,其中包括高等教育参与社会活动的计划。纽约州政府和纽约州教育厅等制定了《2004—2012年纽约州高等教育发展规划》,旨在为纽约州和纽约市的发展提供智力支撑,其中就明确提出构建高效的高等教育系统,创造新知识满足当地经济发展需求。上海目前还没有见到独立的高等教育发展规划或者高等教育和企业合作的规划。

(3) 提供有力的资金支持。纽约州政府自2002年起巨额资助纽约州立大学奥尔巴尼分校的纳米科技研究(配套吸引了多家私营企业的资金,两类资金累计高达35亿美元),该校于2003年专门建立了纳米科学与工程学院(College of Nanoscale Science and Engineering, CNSE)。[①] CNSE现有约300个合作伙伴,包括IBM、AMD等世界级大企业。2006年纳米科技研究机构的排名中,CNSE位居全美第一。这也吸引了世界各地的优秀教师和优秀学生,从而进一步吸引了联邦政府和私营企业的研发资金。[②] 上海在未来也需要进一步加强这方面的教育投入。

(4) 收集和出版关于本城市校企合作表现的相关数据,并在校企合作参与者中建立信息分享和信息网络机制,把经济发展决策和研究结果联系起来。纽约州科学技术与研究办公室经常会发布一些校企合作的具体项目和项目进展情况的信息,使政府、高校、企业、社会大众对相关情况有所了解。这也能给上海提供一定的启示。

4. 加大高科技产业园区的建设

单个院校的力量有限,政府应投资建设需要多个院校协同合作的基础设施。此外,高科技产业园区的建设对一个城市的经济转型和发展有着重要的作用,应进一步加强。纽约州建设高科技产业研究园区的目的是利用纽约州众多的高校、研究机构和企业的综合优势,研究和开发高科技产品,以弥补纽约州在这方面的不足,适应知识经济中城市经济结构变化的新趋势。这种园区提供较完善的基础设施,吸引了更多高科技人才的到来。上海的高科技园区为本地经济发展带来了巨大的生机和活力,可以进一步加大它的建设。

(二) 大学:积极主动地参与校企合作,为创新活动提供知识来源

在21世纪,知识经济发展呼唤创新,高校和企业的合作是创新的主要

---

① College of Nanoscale Science and Engineering, University at Albany. *Introduction*[EB/OL]. http://cnse.albany.edu/about_cnse.html,2015-10-10.
② 刘凡丰,沈兰芳. 美国州立大学科研组织模式变革[J]. 高等教育研究,2007(5).

组成部分。一个城市要成为新思想和新观点的领导者,必须建立有效的商业化渠道来把这些新思想和新观点转化为强有力的经济。高校作为知识的生产和传播机构,拥有丰富的知识资源、技术资源和人才资源,具有强大的研发能力,但在另一方面,其自身发展却缺乏足够的资金支持、政策支持和将科研成果转化为现实生产力的能力。

因此,要想更好地促进校企合作,充分发挥高校在城市经济转型和发展中的作用,必须激发高校参与校企合作的积极性。积极主动地参与校企合作,为创新活动提供知识来源,可从以下几方面着手。

1. 改变高校的校企合作意识

一个城市经济的健康发展有赖于高校与企业界良性、有效的互动。制约城市经济发展的一个重要因素就是高校未能探索出更为有效的高校和企业合作模式,这主要表现在高校创业人员企业家技能的缺乏。纽约州重视高校与企业的联系,要求高校把创业作为教学和研究之外的第三大重要任务,为此在高校开展创业知识和创业精神的教育及培训,并加快高科技成果产业化。

《纽约州高等教育规划(2004—2012)》明确提出,纽约州州内高校应与政府和社区组织合作,明确高等教育应尽快关注的社会需要,采取有效措施加以解决;与商业或其他机构合作,通过开展科研活动、传授学生新的知识、培养学生新的能力来满足社会需要,发展地区经济;为当地居民提供应用技术资源、优质远程教育等。[①]

上海高校也应把促进高校与企业的联系作为其主要任务之一,积极参与校企合作,鼓励教师和学生自主创业,推进高校科研成果产业化。此外,高校校长对校企合作的重视能使高校和企业的合作更有效,美国罗切斯特理工学院校长威廉姆·德斯特勒(William Destler)2010年发表了一个名为"一种新的商业和学术的关系"的讲演,提倡高校和企业加强合作并建立新的合作关系。

2. 提高学生的毕业能力

我国教育体制强调培养精英,而不注重培养具有商业才能的人,因此,上海很多高校并没有通过广泛地开展企业家技能培训项目的方式加强与企

---

① Board of Regents of the University of the State of New York. *Statewide Plan for Higher Education* 2004—2012[R/OL]. http://www.highered.nysed.gov/swp/,2015-10-12.

业的联系,没有培养出既有专业技能又有商业技能的人才,也就是说,严重缺乏有创业能力的大学毕业生。

要想进一步加强高校与相关产业间密不可分的联系,提高学生的毕业能力,今后上海高校在与企业联系中要特别重视四方面的改革:一是和企业加强合作,建立企业文化的课程和项目,发展学生和教师的企业化技能;二是高校课程设计需要相关企业人员的参与,使课程内容跟上现实需要;三是聘请有大公司大企业实践经历的兼职教师,并引入1—2年的短期合同聘任制,提高青年教师的竞争力,增加教师的流动性;四是在确定重点学科和本科高地项目时,增加经济、科技、社会部门的专家参与。

3. 重视学科专业机构的调整

为促进国际大都市的经济发展,实现产业结构及时升级和转型,提升城市核心竞争力,高校学科专业设置应和城市的支柱产业以及朝阳产业相匹配。比如,纽约州在经济转型中,高校十分重视学科专业结构的调整。高校学科结构的调整更有利于经济发展的转型,符合国际大都市经济发展的需求,对城市的经济增长起到重要作用。

21世纪以来,上海高等教育学科专业结构仍存在一定问题。比如,2004年上海普通本专科在校生中,比例最高的专业是管理,占了21.8%。2001—2004年间管理类专业增长过快,占了扩招总数的28.6%,而且其中55%是大专。① 因此,上海高等教育学科专业设置应适当地做出改变,应和城市的支柱产业以及朝阳产业相匹配。

4. 招聘和引进高素质人才

高校招聘优秀教师,不仅能创办相关的企业,有良好的经济效益,而且能起到一个校企合作的良好导向作用,提高教学、科研的质量,吸引更多的人才,形成良性循环。同时,高校也需要重视培养高素质的学生人才,以在校学生为主体,形成纵深人才梯队,为高校的企业化活动提供后备援助。纽约州重视引进能促进校企合作的顶级教师,这些顶级教师吸引了企业合作者或者产生了能用于商业化的创新研究,从而加快了校企合作。

5. 提供制度和政策保障

高校需要设立专门机构,配备专职人员,负责高校服务社会工作的统筹

---

① 陆璟. 伦敦与上海教育产业发展机制比较研究(摘要)[R/OL]. http://www.pjky.com/list.asp? classid=21,2015-10-13.

规划与协调安排,做到既能与高校内部良好沟通,又能广泛联系政府与企业。另外,应鼓励和支持教师和学生的企业化活动,为教师和学生提供制度和政策保障,创建教师和学生从事企业化活动的激励机制,以完善的制度激励与保障教师和学生投身企业化活动。同时,高校还应积极寻求企业合作者,把教师、学生的科研和企业项目结合起来,为教师和学生寻找机会向公司和专业投资者展示自身取得的研究成果与成就。

6. 高校应根据自身特点提供相关服务

不同类型的高校在校企合作中应根据自身特点提供不同服务。研究型大学应重视知识创新和技术成果转化等服务,加强知识创新与技术转移,将企业技术人员"请进来",派教师、研究生"走出去",推动技术与知识向企业特别是中小企业转移。一般的地方型大学则可以提供健康咨询、文化娱乐等服务。也就是说,高校应结合自身所长,准确定位,努力为国家与地方社会经济提供专业服务,并需要不断探索合作模式,以政府和企业的需求为驱动力,以项目合作为纽带,以大学的人才与知识优势为依托,实现社会服务工作的可持续发展。

(三)企业:重视创新,加强校企合作

总的来说,企业在校企合作中可以发挥以下作用。

第一,积极参加创新生态系统,寻求和高校的科研合作,增加对高校的科研投入,促进和高校的持久科研合作关系,并和大学分享未来企业产品与程序发展的期望和目标。

第二,在和高校的科研及教育合作关系中,以及和大学相关研究的项目中投入资金和资源,继续支持基于大学相关创新的新兴企业的产生。

第三,积极参加大学科研新成果展示的活动和论坛等,参与高等院校的课程设计、设置与教学,以及学生的企业见习、实习,提高毕业生的能力。

第四,鼓励大学毕业生创业,给他们提供创业培训。2010年8月10日,共青团中央和中国移动公司联合启动了"移动应用商场百万青年创业计划"(简称"MM 创业计划"),打造出基于移动互联网开展自主创业的平台。"MM 创业计划"预计开展3年,2012将覆盖31个省份超过3 000所高校、高职、中专、中职学校,力争每所学校平均培训500名学生创业者。中国移动将为创业者提供免费的创业培训、创业认证、创业开发和1 000万元创业奖励资金,并在中国移动研究院、31个省级移动公司、多家支撑单位提供

1 000个现场见习岗位。①

因此,今后相关部门和更多具有社会责任感的企业应加大对青年创业的开展和培训工作,多为创业者提供创业机会,为和谐社会建设和城市经济发展做出贡献。

五、完善终身学习,形成学习型城市

在经济全球化和社会现代化的今天,人类已经进入一个讲求速度、变革、创新的知识社会。对于个体而言,必须藉由终身教育进行终身学习才能适应这样的社会;对于国家和城市而言,必须构建学习型社会和学习型城市,推行终身教育,鼓励市民终身学习,这样才能丰富人力资源,提升人民的生活水平与质量,促进经济社会发展,增强国际竞争力。

这一点已成为国际共识——西方发达国家不仅在20世纪70年代后相继开展终身学习、终身教育与学习型社会的理论研究和实践探索,而且进入20世纪90年代后走向具体实施阶段,学习型社会的理念正在逐步转化为具体的行动方案和策略。

20世纪90年代以来,我国也加快了学习型社会的建设。1993年,国务院颁发《中国教育改革与发展纲要》,正式提出"终身教育"概念,积极鼓励学校改革和社区教育发展。1999年1月13日,国务院批转的教育部《面向21世纪教育振兴行动计划》再次指出,"开展社区教育的实验工作,逐步建立和完善终身教育体系,努力提高全民素质"。2001年,中共中央办公厅和国务院办公厅下发《2002—2005年全国人才队伍建设规划纲要》,提出"要开展创建'学习型组织''学习型社区''学习型城市'的活动,促进学习型社会的形成"。从此,建设学习型城市、学习型组织、学习型社区、学习型家庭的活动在我国许多城市广泛兴起。

就建设学习型城市而言,上海走在了全国前列。早在1999年9月,上海便率先提出要"努力把上海建成适应新时代的'学习型城市'"②。提高市民文化素质,提升整个城市的综合影响力已成为上海保持前进动力的内在所需。此外,随着上海老龄社会的到来,终身教育成为其重要内容。因此,

---

① 团中央和中国移动联合发起"MM百万青年创业计划"[EB/OL]. http://www.cb.com.cn/1634427/20100811/142892.html, 2015-10-15.

② 张媛. 国际大都市开展终身学习的策略研究——以东京、纽约为例[D]. 华东师范大学教育科学学院硕士学位论文,2008:44.

上海要不断地完善终身教育体系,为市民提供终身教育服务,建设学习型城市。

在借鉴纽约市开展终身学习策略的基础上,结合上海的具体实际,我们得出如下启示和建议。

1. 构建终身教育体系,发展成人和职业教育

在国际大都市的终身教育体系中,应该是各级各类教育相互衔接、相互沟通,以满足市民扩大教育选择的需要;应该真正形成全体市民投资学习、热爱学习、善于学习、享受学习的制度安排,以及人人学习、处处学习、终身学习的环境。

纽约市非常重视终身学习。从整体上看,纽约市的教育体制已经趋向终身化,也就是说,从人出生开始至老年为止,纽约市已为全体市民制订了良好的教育计划。纽约市政府给予教育,尤其是义务教育尽可能多的经费支持;在高中阶段便融入最基本的职业教育并采用学分制,提供包括文化基础和技能型、兴趣型职业技能在内的基础和选修课程;在高校与社区合作方面,纽约市享有的高等教育资源在政府鼓励和倡导下作为继续教育的基地,面向社会开设职业培训班并与企业合作办学。纽约市还整合社区教育资源与学校教育资源,把学校教育资源开放给每一个愿意学习的市民。同时,让每一个愿意参与学校教育改革的组织与个人关注学校的状况,促进一个开放性学习城市的形成。

此外,纽约市在开展终身学习的活动过程中,以发展成人教育为切入口,由此以点带面全面铺开。在纽约市,目前成人教育系统主要由全日制各级学校系统兼任,同时政府、企业、劳工组织、社会团体、广播电视、图书馆、博物馆均参与组织成人教育。纽约市和地方学区设有成人教育协会,由市政府负责成人教育的实施管理。总之,成人教育作为终身学习的重要部分成为纽约市教育发展的典型。

为了更好地建设学习型城市,上海需要构建终身教育体系,不断完善能够满足多层次、多形式教育需求的终身学习体系:在基础教育阶段,建立可供学生选择的课程管理制度;普通高中与中等职业学校应该建立更加开放的课程体系,其中包括建立和完善社会实践类的课程体系;在继续教育阶段,应围绕学习型社会的建设开展弹性学习制度。

此外,上海要建成具有国际竞争力的城市教育体系,必须大力拓展成人教育和职业教育,努力实施成人教育和职业教育八大工程,为上海建设国际

大都市提供直接服务。这八大工程是：就业与创业能力培训工程、高技能紧缺人才培训工程、科教兴农富民培训工程、外来务工人员培训工程、终身培训体系构建工程、现代企业教育制度和现代企业教育培训中心建设工程、职业资格证书工程、职业学校重点建设工程。[①]

2. 利用社会公共资源，营造居民学习环境

终身学习作为人类未来的一种生存方式，更为关注学习者自身的主体地位，更为尊重学习者的意愿与需求，通过可利用的一切教育设施和资源为个体一生的发展提供支持，使其有能力、有信心应对新环境与新挑战。

目前，以图书馆、博物馆为代表的社会公共资源在纽约市已成为开展终身学习不可或缺的重要机构。凭借其分布广泛、贴近居民、活动丰富、服务人性等特征，各种公共资源在满足儿童、妇女、成人、老人群体的多样化学习需求方面成效卓著。纽约市博物馆、图书馆还利用馆内资源举办各种专题讲座或研讨会，从而为各领域、各层次的研究者、学习者提供了一个交流学习的良好机会。

此外，学校是纽约市享有的珍贵教育资源。学校里配备先进、功能齐全的硬件设施可为社区居民所用，如藏书丰富的图书馆有助于居民搜集学习资料，而游泳池、网球场、健身房等体育设施可成为居民的健身场所。为避免重复建设所造成的浪费，学校设施对社区开放越来越受到纽约市政府的提倡。

同时，纽约市通过创办社区学院、社区大学等为市民提供正规的继续教育，纽约市的社区学院通常费用比较低廉，加之其学习周期短、课程灵活实用、针对性强而得以在竞争激烈的学校体系中占据一席之地。除社区学院之外，其他高等学校也可针对社区居民感兴趣或对之有利的问题开设讲座，开通专家咨询等。总之，纽约市切实对居民进行"终身学习"所需要的内容予以回应。

上海拥有丰富的图书馆、博物馆、科技馆、高等学校等资源，这些公共资源理应在建设学习型城市的过程中发挥重要作用。上海也正在积极地利用这些社会公共资源。2007年11月4日，全国共有25个城市参与的"2007年全民终身学习活动周"在上海科技馆开幕。本次活动由中国成人教育协会、

---

① 田泓. 促进农村劳动力转化 提高高级技工比例——上海实施职教"八大工程"[EB/OL]. http://www.people.com.cn/GB/paper40/7875/748329.html, 2015-10-16.

中国联合国教科文组织全国委员会主办,上海市教委、市文明办、市学习办等承办。本次活动是全国第三次"全民终身学习活动周",以"全民共同学习,推进教育公平,关爱困难群体,提高生活质量"为主题,也是贯彻党的十七大提出的"建设全民学习、终身学习的学习型社会"的重要学习活动。在2007年的"全民终身学习周"期间,上海各区县、各行业都将开展丰富多彩的学习活动。杨浦区举办首届学习节,展现社区、高校、企业、部队共同创建学习型城区的成果;市成人教育协会和同济大学等举办"学分银行研讨会",探讨跨校的学分互认制度。"2007企业教育发展论坛""社区学院服务功能与能力建设"等一系列学习论坛也如期举办。①

值得一提的是,如何提高上海务工人员的就职技能,增强他们的生存能力,以保证其在就业紧张的环境中拥有自身发展空间,应成为开展社区学习和培训的内容之一。另一方面,如何丰富民工的文化生活,提高民工的精神素质,使其更积极地融入社区、贡献社区并适应整个城市的和谐发展,也是城市或社区制定规划所应考虑的问题。

3. 关注社区教育,建设学习型社区

随着21世纪信息化、知识化、学习化时代的到来,在终身教育、终身学习以及学习型社会思潮的影响下,各国和各地政府逐渐将视线转移至社会基层,积极探索社区在开展终身学习中的作用。因此,整合社区内的教育资源来为居民提供高质量的教育服务和教育场所,给予居民充分的受教育机会成为全球教育发展的大趋势。各国和各地政府开始密切关注社区教育,并对其建设予以相应的法律保护和政策支持。

纽约市社区的实际权力掌握在社区董事会手中,他们广泛代表民意,保证社区工作的公开、公平和公正。不仅如此,在纽约市的曼哈顿社区还定期举行社区会议和社区听证会,它们是社区居民参与社区建设和管理的一种最直接的方式。"社区会议和社区听证会是社区董事会收集、评价社区服务质量的最好的信息来源渠道。"②上海黄浦区也提出,社区居委会可以设立评议会、协调会、听证会制度。这些改革都指向一个共同的目标,即回归居委会的初始性质,政府真正放权到基层,还权于民,居民自主选举有威望、高素

---

① 邵宁."2007年全民终身学习活动周"上午开幕[EB/OL]. http://news.sina.com.cn/o/2007-11-04/155812843097s.shtml,2015-10-16.
② 谢芳. 美国社区[M]. 北京:中国社会出版社,2004:69.

质的社区居民代表,保证社区自治,保障居民在自主管理中开展活动。

纽约市重视学习型社区的建设。作为居民学习的基本场所,学习型社区不仅拥有多种教育设施,而且可为居民提供各类教育服务;它整合社区内的各种教育资源并沟通了彼此间的合作交流,学习共享;它以民主公正的管理提升着社区居民的主人翁意识,引入各种非营利性社区教育机构,并可通过成立社区教育基金会等来对社区建设提供资金保障。

对上海而言,要更好地建设学习型社区,需要继续开展成人教育"三进"(进社区、进企业、进家庭)工作,继续发展社区教育。把社区学校建设纳入教育发展的整体规划。50%以上的区县建立地区三级社会教育网络。建立网上社区学校。制定《创建学习型家庭基本要求》和《创建学习型企业基本要求》。以发展社区老年教育为重点,进一步完善老年教育网络。继续办好"空中老年大学""网上老年大学",扩大老年教育覆盖面。①

六、重视教育国际化,培养国际性人才

教育国际化是经济全球化发展的客观要求,也是上海建设现代化国际大都市的必然选择。上海要建设成为国际教育交流与合作的中心城市,必须借鉴其他国际大都市的经验。在教育国际化方面,纽约州和纽约市可以为上海提供以下启示:

1. 加强国际交流和合作,吸引海外留学生

在纽约州,不论是在中小学,还是在大学,外国学生的人数都占一定比例。据统计,2002年纽约大学外国学生有5504人,占全校人数的14.8%。

2008年,纽约州外国留学生的总数为69844人,占全国的6%,排在加利福尼亚州之后,位居全国第二。外国留学生在纽约州的花费约19.53亿美元,在全国50个州中也位居第二位。在纽约州,纽约大学的国际留学生数量最多,为6404人。在美国它也仅次于南加利福尼亚大学(7189人)。哥伦比亚大学则排名纽约州第二,国际留学生人数为6297人。②

上海市政府高度重视留学生教育的发展。2004年的上海市教育工作会议明确提出,积极发展留学生事业是上海教育国际化的重要突破口,2010年

---

① 陶洪光. 上海实施职教八大工程 开展成教"三进"工作[EB/OL]. http://sports.eastday.com/epublish/gb/paper368/20030312/class036800001/hwz1038903.htm, 2015-10-18.

② Institute of International Education. *Open Doors* 2008 *U. S. State Fact Sheets-New York*[EB/OL]. http://opendoors.iienetwork.org/? p=131590, 2008-12-26.

全市留学生规模要达到6万至7万人。此后,留学生数量有了大规模的增长。2008年,上海高校的留学生人数增加到36 723人,占上海高校在校生的7.3%。期间除个别年份外,学习年限超过6个月的长期生一直保持在73%左右。此外,上海是除北京之外留学生最为集中的地区,在来华留学生教育中的地位不可忽视。2005年,在北京和上海求学的留学生分别占全国留学生总数的30%和18%,而位居第三的天津仅占6%。[①]

随着上海教育国际化水平的进一步提升,2010年发布的《上海市中长期教育改革和发展规划纲要(2010—2020年)》指出,上海将大力发展留学生教育,扩大学历教育留学生的规模和比例。根据规划,来上海留学的外国学生在上海高校在校生中的比例,2012年要达到12%,2015年达到13%,2020年达到15%。根据规划,上海将全力打造亚洲最受留学生欢迎的城市之一。

规划纲要发布后,上海教育国际化的步伐不断加快。2011年度,共有来自180个国家和地区的47 731名外国留学生在上海市33所高校和2家科研机构就读,比2010年增加4 611人,同比增长10.9%。留学生在上海普通高校学生所占比例在8%左右。此外,2011年的上海外国留学生中,学历生14 228名,比上年增长10.8%,其中硕士研究生、博士研究生分别为3 426名和798名,同比增长20.1%和19.6%。来沪就读留学生最多的前5位国家依次为韩国、日本、美国、法国、德国。

上海市留学生规模超过1 000人的高校比上年增加2所,达到14所。留学生人数最多的高校为复旦大学、上海交通大学、华东师范大学、同济大学、东华大学。以前,九成以上留学生学的是语言,如今留学生结构发生了变化。2011年,选读最多的5个学科依次为文学、管理学、经济学、医学、工学。读文学学科的留学生为30 321人,所占比例已经降到总人数的六成。

2012年,上海在教育国际化方面采取很多新举措:建立上海市外国留学生预科学院,推进外国留学生课程与师资建设、社会服务体系建设;增设1—2所外籍人员子女学校,继续举办中国文化进校园活动;推动中小学与国外中小学缔结校际合作关系等。[②]

不过,尽管上海的留学生教育发展很快,政府对相关工作也极为关注,但上海的留学生规模和层次都可以进一步提高。当前,留学生市场的竞争

---

① 贺向民. 数据与折射——对来华留学教育的思考[J]. 外国留学生工作研究,2007(1).
② 韩晓蓉. 在沪留学生去年同比增一成 人数最多学校是复旦、上海交大和华东师大[N]. 东方早报,2015-01-20.

日趋激烈。上海要实现扩大留学生规模、提高留学生层次的目标，就必须深入了解留学生的想法，为他们提供良好的教育服务和生活服务，同时借鉴其他国家和其他城市的成功经验，在符合我国法律框架的前提下，制定具有吸引力的政策与制度。

2. 提高教育国际化水平，培养大批具有国际视野、通晓国际规则、能够参与国际事务和国际竞争的国际化人才

纽约是一个国际化的大都市，纽约市的各项活动都在国际化的背景下进行，早在1986年，美国的100多个大型跨国公司中就有24个跨国公司的总部设在纽约市中心，16个跨国公司的总部设在纽约市郊区，其外汇交易额占整个跨国公司的55%。美国10大外汇储蓄银行中有6个位居纽约市，拥有全部外汇储蓄的85%。美国8大审计公司有6个公司的总部设在纽约市。[①] 纽约市的经济国际化程度迫切需要纽约市的教育国际化。

纽约市具有国际化的教育内容与方法，教育的国际化程度堪称世界一流。纽约市的学生来源多样化，大量的移民学生不仅为纽约市带来经济利益，而且促进纽约市的文化融合。纽约市还积极吸引各国学生到纽约市高校就读。此外。纽约市也提倡美国学生到美国之外的国家和地区学习。纽约市一些著名大学有明确规定，本科学生必须出国学习一年或一个学期。这样所吸引和培养的国际复合型人才能直接为纽约市的跨国公司服务。多年以来，正是纽约市国际化的教育内容与方式汇集与培养了一批又一批的国际化复合型人才，才不断地推动纽约市的经济、政治与文化继续朝着国际化的方向发展。

由于目前经济、信息和知识的全球化，对国际人才的争夺越发激烈，而这种国际人才的培养需要国际化的教育、培训、交流与合作。如今，上海建设国际大都市已经起步，各个行业、各个领域的国际交流与合作日益频繁，但是，目前上海国际人才仍旧十分缺乏。一是缺乏一支懂得国际惯例、熟悉国际规则的高级经营管理、金融、保险人才；二是缺乏一大批取得国际化执业资格的高级专业人才；三是缺乏一批熟练运用外语直接工作的人才；四是缺乏一批计算机应用能力强的人才。[②]

此外，一个城市国际组织的数量反映人才在那里的活跃程度和国际影

---

① 崔文霞. 教育振兴为城市发展插上翅膀：纽约教育特色探析[J]. 上海教育，2004(10A).
② 蔡哲人，等. 上海构筑国际人才高地对策研究[J]. 中国人力资源开发，2002(9).

响力。2001年,纽约市有356个国际组织,东京有128个,我国香港特别行政区也有23个。与它们相比,上海实在难以望其项背。同时,在上海常住的外国人口以及高校外国留学生的绝对数量和所占比例也不高,都远远低于其他国际大都市。

对上海市来说,要建设国际大都市,必须重视国际人才的培养。上海要培养更多国际人才,可以从以下几个主要方面着手。

第一,让学生具备国际交流、理解、合作、竞争的能力。全球范围的求知、工作和生活需要上海的孩子从小就了解和尊重世界各国的民俗和文化,学习与不同国家的人民交流和合作,培育他们宽广的国际视野和胸怀。[①] 因此,上海可以通过开展国际理解教育、学生国际交换、公派出国留学等途径和环节,让上海各级各类学生逐步具备国际交流、理解、合作、竞争的能力。

第二,培养和吸引一批具有世界眼光、先进理念、扎实基础的双语型教师。高素质国际人才的培养最终离不开高素质的双语型师。因此,上海需要建设境外教师培训基地,加大选派重点课程教师和骨干教师出境培训的力度,建设适应教育国际化要求的教师队伍。同时,上海要完善吸引世界一流的外籍学者来沪从事教学和合作研究的政策体系,积极引进合适的高水平外籍教师,提高高等学校聘任外籍教师的比例。此外,上海还要有计划地引进海外高端人才和学术团队,并吸引海外留学人员来沪服务。

第三,选拔青年人才进入国外高水平大学、研究机构和国际组织学习或实习。上海可以在全市公开选拔优秀学生进入国外高水平大学和研究机构学习,下大力气培养一批具有国际视野、通晓国际规则、能够参与国际事务的国际化人才,适应上海经济社会对外开放的需要。此外,还要加强与联合国教科文组织等国际组织的合作,积极参与和推动国际组织教育政策、规则、标准的研究和制定,并吸引国际教育组织落户上海。通过和国际组织的积极合作,让青年人才参与国际组织的事务,成长为国际组织方面的国际人才。

第四,在国际化进程中推动上海教育体制改革。上海要鼓励各级各类学校开展多种形式的国际交流与合作,办好若干所示范性中外合作学校和一批中外合作办学项目。要与国外高水平大学合作,建立教学科研合作平台,联合推进高水平基础研究。还要借鉴国际上先进的教育理念和教育经

---

① 张民选. 国际理解教育是建设国际大都市的战略选择[J]. 上海教育科研,2011(1).

验,促进上海教育体制、机制改革,提升上海教育质量,提升上海高等学校的科研能力,提升上海教育的国际竞争力。

3. 加强合作办学,促进高等教育国际化

要培养国际性人才,必须借助于高等教育国际化。目前,高等教育国际化趋势十分明显。纽约市重视高等教育国际化,一些著名大学,特别是纽约大学积极拓展国际联系,正致力于建成一个全球网络大学,这包括在世界各地建立校园。

上海纽约大学可以说是纽约市和上海重视高等教育国际化的一个重要表现。上海纽约大学于2011年1月19日正式获中国教育部批准,3月28日奠基于上海浦东陆家嘴地区。作为第一所中美合作办学的国际化大学,上海纽约大学由上海市教委、浦东新区、美国纽约大学、华东师范大学联合建设,位于陆家嘴竹园商贸区的"黄金位置"。上海纽约大学将借鉴纽约大学与曼哈顿金融区"融为一体"的经验,紧密依托陆家嘴金融城,目标是建设成一所一流的国际性城市大学。时任华东师范大学校长俞立中强调,建上海纽约大学的主要目的是全面引进国际优质教育资源,在国内创办一所国际一流水平的新学校,给中国优秀的学生增加一个选择的机会,在家门口上更国际化的大学。[①] 上海纽约大学的学生还可利用纽约大学在纽约市、阿布扎比等地所建立的网络资源,享受多所名牌大学合作提供的优质教学资源。

在筹备近两年后,2012年10月15日,上海纽约大学宣告正式成立。该校在2013年秋季招收第一届本科生,总计300人,其中内地学生人数过半,并有诺贝尔奖得主前来授课。[②]

根据学制设计,上海纽约大学所有学生将加入纽约大学全球体系,这一体系包括纽约市、上海、阿布扎比3个校园和11个海外学习中心。学生在就读期间将有机会赴纽约大学全球体系中的其他校园或学习中心进行1—3个学期的海外学习,毕业后将获得纽约大学学位证书和上海纽约大学学位证书及毕业证书。[③]

[①] 徐世猛,任有群. 开放教育资源与大学的国际化战略——访美国纽约大学高级副教务长多尔顿·康利教授[J]. 开放教育研究,2011(5).

[②] 陈静. 上海纽约大学成立 首届招生300人[EB/OL]. http://news.xinhuanet.com/yzyd/edu/20121015/c_113379192.htm? prolongation=1,2015-10-22.

[③] 董志雯. 中国高等教育对外开放新亮点 上海纽约大学宣布成立[EB/OL]. http://news.xinhuanet.com/yzyd/edu/20121018/c_113421128.htm,2012-10-22.

总之，高等教育国际化已经成为不可阻挡的历史潮流。加强合作办学，引进优质教育资源是高等教育国际化的一个重要方面。因此，上海可以利用国际友好城市政府、民间的合作优势，吸引部分国际知名高校来沪与上海有关教育机构合作（公立大学、民办高校、专科院校）举办一批外国大学分校。同时，吸引境外知名学校、教育和科研机构以及企业，合作设立教育教学、实训、研究机构或项目。除了上海纽约大学，上海还可以继续与国外优质高等教育机构合作办学，学生可在境内外分段培养，授双学位或国外大学学位，开辟快速提升上海人力资源国际化水平的新途径。

参 考 文 献

中文文献

[1] 蔡哲人,等.上海构筑国际人才高地对策研究[J].中国人力资源开发,2002(9).

[2] 曾晓洁."市长控制":美国城市公立学校治理新模式——以纽约市为例[J].比较教育研究,2010(12).

[3] 陈志洪,等.纽约结构变动及对上海的启示[J].上海经济研究,2003(10).

[4] 崔文霞.国际大都市纽约的城市教育研究[D].华东师范大学教科院硕士学位论文,2004.

[5] 崔文霞.教育振兴为城市发展插上翅膀:纽约教育特色探析[J].上海教育,2004(10A).

[6] 崔文霞.让孩子拥有高能素质[J].教书育人.2003(6).

[7] 董少校.上海"十二五"将投457亿建基础教育项目1 042个 八成以上建设项目集中在郊区[N].中国教育报,2012-05-01.

[8] 董少校.上海科学用好700亿教育投入[N].中国教育报,2012-04-05.

[9] 董泽宇,李莉.美国康奈尔大学社会服务机制研究[J].兰州学刊,2010(5).

[10] 段勇.美国博物馆的公共教育与公共服务[J].中国博物馆,2004(2).

[11] 多萝茜·里奇.高能素质培育:刻苦学习的内在驱动力[M].李海珍,等译.长春:吉林人民出版社,1999.

[12] 傅林. 美国教育改革中的利益集团[J]. 比较教育研究,2006(3).

[13] 高国希. 机会公平与政府责任[J]. 上海财经大学学报,2006(8).

[14] 韩晓蓉. 在沪留学生去年同比增一成 人数最多学校是复旦、上海交大和华东师大[N]. 东方早报,2012-01-20.

[15] 何琳,杨兰亭. 走进美国的博物馆[J]. 中国校外教育(美术),2007(6).

[16] 何蓉,崔晓文. 美国纽约皇后区图书馆的公众服务体系[J]. 四川图书馆学报,2005(1).

[17] 贺向民. 数据与折射——对来华留学教育的思考[J]. 外国留学生工作研究,2007(1).

[18] 孔令帅. 纽约和伦敦:建立高校与城市的深度互动[J]. 上海教育,2011(9).

[19] 孔令帅. 高等教育与经济社会的互动:纽约高校与企业合作的经验及启示[J]. 现代教育管理,2012(11).

[20] 孔令帅. 纽约州政府促进高校和企业合作的路径和启示[J]. 徐州工程学院学报(社会科学版),2012(6).

[21] 李敏. 美国教育政策问题研究:以20世纪80年代以来基础教育政策为例[D]. 华东师范大学教科院博士论文,2006.

[22] 联合国教科文组织国际教育发展委员会. 学会生存——教育世界的今天和明天[M]. 华东师范大学比较教育研究所译. 北京:教育科学出版社,1996.

[23] 联合国教科文组织总部中文科. 教育——财富蕴藏其中[M]. 北京:教育科学出版社,1996.

[24] 林杰. 制度分析与高等教育研究[J]. 北京师范大学学报(社会科学版),2004(6).

[25] 刘凡丰,沈兰芳. 美国州立大学科研组织模式变革[J]. 高等教育研究,2007(5).

[26] 刘复兴. 教育政策的价值分析[M]. 北京:教育科学出版社,2005.

[27] 刘钧燕. 纽约市促进教育均衡发展的改革措施卓有成效[N]. 中国教育报,2009-02-16.

[28] 刘莉,熊庆年. 美国纽约哥伦比亚大学核心课程的特色[J]. 现代

教育科学,2002(7).

[29] 刘永刚. 哥伦比亚大学及其教育特色[J]. 民办教育研究,2004(4).

[30] 刘珠润. 纽约州教师资格证书考试体系及特征[J]. 世界教育信息,2007(2).

[31] 卢现祥,朱巧玲. 新制度经济学[M]. 北京:北京大学出版社,2007.

[32] 马健生. 公平与效率的抉择:美国教育市场化改革研究[M]. 北京:教育科学出版社,2008.

[33] 马健生,孔令帅. 学习化社会高等教育的使命[M]. 太原:山西教育出版社,2010.

[34] 马克斯·韦伯. 学术与政治[M]. 冯克利译. 北京:生活·读书·新知三联书店,2005.

[35] 马薇. 历史最短的"常春藤盟校"康奈尔大学[J]. 留学生,2003(2).

[36] 迈克·富兰. 变革的力量——透视教育改革[M]. 中央教科所译. 北京:教育科学出版社,2004.

[37] 蒲玉梅. 从普通港口城市到全球性城市——纽约全球性城市的形成与发展道路[D]. 华中师范大学历史文化学院硕士学位论文,2006.

[38] 蒲玉梅. 战后纽约全球性城市的形成[J]. 台声·新视角,2006(1).

[39] 乔治·兰克维奇. 纽约简史[M]. 辛亨复译. 上海:上海人民出版社,2005.

[40] 世界银行. 世界发展报告:变革世界中的政府[M]. 北京:中国财政经济出版社,1997.

[41] 宋焕斌. 纽约大学[J]. 昆明理工大学学报(社会科学版),2008(10).

[42] 王文友. 缺失与重构:现代化进程中的政府能力研究[D]. 华中师范大学政治学研究院学位论文,2006.

[43] 王旭. 美国城市史[M]. 北京:中国社会科学出版社,2000.

[44] 王英杰. 美国高等教育的发展与改革[M]. 北京:人民教育出版

社,2002.

[45] 王玉衡.特许学校获好评,呼吁更多资助[J].比较教育研究,2004(11).

[46] 翁文艳.教育公平的多元分析[J].教育发展研究,2001(3).

[47] 翁文艳.教育公平与学校选择制度[M].北京:北京师范大学出版社,2003.

[48] 谢芳.美国社区[M].北京:中国社会出版社,2004.

[49] 谢芳.纽约市的公立图书馆[J].社区,2002(7).

[50] 徐世猛,任有群.开放教育资源与大学的国际化战略——访美国纽约大学高级副教务长多尔顿·康利教授[J].开放教育研究,2011(5).

[51] 闫温乐,郑彩华.公平与优质:纽约市公立中小学教育政策解析[J].外国教育研究,2011(3).

[52] 杨德广,张兴.关于高等教育公平与效率的思考[J].北京大学教育评论,2003(1).

[53] 杨东平.从2011年的教育变化看教育改革的动力机制[J].教育发展研究,2012(1).

[54] 杨东平.从权利平等到机会均等——新中国教育公平轨迹[J].北大教育评论,2006(2).

[55] 苑苑.美国纽约市学校2009—2010学年的预算将减少5%[J].世界教育信息,2009(7).

[56] 约翰·布鲁贝克.高等教育哲学[M].王承绪,等译.杭州:浙江教育出版社,2002.

[57] 张民选.国际理解教育是建设国际大都市的战略选择[J].上海教育科研,2011(1).

[58] 张民选.国际组织与教育发展[M].上海:上海教育出版社,2010.

[59] 张素峰.人力资本理论观点[N].学习时报,2003-08-01.

[60] 张旺.世纪之交美国社区学院的发展动向[J].比较教育研究,2003(3).

[61] 张媛.国际大都市开展终身学习的策略研究[D].华东师范大学教育科学学院学位论文,2008.

[62] 赵中建.全球教育发展的研究热点——90年代来自联合国教科文

组织的报告[M]. 北京：教育科学出版社，1999.

[63] 郑彩华，吕杰昕. 纽约市中小学质量问责："进步报告"及其启示[J]. 外国教育研究，2010(7).

[64] 中国驻纽约总领馆教育组. 美国纽约州立大学出台2010年国际战略规划[J]. 世界教育信息，2010(5)

[65] 周冯琦. 世界城市纽约对上海新一轮发展的启示[J]. 世界经济研究，2003(7).

[66] 周玲. 美国针对处境不利大学生的早期干预计划[J]. 河北师范大学学报（教育科学版），2007(5).

英文文献

[1] Amnon Frenkel. Why High-technology Firms Choose to Locate in or Near Metropolitan Areas[J]. *Urban Studies*, 2001(38): 1083.

[2] Carnegie Commission on Higher Education. *Toward a Learning Society: Alternative Channel to Life, Work, and Service*[M]. Mcgraw-Hill Book Company. 1973.

[3] Caroline M. Hoxby & Sonali Murarka. *Charter School in New York City: Who Enrolls and How They Affect Their Students' Achievement*[R]. National Bureau of Economic Research, Number. 14852. 2009.

[4] CREDO. *Multiple Choice: Charter School Performance in 16 States*[R]. Palo Alto. Ca: Center for Research on Education Outcomes, 2009.

[5] Donald Boyd et al. Explaining the Short Careers of High-achieving Teachers in Schools with Low-performing Students[J]. *American economic review proceedings*, 2005(2): 166-171.

[6] Donald Boyd et al. How Changes in Entry Requirements Alter the Teacher Workfoce and Affect Student Achievement[J]. *Education Finance and Policy*, 2006(2): 176-216.

[7] Donald Boyd et al. *Recruiting Effective Math Teachers: How Do Math Immersion Teachers Compare? Evidence From New York City*[R]. NBER Working Paper w16017, 2009.

[8] Donald Boyd et al. The Influence of School Administrators on Teacher Rentention Decisions[J]. *American Education Research Journal*, 2011(4): 303-333.

[9] Donald Boyd et al. The Narrowing Gap in New York City Teacher Qualifications and Its Implications for Student Achievement in High Poverty Schools[J]. *Journal of Policy Analysis and Management*, 2008(4): 793-818.

[10] Donald E. Heller. *Condition of Access: Higher Education for Lower Income Students*[M]. American Council on Education and Praeger Publishers, 2002.

[11] Donald E. Heller. *The States and Public Higher Education Policy: Affordability, Access, and Accountability*[M]. The Johns Hopkins University Press. Baltimore and London, 2001.

[12] Dunne Elisabeth. *The Learning Society: International Perspectives on Core Skills in Higher Education* [M]. London: K. Page, 1999.

[13] Edward P. St. John. *Public Policy and College Success: Investigating the Federal and State Roles in Equalizing Postsecondary Opportunity*[M]. Vol. 19 of Readings on Equal Education. New York: AMS Press, 2004.

[14] Eric A. Hanushek. Expenditures, Efficiency, and Equity in Education: The Federal Government's Role[J]. *The American Economic Review*, 1989(5): 46-51.

[15] Gary Orfield. Policy and Equity: Lessons of a Third of a Century of Educational Reforms in the United States[J]. *Educational Research*, 2005(2): 579-594.

[16] Hamilton Lankford et al. Teacher Sorting and the Plight of Urban Schools: A Descriptive Analysis[J]. *Educational Evaluation and Policy Analysis*, 2002(1): 38-62.

[17] Janet C. Quint, et al. *New York City's Changing High School Landscape: High Schools and Their Characteristics 2002—2008* [R]. Nw Yrk: MDRC, 2010.

[18] Janet L. Abu-lughod. *New York, Chicago, Los Angels: Americas Global Cities* [M]. Minneapolis: University of Minnesota Press, 1999.

[19] Janice Petrovich & Amy Stuart Wells. *Bringing Equity Back: Research for a New Era in American Educational Policy* [M]. New York: Teachers College Press, 2005

[20] Jennifer A. O'Day et al. *Education Reform in New York City: Ambitious Change in the Nation's Most Complex School Systems* [M]. Harvard Education Press, 2011.

[21] Jerold W. Apps. *Higher Education in a Learning Society: Meeting New Demands for Education and Training* [M]. San Francisco: Jossey-Bass Publisher, 1988.

[22] Josh Barbanel. Is School Choice a Real Choice? New York Citywide Plan Faces Bureaucracy and Shortage [N]. *New York Times*, 1993-07-11.

[23] Leanna Stiefel, et al. High School Size: Effects on Budgets and Performance in New York City[J]. *Educational Evaluation and Policy Analysis*, 2000(22): 27-29.

[24] Mcbeath, Jerry Reyes. Etc. *Education Reform in the American States* [M]. Charlotte: Information Age Publishing, 2007.

[25] New Teacher Center. *Understanding New York City's Groundbreaking Induction Initiative* [R]. Policy Paper, Santa Cruz, CA, 2006.

[26] Paul Peterson, et al. Efficiency, Bias, and Classification Scheme [J]. *American Behavioral Scientist*, 2004(5): 699-717.

[27] Robert L. Crain. *The Effectiveness of New York City's Career Magnet Schools: An Evaluation of Ninth Grade Performance Using an Experimental Design* [R]. Berkeley, Ca: National Center for Research in Vocational Education, 2009.

[28] Robert M. Hutchins. *The Learning Society* [M]. New York: Frederick A. Praeger Publishers, 1986.

[29] Stewart Ranson. *Inside the Learning Society* [M]. Cassell. Lon-

don and New York,1998.

[30] Thomas Wilkin. Et al. Career and Technical Education Teacher Shortage: A Successful Model for Recruitment and Retention[J]. *Journal of Stem Teacher Education*,2011(1):22-35.

[31] Tiecklemann Robert,et al. *U. S. Licensing Activity Survey: FY 2007* [R]. The Association of University Technology Managers,2008.

网 络 文 献

网络中文文献

[1] 陈静. 上海纽约大学成立 首届招生300人[EB/OL]. http://news. xinhuanet. com/yzyd/edu/20121015/c_113379192. htm? prolongation=1，2012-10-22.

[2] 董志雯. 中国高等教育对外开放新亮点 上海纽约大学宣布成立[EB/OL]. http://news. xinhuanet. com/yzyd/edu/20121018/c_113421128. htm，2012-10-22.

[3] 李大玖. 纽约市长建议为优秀教师加薪[EB/OL]. http://finance. qq. com/a/20120113/005116. htm，2012-01-13.

[4] 李茂. 纽约发布学校"进步成绩单"[EB/OL]. http://www. zgxzw. com/XiaoZhang/View. asp? ID=58462，2008-1-14.

[5] 陆璟. 伦敦与上海教育产业发展机制比较研究（摘要）[R/OL]. http://www. pjky. com/list. asp? classid=21，2012-10-13.

[6] 上海市统计局. 上海劳动力资源与就业状况——上海市第六次全国人口普查系列分析资料之九[EB/OL]. http://www. stats-sh. gov. cn/fxbg/201111/235037. html，2012-10-08.

[7] 邵宁. "2007年全民终身学习活动周"上午开幕[EB/OL]. http://news. sina. com. cn/o/2007-11-04/155812843097s. shtml，2012-10-16.

[8] 陶洪光. 上海实施职教八大工程 开展成教"三进"工作[EB/OL]. http://sports. eastday. com/epublish/gb/paper368/20030312/class036800001/hwz1038903. htm，2012-10-18.

[9] 田泓. 促进农村劳动力转化 提高高级技工比例——上海实施职教

"八大工程"[EB/OL]. http://www.people.com.cn/GB/paper40/7875/748329.html，2012-10-16.

[10] 王建刚. 纽约市财政预算削减[EB/OL]. http://news.xinhuanet.com/world/2010—05/08/c_1280909.htm，2010-05-08.

[11] 吴迪珣. 纽约州立大学推动校园国际化行动[EB/OL]. http://epaper.edu.tw/e9617_epaper/windows.aspx?windows_sn=5238，2010-02-18.

[12] 当局雷厉风行大抓教育历时十年 学生英语成绩乏善可陈[EB/OL]. http://epaper.usqiaobao.com:81/qiaobao/html/2012—02/06/content_603942.htm，2012-02-06.

[13] 纽约2012预算削减：6000名教师面临被裁[EB/OL]. http://kyc.rqyz.com/article/sanwen/24.html，2011-10-07.

[14] 纽约州建立新的中小学教师和校长评价制度[EB/OL]. http://kyc.rqyz.com/article/sanwen/26.html，2011-10-07.

[15] 布隆伯格勾勒教育改革新计划[EB/OL]. http://www.epochtimes.com/gb/9/11/27/n2735894.htm，2009-11-27.

[16] 团中央和中国移动联合发起"MM百万青年创业计划"[EB/OL]. http://www.cb.com.cn/1634427/20100811/142892.html，2012-10-15.

[17] 周逸梅. "异地高考"政策获批 各地年底前出方案[EB/OL]. http://www.teachercn.com/EduNews/News_Zcfg/2012—10/6/2012100610304938699_2.html，2012-10-08.

网络英文文献

[1] Anne Mitchell. *The State with Two Prekindergarten Programs: A Look at Prekindergarten Education in New York State* (1928—2003) [R/OL]. http://nieer.org/resources/files/NYCaseStudy.pdf, 2012-03-20.

[2] Annenberg Institute for School Reform at Brown University. *A Decade of Reading Achievement Gains in Light of Recent Reforms* [EB/OL]. http://www.annenberginstitute.org/stat/archives/56, 2009-12-24.

网络文献

[3] Atlanta Regional Council for Higher Education. *Higher Education in America's Metropolitan Area：a Statistical Profile*[R/OL]. http://www. atlantahighered. org/Portals/12/ArcheImages/Reports/Docs/MSA_National. pdf，2008-12-26.

[4] Board of Regents of the University of the State of New York. *New York State Learning Standards Review Initiative*[EB/OL]. http://www. emsc. nysed. gov/standardsreview/，2008-12-2.

[5] Board of Regents of the University of the State of New York. *Standards Review Working Principles*[EB/OL]. http://www. emsc. nysed. gov/standardsreview/StandardReviewWorkingPrinciplesfinal7. 17. 08. mht，2008-12-2.

[6] Board of Regents of the University of the State of New York. *Statewide Plan for Higher Education* 2004—2012[R/OL]. http://www. highered. nysed. gov/swp/，2012-03-10.

[7] College of Nanoscale Science and Engineering，University at Albany. *Introducation*[EB/OL]. http://cnse. albany. edu/about_cnse. html，2012-10-10.

[8] Department of Education. *Mapping New York's Educational Progress* 2008[EB/OL]. http://www. ed. gov/nclb/accountability/results/progress/ny. html，2009-12-24.

[9] Diane Ravitch. *No Student Left Untested*[EB/OL]. http://www. nybooks. com/blogs/nyrblog/2012/feb/21/no-student-left-untested/? utm_medium = email&utm_campaign = February + 21 + 2012&，2012-02-21.

[10] Donna S. Queeney. *A Learning Society：Creating an American that Encourages Learning throughout Life*[EB/OL]. http://eric. ed. gov/ERICDocs/data/ericdocs2/content_storage_01/0000000b/80/23/b9/5e. pdf，2007-11-16.

[11] Education in New York. *Teach us，Mr Mayor*[EB/OL]. http://www. engcorner. net/html/translation/2972. html，2007-1-18.

[12] Ester R. Fuchs. *Innovations in City Government：The Case of New York City's Workforce Development System*[R/OL]. ht-

tp://home2.nyc.gov/html/sbs/wib/downloads/pdf/columbia_case_study.pdf,2008-12-6.

[13] Giuliani, Roudolph W. *The City of New York Fiscal Years 2002—2011:Ten Years Capital Strategy*[R/OL]. http://www.nyc.gov/html/records/rwg/omb/pdf/typ4_01.pdf,2001-04-01.

[14] IBO. *New York City Independent Budget Office Fiscal Outlook*[EB/OL]. http://www.ibo.nyc.ny.us/,2008-10-06.

[15] Institute of International Education. *Funding For US Study. State Location: New York*[EB/OL]. http://www.fundingusstudy.org/SearchResult.asp?state=NY,2008-12-26.

[16] Institute of International Education. *Meeting America's Global Education Challenge*[EB/OL]. http://www.iie.org/Content/NavigationMenu/Research_and_Evaluation/Study_Abroad_White_Papers/StudyAbroad_WhitePaper3.pdf,2008-09-01.

[17] Institute of International Education. *Open Doors* 2008 *U.S. State Fact Sheets-New York*[EB/OL]. http://www.opendoors.iienetwork.org/page/131585/,2008-12-26.

[18] Institute of International Education. *Study Abroad Capacity*[EB/OL]. http://www.iie.org//Template.cfm?Section=Study_abroad_white_papers,2007-03-20

[19] Institute of International Education. *Study Abroad Funding*[EB/OL]. http://www.studyabroadfunding.org/,2008-12-20.

[20] James D. Folts. *History of the University of the State of New York and the State Education Department* 1784—1996[R/OL]. http://www.eric.ed.gov/PDFS/ED413839.pdf,2012-2-20.

[21] Jefferson Community College. *General Information-College Objectives*[EB/OL]. http://www.sunyjefferson.edu/GeneralInfo/aboutthe.html,2006-5-16.

[22] Kollogg Commission on the Future of State and Land-Grant Universityies. *Returning to Our Roots: A Learning Society*[EB/OL]. http://www.nasulgc.org/publications/Kellogg/Kellogg1999_LearnSociety.pdf,2007-11-18.

[23] Mayoral Task Force on Career and Technical Education Innovation. *Next-Generation Career and Technical Education in New York City* [R/OL]. http://schools.nyc.gov/NR/rdonlyres/91B215BF-21F8-4E11-9676-8AFCFBB170E0/0/NYC_CTE_728_lowres.pdf, 2008-07-01.

[24] Miriam Medina. *The History of Education In New York City* [EB/OL]. http://thehistorybox.com/ny_city/nycity_edu_history_article1045.htm, 2012-2-19.

[25] New York City Charter School Center. *Charter Schools in NYC* [EB/OL]. http://www.nycchartercenter.org/schools.asp, 2009-12-8.

[26] New York City Charter School Center. *Guidebook to Success for New York City Public Charter Schools- Charter School Basics* [R/OL]. http://www.nycchartercenter.org/GuidebookToSuccess_Fall06.pdf, 2009-12-9.

[27] New York City Charter School Center. *The Class Ceiling: Lifting the Cap on New York's CharterSchools* [R/OL]. http://www.nyccharterschools.org/sites/default/files/resources/Class_Ceiling_report_2009.pdf, 2009-11-23.

[28] New York City Department of Eduaction. *About the Office of Adult and Continuing Education* [EB/OL]. http://schools.nyc.gov/ChoicesEnrollment/AdultEd/default.htm, 2012-06-05.

[29] New York City Department of Eduaction. *Achievement Reporting and Innovation System* [EB/OL]. http://schools.nyc.gov/Accountability/default.htm, 2012-04-15.

[30] New York City Department of Eduaction. *Aspiring Principals Program Overview* [EB/OL]. http://www.nycleadershipacademy.org/aspiringprincipals/app_overview, 2012-04-18.

[31] New York City Department of Eduaction. *Career and Technical Education* [EB/OL]. http://schools.nyc.gov/ChoicesEnrollment/CTE/default.htm, 2012-05-02.

[32] New York City Department of Eduaction. *Children First* [EB/

OL]. http://schools. nyc. gov/NR/rdonlyres/7E2E1A0A-33EA-4B19-9ED5-BC5E851861E5/45608/Children _ First _ Report _ lowres_102. pdf，2008-12-6.

[33] New York City Department of Eduaction. *Citywide Standards of Discipline and Intervention Measures* [EB/OL]. http://docs. nycenet. edu/docushare/dsweb/Get/Document-101/Disc％20Code％-202006. pdf，2008-12-12.

[34] New York City Department of Eduaction. *Consequences* [EB/OL]. http://schools. nyc. gov/Ac-countability/SchoolReports/ProgressReports/Consequences/de-fault. htm，2009-11-2.

[35] New York City Department of Eduaction. *Deputy Mayors Gibbs and Steel and Chancellor Walcott Announce New Citywide Initiative to Improve Workforce Programs* [EB/OL]. http://schools. nyc. gov/Offices/mediarelations/NewsandSpeeches/2010—2011/workforceprogramrelease52411. htm，2011-05-24.

[36] New York City Department of Eduaction. *Educator Guide for EMS* [EB/OL]. http://schools. nyc. gov/NR/rdonlyres/DF48B29F-4672-4D16-BEEA-OC7E8FCSCBDS/63118/EducatorGuide_EMS_0604092. pdf，2009-11-25.

[37] New York City Department of Eduaction. *Mayor Bloomberg, Speaker Quinn and Chancellor Klein Unveil New Initiatives to Improve Academic Performance and to Provide More Resources to City Middle Schools* [EB/OL]. http://www. nyc. gov/portal/site/nycgov/menuitem. c0935b9a57bb4ef3daf2f1c701c789a0/index. jsp? pageID=mayor_press_release&catID=1194&doc_name=http％3A％2F％2Fwww. nyc. gov％2Fhtml％2Fom％2Fhtml％2F2007b％2Fpr288—07. html&cc=unused1978&rc=1194&ndi=1，2008-12-9.

[38] New York City Department of Eduaction. *New York City Social Studies Core Curriculum* [EB/OL]. http://schools. nyc. gov/Academics/SocialStudies/StandardsCurriculum/New＋York＋City＋Social＋Studies＋Core＋Curriculum. htm，2012-05-20.

[39] New York City Department of Eduaction. *Quality Review Rubric Glossary of Terms* 2009—10[EB/OL]. http://schools.nyc.gov/NR/rdonlyres/A3169D6A—47DF-4299-9A49-A4EFAE27287E/71991/GlossaryofQR-RubricTermsFINAL.pdf，2009-11-2.

[40] New York City Department of Eduaction. *Quality Reviews*[EB/OL]. http://schools.nyc.gov/Accountability/SchoolReports/QualityReviews/default.htm，2009-11-2.

[41] New York City Department of Eduaction. *Regulation of the Chancellor. Promotion Standards* A-501[EB/OL]. http://docs.nycenet.edu/docushare/dsweb/Get/Document-24/A-501.pdf，2008-12-6.

[42] New York City Department of Eduaction. *Schools Chancellor Joel I. Klein Announces Launch of AccountabilityInitiative*[EB/OL]. http://schools.nyc.gov/Offices/mediarelations/Newsand-Speeches/2005 —2006/04112006press release.htm，2008-12-20.

[43] New York City Department of Eduaction. *Schools*[EB/OL]. http://schools.nyc.gov/NR/rdonlyres/4468D726-F1A5-4003-A8C4-B6F499BED590/38637/0528 _ RevisedBudgetDeck.pdf，2012-04-10.

[44] New York City Department of Eduaction. *Social Studies*[EB/OL]. http://schools.nyc.gov/Academics/SocialStudies/default.htm，2012-05-20.

[45] New York City Department of Education. *About Children First Net*[EB/OL]. http://schools.nyc.gov/default.htm，2012-03-28.

[46] New York City Department of Education. *About School Support Organizations*[EB/OL]. http://schools.nyc.gov/default.htm，2012-03-26.

[47] New York City Department of Education. *Chancellor's Office*[EB/OL]. http://schools.nyc.gov/AboutUs/DOEOrganization/ChancellorsOffice/default.htm，2008-08-16.

[48] New York City Department of Education. *Citywide and Community Education Councils*[EB/OL]. http://schools.nyc.gov/Of-

fices/CEC/default. htm,2008-08-16.

[49] New York City Department of Education. *Common Core* [EB/OL]. http://schools.nyc.gov/AboutUs/faq/default.htm,2012-04-13.

[50] New York City Department of Education. *Community and High School Superintendents* [EB/OL]. http://schools.nyc.gov/AboutUs/DOEOrganization/ComHSSuperintendents/default.htm,2008-08-16.

[51] New York City Department of Education. *DOE Organization* [EB/OL]. http://schools.nyc.gov/AboutUs/DOEOrganization/default.htm,2008-08-15.

[52] New York City Department of Education. *General Education Development* [EB/OL]. http://www.nysed.gov/,2012-04-12.

[53] New York City Department of Education. *Mathematics* [EB/OL]. http://schools.nyc.gov/Academics/Mathematics/default.htm,2012-04-13.

[54] New York City Department of Education. *Pre-kindergarden* [EB/OL]. http://schools.nyc.gov/ChoicesEnrollment/PreK/default.htm,2012-03-26.

[55] New York City Department of Education. *Small Learning Community* [EB/OL]. http://www.nysed.gov/,2012-04-18.

[56] New York City Department of Education. *Student Support, Safety & Activities* [EB/OL]. http://www.nysed.gov/,2012-04-10.

[57] New York City Government. *City Planning Commission* [EB/OL]. http://www.nyc.gov/html/dcp/html/about/plancom.shtml,2012-03-15.

[58] New York City Government. *City Snapshot: New York City, Summer* 2007 [EB/OL]. http://www.nyc.gov/html/sbs/wib/downloads/pdf/borough_snapshot_nyc.pdf,2008-10-09

[59] New York City Government. *Current Estimates of New York City's Population for July* 2011[EB/OL]. http://www.nyc.

gov/html/dcp/html/census/popcur. shtml,2012-03-12.

[60] New York City Government. *Mayor Bloomberg's charter school agenda. Mike Bloomberg：Empowering Parents(CharterSchools)* [EB/OL]. http://www. nycchartercenter. org/pdf/Bloomberg-CharterPlanWhitePaper090 930. pdf,2009-12-8.

[61] New York City Government. *New York City Sector Profiles* 2007[EB/OL]. http://www. nyc. gov/html/sbs/wib/downloads/pdf/nyc_sector_profiles_07. pdf,2008-10-18.

[62] New York City Government. *One System for One City：The State of the New York City Workforce System Fiscal Year* 2011 [R/OL]. http://www. nyc. gov/html/hra/downloads/pdf/resources/NYC_Workforce_System_Report_FY_2011. pdf,2012-08-21.

[63] New York City Government. *One System for One City：The State of the New York City Workforce System Fiscal Year* 2010 [R/OL]. http://www. nyc. gov/html/adulted/downloads/pdf/one_system_one_city_2011. pdf,2012-08-20.

[64] New York City Government. *Plan NYC* 2030 [EB/OL]. http://www. nyc. gov/html/planyc2030/html/plan/plan. shtml,2006-12-01.

[65] New York City Government. *Progress Report* 2008[EB/OL]. http://www. nyc. gov/html/planyc2030/downloads/pdf/planyc_progress_report_2008. pdf,2012-03-12.

[66] New York City Government. *The "Current" Population of New York City* (2007)[EB/OL]. http://www. nyc. gov/html/dcp/html/census/popcur. shtml,2008-10-16.

[67] New York City Labor Market Information Service. *From Data to Information to Knowledge to Action*[EB/OL]. http://www. urbanresearch. org/about/cur-components/new-york-city-labor-market-information-service-nyclmis,2012-08-29.

[68] New York City Office of the Mayor. *Mayor Bloomberg and Deputy Mayor Lieber Announce New Partnerships to Provide Ad-*

vanced Auto-Related Trainning Programs at no cost to Willets Point Workforce[EB/OL]. http://www.nyc.gov/portal/site/nycgov/menuitem.c0935b9a57bb4ef3daf2f1c701c789a0/index.jsp?pageID=mayor_press_release&catID=1194&doc_name=http%3A%2F%2Fwww.nyc.gov%2Fhtml%2Fom%2Fhtml%2F2008b%2Fpr430-08.html&cc=unused1978&rc=1194&ndi=1, 2008-12-5.

[69] New York State Commission on Higher Education. *Excellence in Higher Education*[R/OL]. http://www.suny.edu/facultysenate/CHE_preliminary_report.pdf, 2008-06-26.

[70] New York State Education Department. *A Short History: How We Came to Be*[EB/OL]. http://usny.nysed.gov/sedhistory.html, 2012-02-27.

[71] New York State Education Department. *About the Board of Regents*[EB/OL]. http://www.regents.nysed.gov/about/, 2012-03-02.

[72] New York State Education Department. *About the New York State Education Department*[EB/OL]. http://usny.nysed.gov/about/, 2012-03-02.

[73] New York State Education Department. *About the University of the State of New York (USNY)*[EB/OL]. http://usny.nysed.gov/about/aboutusny.html, 2012-02-27.

[74] New York State Education Department. *Accountability Peer Review*[EB/OL]. http://www.ed.gov/admins/lead/account/stateplans03/nycsa.pdf, 2008-12-4.

[75] New York State Education Department. *Contracts for Excellence Approved for 10 School Districts*[EB/OL]. http://www.oms.nysed.gov/press/ContractsforExcellenceRound2.htm, 2008-12.

[76] New York State Education Department. *Learing Standards of New York State*[EB/OL]. http://www.p12.nysed.gov/ciai/standards.html, 2012-04-12.

[77] New York State Education Department. *New York State Board of Regents*[EB/OL]. http://www.regents.nysed.gov/, 2012-

09-13.

[78] New York State Education Department. *New York State Education Department Proposes Race to the Top Legislative Reform with Support of New York State United Teachers and the United Federation of Teachers*[EB/OL]. http://www.oms.nysed.gov/press/RTTT_NYSUTMay11.html,2010-05-11.

[79] New York State Education Department. *New York State's Revised Plan to Enhance Teacher Quality*[EB/OL]. http://www.ed.gov/programs/teacherqual/hqtplans/ny.pdf,2008-12-2.

[80] New York State Education Department. *P-16 Education: A Plan for Action* [EB/OL]. http://usny.nysed.gov/summit/p-16ed.pdf,2008-12-9.

[81] New York State Education Department. *Teachers of Tomorrow* [EB/OL]. http://www.highered.nysed.gov/tcert/resteachers/tot.html#one,2011-05-23.

[82] New York State Education Department. *The New York State Teaching Standards* [EB/OL]. http://www.highered.nysed.gov/tcert/pdf/teachingstandards9122011.pdf,2012-05-12.

[83] New York University. *NYU Framework 2031*[EB/OL]. http://www.nyu.edu/content/dam/shared/documents/NYU.Framework2031.Final.pdf,2008-06-24.

[84] Snyder, T.D. et al. *Digest of Education Statistics 2008（NCES 2009—10）*[EB/OL]. http://nces.ed.gov/pubs2009/2009020.pdf,2009-12-22.

[85] Tartar, A. *Charter Schools in New York City*[EB/OL]. http://educationalissues.suite101.com/article.cfm/charter_schools_in_new_york_city,2009-12-9.

[86] Task Force Committe. *Task Force on Diversifying the New York State Economy through Industry-HigherEducationPartnerships* [R/OL]. http://www.cce.cornell.edu/Community/Documents/PDFs/-IHETF_Report_FINAL.pdf,2009-12-14.

[87] Teachers College, Columbia University. *A Group of TC Faculty*

Condemns the Release of Teacher Evaluations Based on Student Test Scores[EB/OL]. http://www.tc.columbia.edu/news.htm? ArticleID=8423, 2012-03-08.

[88] Teachers College, Columbia University. *Excerpts From a Letter Submitted by President Fuhrman to the New York Times*[EB/OL]. http://www.tc.columbia.edu/news.htm? ArticleID=8411, 2012-02-28.

[89] The Consortium for Worker Education. *About CWE*[EB/OL]. http://www.cwe.org/about.php, 2008-12-6.

[90] The Metropolitan Museum of Art. *Event & Programs-Student Programs*[EB/OL]. http://www.metmuseum.org/events/evstudent.asp, 2007-9-2.

[91] The New York City Workforce Investment Board. *About the WIB*[EB/OL]. http://www.nyc.gov/html/sbs/wib/html/about/about.shtml, 2008-12-6.

[92] The New York City Workforce Investment Board. *New York City Workforce Investment System Local Plan* 2005—2008[EB/OL]. http://www.nyc.gov/html/sbs/wib/downloads/pdf/wib3yrlocalplan.pdf, 2008-12-6.

[93] The New York City Workforce Investment Board. *Transformation of the WIB*[EB/OL]. http://www.nyc.gov/html/sbs/wib/html/about/transformation.shtml, 2008-12-6.

[94] The New York State Education Department. *New York State Prekindergarten Foundation for theCommonCore*[EB/OL]. http://www.p12.nysed.gov/ciai/common_core_standards/pdfdocs/nyslsprek.pdf, 2012-03-26.

[95] U.S. Census Bureau. *Current Estimates of New York City's Population for July* 2011[EB/OL]. http://www.nyc.gov/html/dcp/html/census/popcur.shtml, 2012-2-10.

[96] U.S. Department of State and Educaion. *International Education Week*[EB/OL]. http://exchanges.state.gov/iep, 2000-09-26.

[97] Wikipedia. *Education in New York City*[EB/OL]. http://en.

wikipedia. org/wiki/Education_in_New_York_City,2012-03-17.

[98] Wikipedia. *New York City Department of Education*[EB/OL]. http://en. wikipedia. org/wiki/New_York_City_Department_of_Education,2012-02-21.

[99] Wikipedia. *New York City*[EB/OL]. http://en. wikipedia. org/wiki/New_York,_New_York#History,2012-03-18.

后　　记

2009年7月,我从北京师范大学教育学院博士毕业,进入上海师范大学教育学院工作,也有幸成为上海师大国际与比较教育研究中心(现为上海师大国际与比较教育研究院)的研究人员,开始接触和熟悉研究院的研究主题和领域。研究院院长张民选教授指出,研究院的三大研究主题为:国际教育组织研究、国际大都市教育研究、中国教育走向世界研究,这也是我国比较教育研究未来新的发展方向和增长点。因此,国际大都市教育研究是研究院的主要研究任务之一。从那时起,我就把国际大都市的主要代表——纽约的教育发展研究作为自己的研究方向之一,也在此领域申请了两个相关课题,发表了一些相关论文,完成了一些基础研究。

幸运的是,2011年我申请到了国家留学基金委的公派访问学者资格,访问期限为1年,而且申请的刚好是纽约市的哥伦比亚大学教师学院。哥大教师学院具有悠久的教育研究传统和雄厚的教育研究力量,并有丰富的教育研究资料。因此,到哥大教师学院访学,我不仅可以对纽约有感性的认识,而且能便利地获得资料,向相关学者咨询以及调查访问等。

2012年1月到纽约访学后,通过自己的查找和别人的帮助,我获得了一些有用资料,包括詹妮弗·欧德(Jennifer A. O'Day)主编的《纽约市教育改革:在美国最复杂学校系统中的雄心变化》(*Education Reform in New York City：Ambitious Change in the Nation's Most Complex School Systems*)、纽约市政府发布的《一个城市,一个系统:纽约市劳动力系统的现状》(*One System for One City：The State of the New York City Workforce System*)年度报告等。在纽约的这一年里,除了上课学习、旅游散心、人际交往外,我一直忙于本书的撰写。特别是在哥大放暑假期间,我每天都花费固定的大量时间用于写作,因而大大加快了撰写工作。回国之后,我继续撰写并顺利完成初稿。

后记

在撰写本书的过程中，得到了许多人的帮助和支持。感谢张民选教授在本书写作中的支持、鼓励和建议，特别是他关注人力资源开发的建议，也感谢他对我平时工作和国外生活的关心和帮助。感谢教育学院相关老师对本书的支持和鼓励，包括周银娥书记、夏惠贤教授、陈永明教授、胡国勇教授、陈建华教授、夏正江教授等。还要感谢闫温乐博士、郑彩华博士所做的一些前期工作，这减轻了我的负担，丰富了书稿内容。在研究和写作过程中，还要感谢我的硕士导师徐辉教授和博士导师马健生教授给予我的精神支持和学术指导。

此外，还要感谢哥伦比亚大学教师学院的两位合作导师——曾满超（Mun Tsang）教授和莱文（Henry Levin）教授对我的学习和研究所给予的指导和帮助。令我难忘的是，曾老师圣诞前夕还邀请我到他家和他的博士生以及一些中国籍教师共度圣诞。感谢哥大的一些教授，比如 Doughty Cavin 教授、Francisco Rivera-Batiz 教授、Amy Stuart Wells 教授、Gita Steiner-Khamsi 教授、Kim Foulds 博士、Scott-clayton Judith 博士、程贺南博士等，他/她们在课堂上的言传身教对我帮助极大。感谢哥大教师学院的一些学生，比如龚欣、尧浩根、郭菲、潘一林、李一飞、王安逸、Ryan 等，以及哥大教师学院的一些中国访问学者，比如周琴博士、杨秀治博士、盛正发博士、王蕾副教授等，还要感谢哥大教师学院学生社团的同事（可以算是同事，因为我加入了该社团），比如吴寒天、周圆、谭启聪、王鲤洁等，他们使得我在美国的生活不是那么孤单无聊。感谢纽约领事馆的岑建君参赞、纽约市教育局的鲍承模老师、纽约市最好的高中斯蒂文森高中校长张洁女士、布朗大学李瑾博士等的帮助。在纽约的这一年，我深刻地体会到了纽约这个城市的魅力，品尝到了作为一个"纽约客"（New Yorker）的酸甜苦辣。这一年不仅对我撰写本书很有帮助，也使得自己的专业水平、人生阅历、视野眼界都有所提高，这将成为我人生的难忘经历。

本书得到上海市一流学科"教育学"和上海高校智库"国际都市教育发展研究"的支持和出版资助，特此致谢。此外，还要感谢北京大学出版社姚成龙主任和高桂芳编辑，他们认真负责的态度令我感动。他们的支持使得本书最终付梓。

由于本人水平和能力有限，失误和错误在所难免，一切文责均在我个人。恳请专家和读者朋友批评指正。

孔令帅
上海师范大学教育学院